Pasarela

Espagnol | première

Nouveau BAC

Sous la direction pédagogique de
Dominique Trouélan
Professeure agrégée - chargée de mission
Lycée Jeanne Hachette, Beauvais (60)

Hélène Cuisse
Professeure certifiée
Lycée Jeanne Hachette, Beauvais (60)

Catherine Sarroste
Professeure certifiée
Lycée Pierre d'Ailly, Compiègne (60)

Georges Serra
Professeur agrégé
Professeur en Bachibac et en sections européennes
Lycée Beaussier, La Seyne-Sur-Mer (83)

Ghislaine Serra
Professeure certifiée
Lycée Paul Langevin, La Seyne-sur-Mer (83)

Avec la collaboration de
Hervé Bénard
Professeur certifié
Lycée du Saint-Esprit, Beauvais (60)

Fabien Bénézech
Professeur agrégé d'histoire-géographie
Professeur en Bachibac et en sections européennes
Lycée Beaussier, La Seyne-Sur-Mer (83)

hachette
ÉDUCATION

L'éditeur et les auteurs remercient les enseignants qui ont participé aux tests de ce manuel, ainsi que Blandine Casset et Barbara Haida (Lycée Jules Ferry de Versailles - 78) qui ont relu le manuscrit, pour leurs conseils avisés.

Responsable de projet : Manuela Usai
Conception graphique : Nicolas Piroux (maquette) et Thomas Winock, Studio ALF, jo.elle (Joëlle Casse)
Mise en pages : jo.elle (Joëlle Casse)
Couverture : Nicolas Piroux
Cartographie : Hachette Education
Dessins : Nestor Salas, Marie-Lou Gérin
Photogravure : Reproscan
Iconographie : Federico Simonti
Relecture langue : Carolina Blázquez González
Enregistrements, montage et mixage : Quali'sons (David Hassici)
Références des textes et illustrations : voir page 224

PAPIER À BASE DE FIBRES CERTIFIÉES

hachette s'engage pour l'environnement en réduisant l'empreinte carbone de ses livres. Celle de cet exemplaire est de :
1350 g éq. CO_2
Rendez-vous sur www.hachette-durable.fr

ISBN 978-2-01-135476-1

Bienvenue aux utilisateurs du manuel de Première de la nouvelle collection Pasarela !

Vous entrez dans le cycle terminal (niveau B1/B2) qui regroupe la classe de 1re et de Terminale. Les notions culturelles étudiées sont communes aux deux niveaux mais adaptées à la difficulté de chacun d'entre eux.
L'entrée culturelle du cycle terminal, Gestes fondateurs et mondes en mouvement, s'articule autour des 4 notions : mythes et héros, espaces et échanges, lieux et formes de pouvoir, l'idée de progrès.
Le manuel de Pasarela 1re permet un travail sur les cinq activités langagières du Cadre européen (compréhension de l'oral, compréhension de l'écrit, expression orale en continu, expression orale en interaction, expression écrite). Dès cette année, nous vous préparons aux nouvelles épreuves du Baccalauréat[1] en vous proposant des entraînements, tant à l'écrit qu'à l'oral (de nombreuses compréhensions orales audio et vidéo sélectionnées selon les critères de l'examen, 8 sujets accompagnés de conseils et de fiches pratiques). Ce manuel est également conforme à l'évolution de l'orthographe espagnole (réforme de 2010).
Dans chaque unité, la double page d'ouverture introduit le thème et ses problématiques, tout en proposant une première approche et une phase d'évaluation de vos connaissances. Les doubles pages suivantes, ***Enfoque***, permettent d'aborder différents aspects de la notion, par le biais de dominantes langagières. Vous travaillerez dans une perspective actionnelle grâce à la rubrique *En acción* et, en fin d'unité, grâce à la tâche finale ***Proyecto final***. Vous serez aidés par des apports d'informations culturelles *Sabías que…*, des boîtes d'outils linguistiques (lexicales et grammaticales) et des conseils méthodologiques pour le BAC.
La présentation des notions du programme culturel, développée tout au long des 8 unités, aboutit à un travail de bilan pour apprendre, dès la classe de 1re, à présenter une notion à l'oral (nouvelle épreuve du Bac). Ainsi, toutes les nouvelles épreuves du Baccalauréat sont travaillées. Les 4 dossiers de Littérature étrangère en langue étrangère (série L), ***Literatura***, proposent une introduction à la thématique puis une étude de textes littéraires hispano-américains pour entraîner à la réalisation du dossier présenté à l'examen de Terminale. Enfin, dans les annexes, un dossier d'Histoire-Géographie ***Bachibac*** (bac pour les sections binationales) permettra aux élèves des sections concernées de travailler sur des dossiers complets et aux autres utilisateurs de trouver des documents complémentaires.
Nous avons avant tout conçu Pasarela comme un outil d'aide à votre préparation au nouveau Baccalauréat, vous permettant de découvrir ou d'approfondir vos connaissances du monde hispanique au moyen de l'étude de textes et de documents authentiques mais aussi par une approche de la vie et de la culture actuelles, et l'emploi des nouvelles technologies. Une ouverture sur les arts à travers les pages ***Artes y artistas*** complètera et diversifiera l'approche des thèmes.
Nous souhaitons dès la classe de 1re vous donner les méthodes et vous entraîner aux nouvelles épreuves du Bac tout en prenant plaisir à progresser en espagnol !

Les auteurs

1. *Bulletin officiel* du 24/11/2011, www.education.gouv.fr

Présentation

La double page d'ouverture

Mitos y héroes / Lugares y formas del poder

Les **notions clés** du programme culturel du cycle terminal.

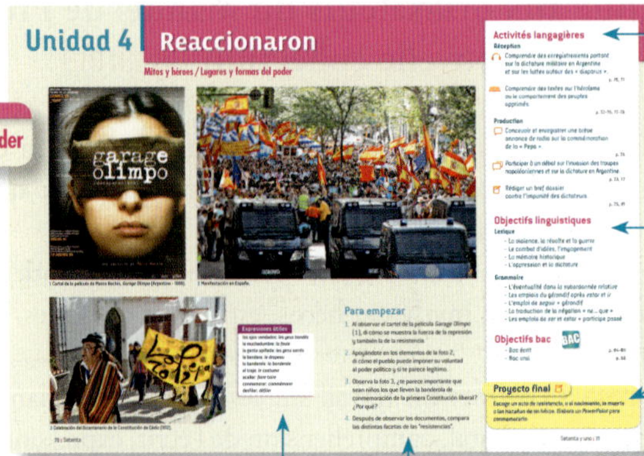

Une **boîte d'aide lexicale** conçue pour que les élèves puissent s'exprimer facilement.

Toutes les **activités langagières** sont abordées dans l'unité.

Les **contenus lexicaux et grammaticaux** étudiés dans l'unité.

La **tâche finale** de l'unité.

Des **questions simples** portant sur différents types d'iconographies pour introduire le thème de l'unité.

4 doubles pages *Enfoque*

Chaque **Enfoque** est construit autour d'une activité langagière dominante.

L'activité langagière dominante de la double page est, ici, l'expression orale.

Un **document écrit** accompagné d'une **boîte d'aide lexicale** pour faciliter l'expression (orale ou écrite).

Un **encadré culturel** pour compléter les connaissances des élèves.

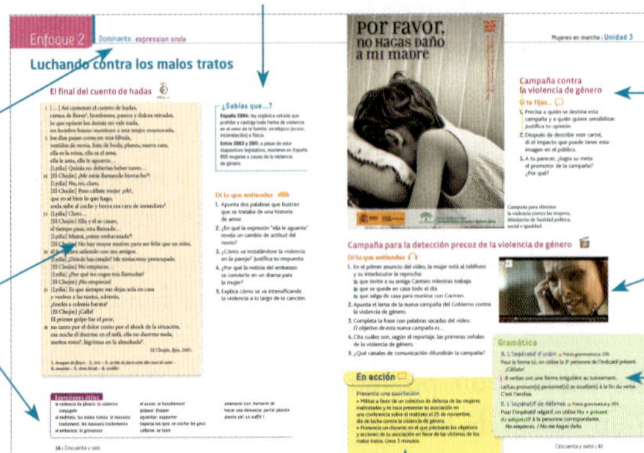

Des documents authentiques de **compréhension de l'oral**.

Un **extrait vidéo** qui complète la thématique de l'unité.

Un **encadré grammatical** qui rappelle le point de langue principal.

La **tâche intermédiaire**, en lien avec la dominante, clôt la double page.

Artes y artistas

Une **double page** pour aborder **l'Histoire des arts**, dédiée aux artistes **classiques** et **modernes**, connus et moins connus, et à tous les arts (peinture, sculpture, poésie, photographie, architecture...).

Une **ciberencuesta** pour guider des recherches d'approfondissement sur Internet.

Grammaire

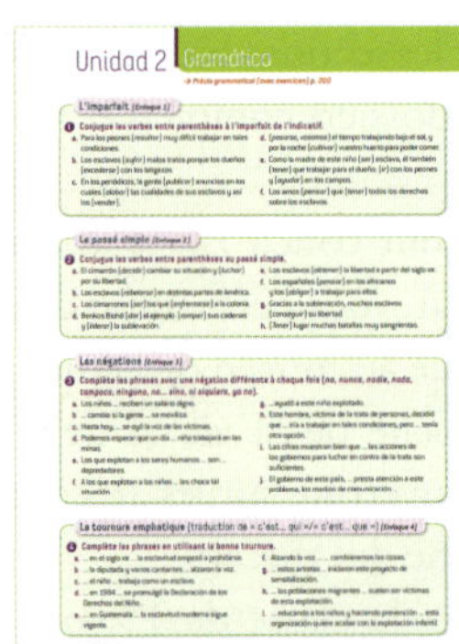

Une **page de grammaire** avec des exercices d'application de la grammaire introduite dans les *Enfoques*.

Proyecto final

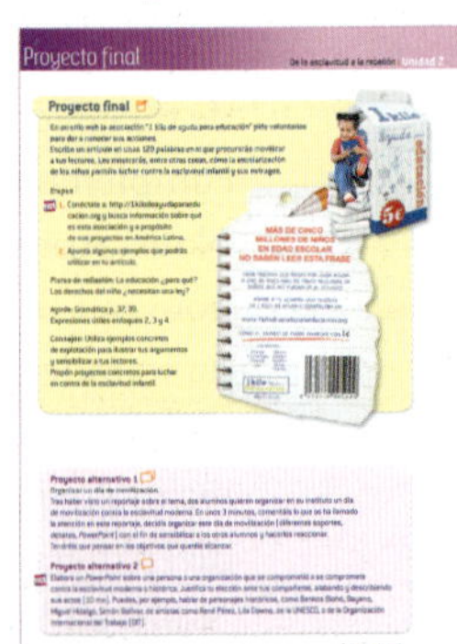

La **tâche finale** de l'unité, annoncée dans la page d'ouverture. Une ou plusieurs **tâches « alternatives »**, au choix.

Objetivo bachillerato BAC

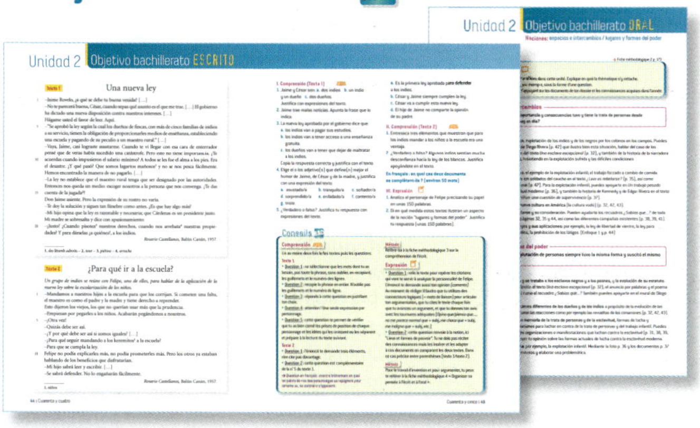

Une **double page** consacrée à l'**entraînement aux épreuves de compréhension de l'écrit**, **d'expression écrite** et **une page dédiée à l'expression orale** (présentation de la notion).

Evaluación

Une **page d'évaluation ou d'auto-évaluation** portant sur les activités langagières de compréhension de l'écrit et de l'oral (selon les critères de la nouvelle épreuve du BAC).

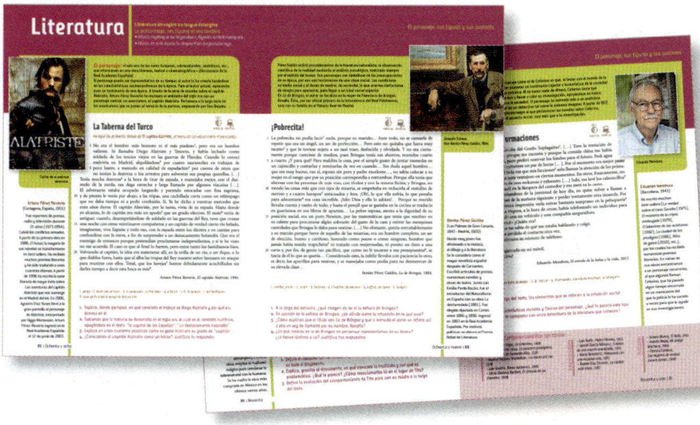

Literatura BAC

Un **dossier « Littérature étrangère en langue étrangère »** de 16 pages, réparti en 2 doubles pages toutes les deux unités, construit autour des thématiques du programme (série L) pour travailler sur les grands textes modernes et classiques (roman, essai, poésie…) et les courants littéraires.

Et en annexe

Un dossier Bachibac (histoire et géographie)

Un dossier de **16 pages**, destiné avant tout aux élèves qui passent **un bac binational et aux sections européennes (DNL)**, comportant de nombreux documents iconographiques.
Le **dossier Bachibac** peut être aussi utilisé par **toutes les séries**.

- **Des fiches méthodologiques**
À utiliser en autonomie, en complément des **entraînements au BAC**.
- **Des fiches pays**
Des **fiches repères** portant sur les pays mentionnés dans les unités (complément d'informations en géographie, histoire, politique et arts).
- **Un précis grammatical**
Avec une **entrée alphabétique** pour une consultation plus aisée en autonomie, le précis est complété par des **exercices d'application**.
- **Tableau de conjugaisons**
- **Lexiques** français-espagnol et espagnol-français.

Pictogrammes utilisés dans le manuel

Compréhension de l'oral	CD classe
Compréhension de l'écrit	mp3 élève
Expression écrite	Vidéo
Expression orale en continu	BAC
Expression orale en interaction	TICE

Tableau des contenus

Grammaire	Objetivo bachillerato BAC	Proyecto final y Evaluación	Artes y artistas
Enfoque 1 L'expression de la concession : *aunque* + indicatif **Enfoque 2** - Les prépositions de lieu - L'adverbe de manière **Enfoque 3** - L'adjectif indéfini *cualquiera* - La traduction de « celui de, celle de... » **Enfoque 4** Les adjectifs possessifs	**Écrit** - Texte 1 de Mario Vargas Llosa - Texte 2 de Luis Sepúlveda **p. 26-27** **Oral** Présenter la notion **p. 28**	**Proyecto final** **p. 23** Tú y tus compañero(os) de clase elaboráis un proyecto de animación en vuestro instituto. **Proyecto alternativo** **p. 23** Eres periodista y debes redactar el editorial de una revista que presentará las nuevas tendencias. **Evaluación** **p. 29** - Article : "Recuperar un barrio" - Audio : "Ayudar a los demás" BAC	Tableau de Sheila Pazos Fauteuil de Javier Mariscal « Pad art » et l'œuvre de Luis Peso Créations d'Agatha Ruiz de la Prada
Enfoque 1 L'imparfait de l'indicatif **Enfoque 2** Le passé simple **Enfoque 3** Les négations **Enfoque 4** La tournure emphatique « c'est... qui / c'est... que »	**Écrit** - Texte 1 et 2 de Rosario Castellanos **p. 44-45** **Oral** Présenter la notion **p. 46**	**Proyecto final** **p. 41** Pide voluntarios para una ONG. **Proyecto alternativo** **p. 41** 1. Organiza un día de movilización contra la esclavitud moderna. 2. Elabora un PowerPoint sobre una persona que se compromete contra la esclavitud **Evaluación** **p. 47** - Texte d'Isabel Allende - Audio sur l'esclavage moderne BAC	Peinture de Diego Rivera Fresque murale de Frenal Mezilas Chanson de Ruben Blades
Isabel Allende • Extrait de *Guzmán de Alfarache*, Mateo Alemán • Extrait de *Soldados de Salamina*, Javier Cercas BAC			
Enfoque 1 La traduction de « on » par « se » + 3e personne **Enfoque 2** L'impératif d'ordre et de défense **Enfoque 3** Les emplois de *por* et *para*. **Enfoque 4** Les emplois de *ser* et *estar*	**Écrit** - Texte 1 de Lucía Etxebarria - Texte 2 d'Elvira Lindo **p. 66-67** **Oral** Présenter la notion **p. 68**	**Proyecto final** **p. 63** Presentad la portada de una revista que habréis imaginado. **Proyecto alternativo** **p. 63** 1. Presenta a una mujer de poder 2. Da tu opinión sobre la discriminación de género TICE **Evaluación** **p. 69** - Article sur l'égalité hommes/femmes - Audio : Hay pocas directoras de orquesta BAC	Tableau de Frida Kahlo Tableau de Montserrat Gudiol Photo de Pedro Almodóvar et Penélope Cruz Tableau d'Antonio de Felipe
Enfoque 1 L'éventualité dans la subordonnée relative **Enfoque 2** Les emplois du gérondif après *estar* et *ir* **Enfoque 3** - L'emploi de *seguir* + gérondif - La traduction de la négation « ne... que » **Enfoque 4** Les emplois de *ser* et *estar* + participe passé	**Écrit** - Texte 1 d'Alejo Carpentier - Texte 2 de Benito Pérez Galdós. **p. 84-85** **Oral** Présenter la notion **p. 86**	**Proyecto final** **p. 81** Escoge un acto de resistencia, el nacimiento, la muerte o las hazañas de un héroe. Elabora un *PowerPoint* para conmemorarlo. **Proyecto alternativo** **p. 81** Llevas a cabo una investigación sobre los desaparecidos durante la dictadura militar en Argentina. **Evaluación** **p. 87** - Article de propagande - Audio : discours de Salvador Allende BAC	Tableau *El Tres de mayo de 1808* de Francisco de Goya Poème de César Vallejo Tableau *La Memoria* de Diego Dayer Tableau *El Macuto* d'Oswaldo Guayasamín
ua para chocolate, Laura Esquivel • Extrait de *El enredo de la bolsa y de la vida*, Eduardo Mendoza BAC			

Cronología

España

- 218 a.C. — España forma parte del Imperio romano
- 711-722 d.C. — Conquista musulmana en España
- 722-1492 — Reconquista cristiana de la España musulmana
- 1492 — Rendición de Granada. Victoria de los Reyes católicos (Isabel de Castilla y Fernando de Aragón)
- 1550-1551 — Controversia de Valladolid
- 1808-1814 — Invasión por las tropas de Napoleón I
- 1923-1930 — Dictadura de Primo de Rivera
- 1931-1936 — Segunda República
- 1936-1939 — Guerra civil
- 1939-1975 — Dictadura de Francisco Franco
- 1959 — Fundación de ETA

a.C. — Siglo VIII d.C — Siglo XIII — Siglo XV — Siglo XIX — 1920 — 1940 — 1960

Hispanoamérica

- 1500 a.C.-100 a.C. — Civilización olmeca (México)
- 1000 a.C.-1697 d.C. — Civilización maya (Yucatán-América Central)
- 1230 d.C.-1780 d.C. — Civilización inca (Perú)
- 1370 d.C.-1519 d.C. — Civilización azteca (México)
- 1492 — Descubrimiento de las Antillas (isla Guanahaní) por Cristóbal Colón
- 1519 — Conquista de México por Hernán Cortés
- 1532 — Principio de la conquista del Imperio inca por Francisco Pizarro
- 1810-1830 — Movimientos independentistas de Latinoamérica *(excepto Cuba y Puerto Rico, independientes en 1898)*
- 1821 y 1886 — Abolición de la esclavitud en Hispanoamérica
- 1910-1919 — Revolución mexicana (Emiliano Zapata, Pancho Villa)
- 1946-1955, 1973-1977 — Juan Domingo Perón (esposo de Eva Perón "Evita"): presidente de Argentina entre 1946-1955, 1973-1977
- 1956-1959 — Revolución cubana (Fidel Castro, Ernesto Che Guevara)
- 1959-2008 — Cuba Dictadura de Fidel Castro

1975 Comienzo del reinado de don Juan Carlos de Borbón

1978 Constitución española-España: monarquía parlamentaria

23/02/1981 Tentativa de golpe de Estado por el teniente coronel Tejero ("el 23-F")

1982 Copa mundial de fútbol en España

1986 España ingresa en la Comunidad Europea

1992 Juegos olímpicos de Barcelona Exposición universal de Sevilla

2002 España adopta la moneda euro

11/03/2004 Atentados del 11-M en Madrid

2004-2011 José Luis Zapatero (PSOE, izquierda) jefe del Gobierno español

2008 Exposición internacional de Zaragoza

2009 España entra en recesión

2010 España campeona mundial de fútbol

15/05/2011 Creación del movimiento de los "indignados" en Madrid

20/11/2011 Elección de Mariano Rajoy (Partido Popular, derecha) como jefe del Gobierno

1970 — 1980 — 1990 — 2000 — 2012 — 2013

Latinoamérica

1964 Colombia: Creación de las FARC

1967 Bolivia: Muerte del "Che"

1970-1973 Chile: Presidencia de Salvador Allende

1973-1990 Chile: Dictadura de Pinochet

1976-1983 Argentina: Dictaduras militares

1978 Argentina: Copa mundial de fútbol (durante la dictadura)

1986 México: Copa mundial de fútbol

1991 Creación del Mercado Común del Sur (Mercosur) entre Argentina, Paraguay, Uruguay y Brasil

1994 Creación del Tratado del Libre Comercio de América del Norte (TLCAN)

Zona de libre comercio entre México, Estados Unidos y Canadá

2006 Elección en Bolivia del presidente indio Evo Morales

2006-2010 Chile: Presidencia de la socialista Michelle Bachelet

Desde 2010 en Chile: presidencia de Sebastián Piñera (derecha)

2007 Argentina: Presidencia de Cristina Fernández de Kirchner

2008 Cuba: Principio del gobierno de Cuba por Raúl Castro, hermano de Fidel

2012 México: Nuevo presidente Enrique Peña Nieto

2013 Venezuela 05/03/2013 Muerte de Hugo Chávez

Unidad 1 ¿Las tendencias

Espacios e intercambios / Idea de progreso

1 Mochileros descansando, Granada.

2 Un mundo solidario.

3 Zapatos para lucir.

Expresiones útiles

- la mochila: *le sac à dos*
- por casualidad: *par hasard*
- despacio: *lentement*
- a la pata la llana: *à la bonne franquette (sans façons)*
- barato: *pas cher*
- cursi: *snob*
- presumido: *prétentieux*
- superfluo: *superflu*
- lucir: *faire de l'effet*
- dárselas de moderno: *se croire branché*
- estar en obras: *être en travaux*
- ampliar: *agrandir*
- disfrutar: *profiter*
- descansar: *se reposer*
- charlar: *bavarder*
- reformar: *rénover*

cambian?

Para empezar

1. Apoyándote en la foto 1, di por qué algunos prefieren ir de mochilero a la hora de los viajes rápidos y baratos.
2. Fíjate en la foto 2: ¿Qué experimentarán estos voluntarios al trabajar durante sus vacaciones?
3. Observa la foto 3. ¿Cuál es el interés de esta innovación tecnológica?
4. ¿Están vinculadas entre sí estas "tendencias" o, por el contrario, se oponen?

Activités langagières

Réception

Comprendre des documents variés sur la rue comme espace d'expression et sur les dernières tendances technologiques.
p. 14, 15, 29

Comprendre des documents audio et vidéo sur différentes façons de voyager, sur de nouvelles formes d'échange, sur la mode de la rue.
p. 16, 17, 19, 20, 29

Production

Rédiger une lettre à une autorité et un courrier électronique à ses camarades de classe.
p. 15, 21, 23

S'exprimer en continu à partir des documents sur l'intérêt de voyager à vélo en pratiquant le *couchsurfing*.
p. 17, 18, 23

S'exprimer en interaction à partir des documents sur le troc de services et sur ses avantages.
p. 19

Objectifs linguistiques

Lexique

- Arts et pratiques de la rue
- Le voyage
- L'entraide, le partage
- La mode, le paraître

Grammaire

- L'expression de la concession
- Les prépositions de lieu
- La formation de l'adverbe de manière
- L'adjectif indéfini : *cualquiera*
- La traduction de « celui, celle de »
- Les adjectifs possessifs

Objectifs bac

BAC

- Bac écrit p. 26, 27
- Bac oral p. 28

Proyecto final

Tú y tus compañeros(as) de clase elaboráis un proyecto de animación divertido y poco habitual en vuestro instituto, con el acuerdo del director.

La calle, la libertad

Sueños de grafitero

Obra callejera en Bogotá.

El narrador se dirige al pintor Antoni Tápies.

Tu propio juego había empezado por aburrimiento[1], no era en verdad una protesta contra la prohibición amenazante de pegar carteles o escribir en los muros. Simplemente te divertía hacer dibujos con tizas de colores… y de cuando en cuando venir a verlos y hasta con un poco de suerte asistir a la llegada del camión municipal y a los insultos inútiles de los empleados mientras borraban[2] los dibujos. […] Nunca habías corrido peligro porque sabías elegir bien, y en el tiempo que transcurría hasta que llegaban los camiones de limpieza se abría para vos[3] algo como un espacio más limpio donde casi cabía[4] la esperanza. Mirando desde lejos tu dibujo podías ver a la gente que le echaba una ojeada[5] al pasar, nadie se detenía por supuesto pero nadie dejaba de[6] mirar el dibujo, a veces una rápida composición abstracta en dos colores, un perfil de pájaro o dos figuras[7] enlazadas. Una sola vez escribiste una frase, con tiza negra: *A mí también me duele…* Cuando el otro [dibujo] apareció al lado del tuyo casi tuviste miedo, de golpe el peligro se volvía doble, alguien se animaba como vos a divertirse… y ese alguien era una mujer. […]

Empezó un tiempo diferente, más sigiloso[8], más bello y amenazante a la vez. Descuidando tu empleo salías en cualquier momento con la esperanza de sorprenderla, volviste al alba, al anochecer, a las tres de la mañana. […] Una noche viste su primer dibujo solo; lo había hecho con tizas rojas y azules en una puerta de garage. Era más que nunca ella, el trazo, los colores, pero además sentiste que ese dibujo valía como un pedido o una interrogación, una manera de llamarte.

Julio Cortázar,
Queremos tanto a Glenda, 1981.

1. *ennui* – **2.** *effaçaient* – **3.** *ici,* ti – **4.** *ici, il y avait place pour* – **5.** *coup d'œil* – **6.** *cessait de* – **7.** *silhouettes* – **8.** *secret*

Di lo que entiendes

1. ¿Por qué hacía grafitis el protagonista?
2. ¿Qué solía hacer de vez en cuando? ¿Qué presenciaba entonces?
3. ¿Cómo se comportaban los transeúntes ante los grafitis?
4. Apunta las palabras que expresan una atmósfera de miedo.
5. Entresaca las frases que muestran las reacciones del grafitero cuando descubrió otros dibujos al lado de los suyos.
6. Apunta dos expresiones que revelan que los grafitis se convirtieron en una forma de diálogo entre los dos artistas.
7. ¿Qué deseo expresan tanto el autor del grafiti del muro como el autor de los grafitis del texto de Julio Cortázar?
8. Si te fijas en el grafiti, di por qué dicen que es un arte popular.

Expresiones útiles

presenciar: *assister*
arriesgarse: *prendre des risques*
ensuciar: *salir*
estropear: *abîmer*
sentirse satisfecho: *se sentir satisfait*
acechar: *guetter*

Parkour: un gimnasio callejero

La cita es en [...] una urbanización. [...] Sobre una plataforma, tres jóvenes se preparan para el gran salto. Toman impulso y vuelan en arriesgadas posturas hasta la acera. Parecen de goma[1]. Lo que hacen se llama *parkour* y, aunque nació en los suburbios[2] franceses, está ganando adeptos entre los adolescentes malagueños. Los usuarios lo definen como un gimnasio callejero, y consiste en hacer un recorrido donde el mobiliario y los obstáculos como las escaleras, los pasillos, las paredes, los coches se convierten en improvisados aparatos de ejercicios para hacer arriesgadas acrobacias aéreas. Entre el grupo se encuentra David Medina, 16 años, quien en ese momento ayuda a sus compañeros a desarrollar nuevas habilidades o "trucos", como ellos los llaman.

"Lo uso para ver hasta dónde puedo llegar con mi cuerpo para superarme[3]. Me motiva para asumir nuevos retos[4]. Si algo falla[5] hay que volver a intentarlo. Si te gusta no supone mucho esfuerzo". Francisco José Bandera tiene 14 años. Hizo sus primeras piruetas en septiembre, al comenzar el curso, contagiado por sus amigos. "Tenía curiosidad, había visto vídeos en internet. Esto sirve para salir de la rutina del colegio, practicar es aprender nuevos trucos, es diferente a otros deportes". "Desde que era pequeño me gustaba hacer piruetas y saltar muros", dice Alfonso Borrallo, de 14 años. Él fue quien le contagió a Francisco. "Hay que superarse. He ido mejorando[6], hago incluso saltos hacia atrás".

Ignacio Lillo, diariosur.es.

1. *en caoutchouc* – **2.** *banlieues* – **3.** *me surpasser* – **4.** *défis* – **5.** *ici, est raté* – **6.** *j'ai progressé petit à petit*

Expresiones útiles

la destreza: *l'habilité*
la flexibilidad: *la souplesse*
el empeño: *l'obstination*
arriesgado: *risqué*
apoderarse de: *s'emparer de*
desafiar: *défier*
sacar provecho: *tirer profit*
servir para: *servir de*
desahogarse: *se défouler*
pasarlo bomba, pasarlo pipa: *s'éclater*

Di lo que entiendes

1. ¿Dónde nació el *parkour*? ¿Por qué se define como "un gimnasio callejero"?
2. ¿Cuáles son las cualidades necesarias para practicar esta disciplina?
3. Precisa en qué entorno se practica esta disciplina y di cómo la utilizan los usuarios.
4. ¿Cuáles son las motivaciones de los tres adolescentes que testimonian de su experiencia?
5. A tu parecer, ¿pueden conciliarse actividad peligrosa y placer?

En acción

Manda una carta.

A ti y a tus compañeros os gustaría organizar un concurso de grafitis. Te toca escribir al alcalde, en unas 120 palabras:

> le pides que organice el concurso precisando el lugar y la fecha.
> aduces los argumentos para convencerle.
> le sugieres el premio que se llevará el ganador.

Gramática

L'expression de la concession → Précis grammatical p. 202

« Bien que » se traduit par aunque + indicatif.
Aunque exprime la concession, suivi d'un indicatif il exprime un fait réel.

Aunque nació en los suburbios franceses, está ganando adeptos.

Viajes aventureros

Encuentros imprevistos

Miguel Otálora, *Couchsurfing*, cartel urbano.com, 2011.

Si te fijas...

1. Observa detenidamente el dibujo y descríbelo insistiendo en la postura de la persona.
2. ¿En qué medida este dibujo promociona la práctica del *Couchsurfing*?
3. Imagina un eslogan atractivo y corto que pueda ilustrar el dibujo.

Expresiones útiles

un sofá: *un canapé*
el presupuesto: *le budget*
un trotamundos: *un globe trotter*
hospedarse: *se loger*
ahorrar: *économiser*
salir barato: *être bon marché*
viajar a lo largo y ancho: *parcourir de long en large*

Couchsurfing: ¿cómo viajar sin pagar hospedaje?

CD 1 PISTE 2

Di lo que entiendes

1. ¿En qué consiste el *couchsurfing*?
2. ¿Para qué sirve couchsurfing.org?
3. ¿Cuál es la regla principal del *couchsurfing*?
4. Completa esta frase: *Coursurfing.org es ... creada en 2003, y cuenta con ... están en ... es una organización sin ... de lucro.*
5. ¿Cómo los viajeros del *couchsurfing* agradecen a sus huéspedes?

Expresiones útiles

colores llamativos: *couleurs vives*
lo insólito: *l'insolite*
raro(a): *bizarre*
estar tendido(a): *être allongé(e)*
salir barato: *revenir bon marché*

Vacaciones del "descansar nunca"

Por la carretera del fin del mundo (Patagonia).

Si te fijas...

¿Qué palabras te parecen más acertadas para ilustrar esta foto? ¿Libertad? ¿Sufrimiento? ¿Soledad? Justifica.

Expresiones útiles

la superación: *le dépassement de soi*
el aislamiento: *l'isolement*
la traba: *l'obstacle*
lo infinito: *l'infini*
virgen: *vierge*
inhóspito(a): *inhospitalier(ère)*
dormir al raso: *dormir à la belle étoile*
reponer/retomar fuerzas: *reprendre des forces*
endurecerse: *s'endurcir*
sacar fuerzas de flaqueza: *prendre son courage à deux mains*

Viaje Barcelona-Granada en bici

CD 1 PISTE 3 PISTE 1

Di lo que entiendes BAC

Primera escucha. Escucha y destaca quién habla, dónde y cuándo tiene lugar la escena (apunta palabras clave).

Segunda escucha. Destaca el tema y las ideas esenciales que se relacionan con el tema (apunta sobre todo palabras clave).

Tercera escucha. Completa los apuntes de tus dos primeras escuchas.

Síntesis en francés. Ahora tienes 10 minutos para sintetizar por escrito en francés lo esencial de lo que has oído y entendido, ayudándote de tus apuntes de las tres escuchas anteriores.

En acción

Valora las ventajas del viaje en bici.

Has decidido hacer un recorrido en bici y has localizado contactos que pueden hospedarte gratis en los lugares que visitas. Buscas a un compañero(a) para que te acompañe. Durante 3 minutos:

> presentale el recorrido que has elegido y cómo te vas a alojar;
> intenta convencerlo, citando las bazas *(atouts)* de este tipo de viaje.

Gramática

Les prépositions de lieu → Précis grammatical p. 208

Il existe de nombreuses prépositions de lieu et de locutions prépositionnelles :

- **por** (le lieu où l'on passe) → *¿Por qué pasa **por** Teruel?*
- **en** (le lieu où on est) → *Comenzaron la ruta **en** Barcelona.*
- **de** (le lieu d'origine) → *Yo soy **de** Granada.*
- **hasta** (le lieu que l'on veut atteindre) → *Su objetivo es llegar **hasta** Granada.*

À noter : **a** (le lieu où l'on va), **desde** (le point de départ dans l'espace), les locutions **delante de**, **alrededor de**...

La formation de l'adverbe de manière → Précis grammatical p. 200

- Adjectif qualificatif au féminin + **-mente**
  *[...] **precisamente** eso hacen millones de viajeros [...]*
- Adjectif qualificatif invariable + **-mente**
  *[...] no fue lo **suficientemente** mala como para [...]*

! Si deux adverbes se suivent, seul le 2e prend le suffixe **-mente**, le 1er restant au féminin : *Andaba **tranquila** y **alegremente**.*

Valores compartidos

Dar lo mejor de sí

Voluntarios en "Vacaciones solidarias", Panamá, 2012.

Vacaciones Solidarias es un proyecto de Fundación Telefónica que busca propiciar el intercambio cultural, desarrollar el valor del voluntariado. Así es como Beatriz García cedió dos semanas de sus vacaciones para participar en el proyecto de Boquete, en Panamá, colaborando con la ONG Casa Esperanza que trabaja por la erradicación del trabajo infantil.

"Creo que nuestra principal labor en el proyecto de Boquete fue la de motivar a los niños, intentar que no pierdan la ilusión por conseguir sus sueños pese a[1] las dificultades, hacerles entender que son personas importantes y que de ellos depende su futuro. Trabajamos allá construyendo un murete, rodeando la zona donde comen los niños –al final le cogí gusto a la paleta[2]–, apoyamos a la ONG en el comedor[3], en las actividades educativas... Ha sido una experiencia increíble, conoces una cultura diferente a la que tienes que adaptarte, convives[4] con compañeros formando un equipo de voluntarios muy heterogéneo, en el que cada uno aporta lo mejor de sí; y lo más importante, forjas una relación muy estrecha con los niños. Esta experiencia me ha acercado a valores como la tolerancia o el respeto. Con todo ello tengo la sensación de haber crecido como persona. Aprendes a lidiar[5] con la frustración, a tener paciencia y trabajar con los medios materiales, por muy escasos[6] que sean. Lo que me queda en la memoria para siempre son las risas de los niños, sus regalos (un dibujo, una pulsera fabricada por ellos), su alegría... Es increíble la cantidad de cariño[7] que los niños son capaces de dar sin pedir nada a cambio".

Beatriz García Zarza, *Voluntaria en Vacaciones Solidarias Boquete*, Panamá, 2012.

1. *malgré* – **2.** *truelle* – **3.** *cantine* – **4.** *cohabites* – **5.** *faire face à* – **6.** *rares* – **7.** *affection*

Expresiones útiles

la convivencia: *la convivialité*
el enriquecimiento: *l'enrichissement*
la confianza en sí: *la confiance en soi*
la ternura: *la tendresse*
esperanzador: *prometteur*
inolvidable: *inoubliable*
dedicarse a: *se consacrer à*
crear vínculos: *créer des liens*
llevarse bien: *bien s'entendre*
superar: *surmonter*

Di lo que entiendes

1. ¿En qué consisten las vacaciones solidarias?
2. ¿Cuál fue la labor principal del proyecto Boquete?
3. Cita un trabajo concreto que realizó Beatriz García.
4. ¿Por qué, según Beatriz García, fue "una experiencia increíble"?
5. ¿Qué recuerdos inolvidables se llevó Beatriz García?
6. Tras describir la foto, di en qué medida ilustra el testimonio entusiasta de Beatriz García.

Hacia los otros

Si te fijas...

1. ¿Qué situación ilustra este dibujo? ¿Qué servicios propone cada uno?
2. A tu parecer, ¿cuáles son las ventajas y/o los inconvenientes de esta situación?

Expresiones útiles

la mano tendida: *la main tendue*
el peluquero: *le coiffeur*
el fontanero: *le plombier*
el intercambio: *l'échange*
la avería: *la panne*
la jardinería: *le jardinage*
la carretilla: *la brouette*
el trueque: *le troc*
a cambio de: *en échange de*
cortar el pelo: *couper les cheveux*

"Si eres peluquero y puedes ofrecer tus servicios de forma gratuita durante una hora, puede haber un fontanero que te arregle una avería en casa también de forma gratuita".

¿Qué es el banco del tiempo?

CD 1 PISTE 4

Di lo que entiendes

1. Apunta tres palabras que definen el banco del tiempo.
2. ¿En qué medida el banco del tiempo es un banco diferente de los demás?
3. Enumera cuatro ejemplos de intercambios de servicios.
4. ¿Cuáles son los requisitos *(conditions)* necesarios para que funcione el banco del tiempo?
5. ¿Qué te parece este sistema de ayuda mutua? ¿Te gustaría poder participar en uno?

En acción

Dialoga en torno al trueque de servicios.

Por parejas:
> un alumno propone crear un trueque de servicios en su barrio, valorando este sistema.
> otro alumno, vecino suyo, pide más informaciones y explicaciones.

Gramática

L'adjectif indéfini : *cualquiera* → Précis grammatical p. 206

Cualquiera obéit à la règle de l'apocope.
Cualquiera + ser au subjonctif = quel (quels, quelle, quelles) que soi(en)t

Como cualquier banco, se estructura a partir de sucursales.
[...] por cada hora cualquiera sea el servicio que se preste.

La traduction de « celui de, celle de... »

« Celui de, celle de, ceux de, celles de » se traduisent : EL de, LA de, LOS de, LAS de

Creo que nuestra principal labor en el proyecto de Boquete fue la de motivar a los niños, [...]

Juventud urbanita

Moda callejera

Los jóvenes son grandes creadores de tendencias y fuente[1] de inspiración en plena calle. "La presentación corporal apropiada para determinado grupo (lo *cool*, lo *fashion*) es un mandato que los jóvenes viven de modo más acusado, porque se hallan en un momento que resulta crítico en el proceso de construcción de su identidad personal y social", hablan los sociólogos. "Unas gafas, una cazadora[2], una botas, busco algo que los distinga. Busco un *look* que los haga diferentes, gente que se ponga lo que le apetece en cada momento, que no le importa cómo le miran", ha asegurado Esther Bellón, fotógrafa y creadora del blog *Mi armario en ruinas*. Uno de los fenómenos revolucionarios actualmente, es que la calle ha impuesto sus normas. Y si antes eran los diseñadores los que tenían la exclusiva a la hora de crear tendencias, ahora son los anónimos viandantes[3] los que inspiran a los creadores. Muchas de las combinaciones que vemos hoy por las aceras de las ciudades más importantes, servirán de base a futuras colecciones de las mejores casas de moda. Y es que el *streetstyle* interesa ya casi más que lo que se ponen las celebridades.

El País, 15/04/2012.

1. *source* – **2.** *blouson* – **3.** *passants*

¿Sabías que...?

El **27 de septiembre de 2012**, el cruce de las madrileñas calles de **Gran Vía** y **Fuencarral** se ha convertido por unas horas en una pasarela donde los modelos han sido los transeúntes, y sus admiradores y jueces, veinte blogueros especializados en moda. "Amarás a tu *look* y no aburrirás a tu prójimo" dictaron los fotógrafos antes de capturar los atuendos que habían llamado su atención.

Si te fijas...

1. Después de describir la indumentaria de los jóvenes de las fotos, di en qué se parecen.
2. Apoyándote en las fotos, ¿qué opinas acerca del *streetstyle*?

Di lo que entiendes

1. ¿Qué representan los jóvenes para los diseñadores de moda?
2. ¿Por qué, según los sociólogos, el aspecto es tan importante para los jóvenes?
3. Di lo que busca la fotógrafa a través del *look* de los jóvenes.
4. ¿Cuál es, según el periodista, el fenómeno revolucionario en materia de moda?

Expresiones útiles

la indumentaria, los atuendos: *les vêtements*
la pinta: *l'allure, le look*
los complementos: *les accessoires*
el esmero: *le soin*
relajado(a): *décontracté(e)*
ataviarse: *se parer, se faire beau/belle*
identificarse: *s'identifier*
despreocuparse por: *ne pas se soucier de*
parecerse a: *ressembler à*

Loca por tu ropa

Di lo que entiendes

1. ¿Quiénes son Sandra y María?
2. ¿Qué buscan Sandra y María en la calle?
3. ¿Cuáles son las reacciones de las "elegidas"?
4. ¿Para qué sirven las fotos?
5. Cita la frase que revela el éxito *(succès)* de esta experiencia, y di por qué tal éxito.

¡Enganchado a lo último!

Hacemos ropa inteligente y eso quiere decir que fusionamos moda con tecnología. Hacemos desde bolsas[1] que cargan el móvil, camisetas que proyectan imágenes en el tejido[2] o zapatillas que guían por la calle como si fuera GPS, hasta una chaqueta con un teclado para el teléfono en la manga y un casco de moto que permite navegar por internet y obtener información… cosas muy divertidas y en este caso muy innovadoras en el sector de la moda. El bolso de última generación está diseñado para adaptarse al ordenador portátil y al estilo de vida urbano y ecológico. Asimismo se nota la energía creativa de Barcelona, y la pasión por el diseño respetuoso del medio ambiente. La primera colección de bolsos se hizo con banderolas publicitarias recicladas del ayuntamiento de Barcelona.

El diseño del bolso está pensado para proteger un portátil de 15" e integra en el tejido paneles solares flexibles con los que carga los dispositivos electrónicos (Smartphone, IPAD, GPS, mp3 y cámara) mediante la exposición directa al sol.

Sitio web de Innovalley.

1. *des sacs* – **2.** *le tissu*

Youshine, bolso de Innovalley.

¿Sabías que...?

Innovalley: empresa catalana afincada en California.
Xavier Verdaguer: empresario innovador, profesor en la UPC de Barcelona.

Di lo que entiendes

1. ¿Por qué estas creaciones están consideradas como innovadoras o inteligentes?
2. Haz una lista de las creaciones inventadas por Innovalley.
3. ¿En qué medida se puede decir que la primera colección de bolsos Innovalley es ecológica o respetuosa del medio ambiente?
4. ¿Te parecen estas innovaciones necesarias o simplemente divertidas? Justifica tu respuesta.

Expresiones útiles

el uso: *l'usage*
lo útimo: *le dernier cri*
medioambiental: *environnemental*
estar en la onda: *être à la mode*
sacar de apuros: *dépanner, rendre service*

En acción

Redacta un correo electrónico.

Has decidido participar en una pasarela callejera. En unas 100 palabras avisas a tus amigos(as) con un correo electrónico:
> precisando cuáles son tus motivaciones;
> describiendo la indumentaria que has escogido y por qué.

Gramática

Les adjectifs possessifs → Précis grammatical p. 209

Mi(s), tu(s), su(s), nuestro/a(s), vuestro/a(s), su(s)

[…] que resulta crítico en el proceso de construcción de su identidad […]

¡Ojo!

- Accord en genre à la 1re et 2e personne du pluriel
- Su(s) renvoie à « il(s) » et « elle(s) » mais aussi à « vous » (Usted, Ustedes)

El libro de Pablo > su libro (son livre)
Su libro, señor (votre livre, monsieur)

→ *Précis grammatical (avec exercices) p. 200*

L'expression de la concession (*aunque* + indicatif) *(Enfoque 1)*

1 Transforme les phrases suivantes en utilisant *aunque*.

a. Tenía miedo y, sin embargo, dibujaba grafitis.
b. Esta disciplina comporta riesgos pero la practica.
c. Estaba prohibido pegar carteles, sin embargo, lo hacía.
d. Muchas veces falla los saltos pero insiste.

Les prépositions de lieu *(Enfoque 2)*

2 Complète les phrases avec une des prépositions de lieu suivantes : *a, por, hasta, alrededor, desde, en.*

a. Luis apuntará ... su diario sus impresiones de viaje.
b. Juan Manuel y Luis piensan ir ... Teruel e incluso ... Granada.
c. Max buscó ... de él a personas adeptas al *couchsurfing*.
d. José Manuel y Luis viajarán ... todo el país.

La formation de l'adverbe de manière *(Enfoque 2)*

3 Construis l'adverbe à partir des adjectifs suivants :

a. peligroso
b. atento
c. grave
d. voluntario
e. útil
f. urgente
g. detenido
h. puntual

L'adjectif indéfini : *cualquiera* *(Enfoque 3)*

4 Complète les phrases suivantes, soit avec *cualquiera*, ou *cualquiera* + verbe *ser* (attention à l'apocope).

a. Seguirá ayudando ... la dificultad.
b. Beatriz está acostumbrada a ceder sus vacaciones, pero ... individuo puede intentarlo.
c. Se puede desarrollar vacaciones solidarias en ... país del mundo.
d. Podrás inscribirte en un banco del tiempo ... tus habilidades.

La traduction de « celui de, celle de... » *(Enfoque 3)*

5 Complète les phrases en utilisant l'article défini qui convient.

a. El mayor trabajo manual fue ... construir un murete.
b. Las más bellas vacaciones de Beatriz son ... su estancia en Panamá.
c. Los principales valores que aprendió fueron ... la tolerancia y el respeto.
d. La tarea principal fue ... apoyar a los voluntarios.

Les adjectifs possessifs *(Enfoque 4)*

6 Emploie l'adjectif possessif correspondant à la personne verbale ou au pronom.

a. Nos apetece mostrar ... creaciones a ... amigos
b. A vosotros os gusta lucir ... bolsos en la onda.
c. Yo creo que ... indumentaria es lo que más me importa.
d. La modelo dice que ... imagen es lo que más cuida.
e. Llevas siempre ... gafas de sol contigo.
f. A ustedes les preocupa ... apariencia física.

Proyecto final

Tú y tus compañeros(as) de clase elaboráis (en grupos de cinco alumnos) un proyecto de animación divertido y poco habitual en vuestro instituto, con el acuerdo del director.

Etapas

Celebrando el fin de curso.

1. Determinad la actividad: una pasarela de moda y grafitis en unos paneles de madera.
2. Redactad un folleto para informar a vuestros(as) compañeros(as) de este evento e incitarlos(las) a participar.
3. Repartid las ganancias de las entradas entre el viaje de fin de curso y una donación a una ONG que elegiréis.
4. Precisad el lugar (el patio central, los pasillos, el salón de actos...) y describid detalladamente el desarrollo del acto (se trata de... consiste en... los requisitos son... es necesario que... el jurado tiene que...)
5. Imaginad un eslogan llamativo para alentar la participación de los alumnos.
6. Ilustrad el folleto con fotos de pasarelas, fotos de grafitis callejeros descargados en internet. Utilizad colores y formas atractivos.
7. Grabad un mensaje corto y persuasivo que pueda transmitirse por los altavoces del instituto.

Ayuda: Gramática p. 15, 17, 19, 21. Expresiones útiles: enfoques 1, 3 y 4.

Consejos: utilizaréis más particularmente: *aunque* + indicativo, *cualquiera*.

Proyecto alternativo

Eres periodista y debes redactar el editorial de una revista que presentará las nuevas tendencias en el ámbito que escogerás.

> Elige la nueva tendencia.
> Busca ejemplos o situaciones concretas para ilustrarla.
> Redacta un editorial de 150 palabras en el que presentarás esta nueva tendencia, su interés, sus ventajas.
> Da tu opinión o di por qué la has elegido.

Habla en primera persona.
Utiliza expresiones para dar tu opinión (a mi parecer..., opino que..., quisiera insistir en que...)

Artes y artistas

Sheila Pazos, *¿Qué pasa ahí fuera?*, Galería Rita Castellote, Madrid, 2012.

Sheila Pazos (Ginebra, 1986)

Licenciada en Bellas Artes por la Universidad de Vigo, obtuvo el Premio fin de Carrera (2004). A pesar de su juventud, su obra ya se ha visto reconocida por varios premios: el Premio Novos Valores de la Diputación de Pontevedra (2009), el segundo Premio Xuventude Crea 2010 y el primer Premio de Videocreación GZ Crea 2008.

Explica cómo y por qué Sheila Pazos juega con la realidad de la ciudad.

Sillón Alexandra, 2006.

Javier Mariscal (Valencia, 1950)

Diseñador español ubicado en Barcelona. Artista polifacético, se le debe la mascota de los Juegos Olímpicos de 1992, "Cobi", y el diseño del bar discoteca de Barcelona "Torres de Ávila".

Observando este sillón, imagina por qué lo llamaron "silla amorosa".

"Pad art" o arte de tableta

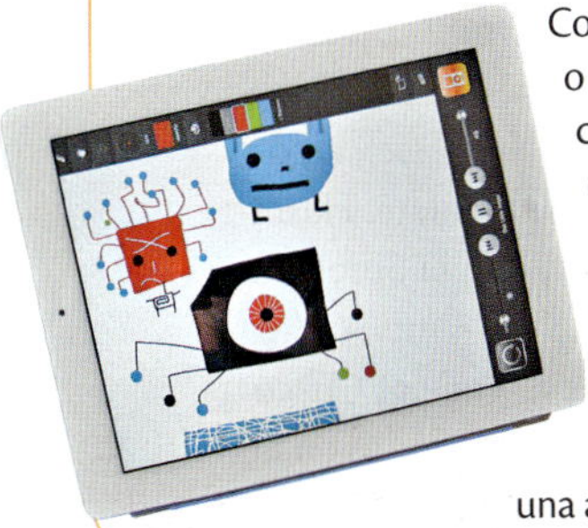

Con la ayuda de un lápiz digital o solo con los dedos, es posible crear artísticamente sobre cualquier dispositivo con pantalla multitáctil, como son los smartphones y las tabletas. Se han desarrollado muchas aplicaciones para que cualquier usuario pueda dibujar con una amplia paleta de colores.

Luis Peso

Nació en Granada. Es joyero, ilustrador y miembro activo de International Association of Mobile Digital Artists.

¿Te parece "arte de futuro" el "Pad art" como esta taza de café de Luis Peso?

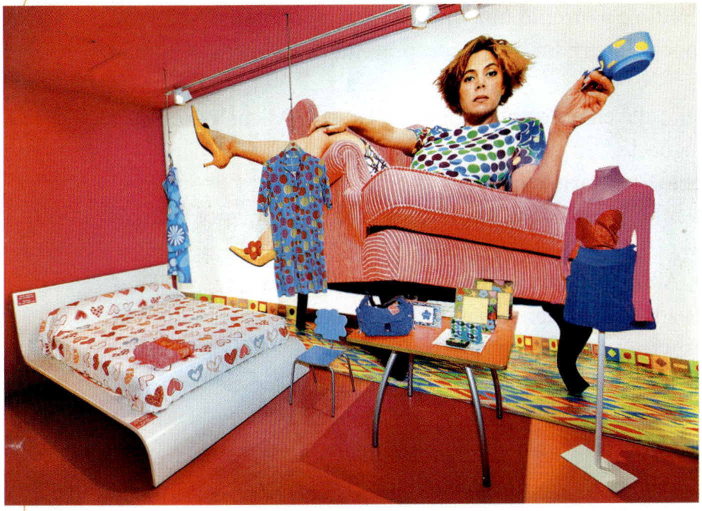

Agatha Ruiz de la Prada (Madrid, 1960)

Nació en una familia aristocrática. Después de estudiar técnicas de moda en Barcelona, a los 21 años se atreve a montar su primer desfile y a abrir su primera tienda. Emprende una carrera empresarial que abarca cualquier campo del diseño y de la moda: además de la ropa, crea zapatos, perfumes, revestimientos cerámicos, muebles decorados, vestuario teatral... Se distribuyen a través de tiendas de las grandes capitales. Colores vivos, formas geométricas, flores y corazones son los rasgos constantes de sus creaciones.

Según Agatha Ruiz de la Prada "La moda ha de ser cómoda para el cuerpo y para la mente". A tu parecer, ¿se puede aplicar esta afirmación a estas creaciones?

Ciberencuesta

Artes de la calle

TICE → Accede a la página principal del sitio web http://www.escritoenlapared.com/
En la barra del menú en el lado izquierdo, ve a la sección "Archivo". Pulsa en "2012". Con clic en "diciembre", escoge "Valencia, diciembre de 2012, los grandes murales". Se abren las fotos correspondientes al tema.
Visualiza las fotos propuestas. Redacta una breve descripción de los murales que te hayan gustado.

→ Haz lo mismo haciendo clic en "2013", "enero" y "Borondo, De vuelta en Madrid"

→ Accede al sitio web colombiano http://www.festivaldemanizales.com/, haz clic en edición 2012 "espectáculos" y después en la sección "nacionales calle", y en "Ferozcarril Coproducción Des Helices-Udec-Ft 2007 Manizales". Recoge informaciones sobre la actuación y busca con un motor de búsqueda fotos destacadas del espectáculo "Ferrozcarril" que tuvo lugar en las calles de Manizales (Colombia) durante el festival.
Ayudándote del conjunto de datos recogidos (incluso fotos), contesta a la pregunta siguiente:¿Qué aspectos pueden cobrar los artes de la calle y cuál puede ser el interés artístico y social? Elabora un diaporama digital que habrás grabado en tu memoria USB.
Al final del archivo, mencionarás las fuentes utilizadas.

Texte 1

Mochileros en los Andes

El zangoloteo[1] del viejo ómnibus era tal que a ratos parecía desmoronarse[2] […]. Eran los únicos extranjeros, pero a sus compañeros de viaje la parejita de franceses no parecía llamarles la atención. […] [Los Indios] iban envueltos en ponchos […], arropados para la noche ya inminente, y cargados de paquetes y maletas de hojalata. Hasta gallinas traía consigo una señora. Pero ni la incomodidad del asiento… ni la apretura importaban lo más mínimo a Albert y a la *petite* Michèle.

[…] Él había tenido razón, cuando discutieron, […] sobre si hacer el viaje al Cusco por tierra o en avión. Ella se había empeñado en el avión… pero él insistió tanto en el ómnibus que la *petite* Michèle cedió. No lo lamentaba, al contrario. Hubiera sido una lástima perderse esto. […]

–Este viaje será lo más importante que nos pasará en la vida, ya verás –dijo Albert.

Alguien había prendido una radio e irrumpió una música triste, monótona.

–Charangos y quenas[3] –reconoció Albert. En Cusco compraremos una quena. Y aprenderemos a bailar los *huaynos.*

–Daremos una función de gala, allá en el colegio –fantaseó la *petite* Michèle–. *La nuit péruvienne!* Vendrá *le tout* Cognac.

–Nunca te he visto tan contento –le sonrió ella.

–Es el sueño de dos años –asintió él–. Ahorrando, leyendo sobre los incas y el Perú. Imaginando esto.

[…] Un momento después, Albert la sintió bostezar[4]. […] Él sabía que no iba a pegar los ojos[5]. Estaba demasiado anhelante, demasiado ávido de retenerlo todo en la memoria para recordarlo después, escribirlo en el diario que borroneaba cada noche desde que tomaron el tren en la estación de Cognac. Y más tarde, contárselo todo, con lujo de detalles y alguna que otra exageración, a los *copains.* […] *Le Pérou!* Ahí estaba: inmenso, misterioso, verdegrís, pobrísimo, riquísimo, antiguo, hermético.

Mario Vargas Llosa, *Lituma en los Andes,* 1993.

1. *les secousses* – **2.** *s'écrouler* – **3.** *instruments de musique andins* – **4.** *bâiller* – **5.** *fermer l'œil*

Texte 2

Extraviado entre Argentina y Bolivia

Llegué a la Quiaca al atardecer, y en cuanto bajé del tren sentí la bofetada[1] del frío andino. […] Junto a la estación había un hotel desangelado[2], como todos los hoteles de pueblos sin importancia. Ya en el cuarto […] abrí la mochila y me puse un pullóver grueso. En el cuarto hacía tanto frío como fuera y la cama estaba bien para una noche […].

Salí del hotel para conocer La Quiaca y me eché a caminar por calles silenciosas y solitarias, entre casas de barro que se confundían con los montes cercanos según avanzaban las sombras. A las pocas cuadras[3] encontré un negocio abierto. Olía a carne asada […] la carne estaba deliciosa. Chorreaba[4] grasa al hincarle el cuchillo y era un placer untar el pan en ella. El vino era un tanto agrio, pero alegraba el cuerpo.

Luis Sepúlveda, *Patagonia Express,* 1995.

1. *gifle* – **2.** *sans charme* – **3.** *pâtés de maisons* – **4.** *coulait*

I. Comprensión (Texte 1)

1. Busca dos palabras que muestran las condiciones penosas del viaje de los protagonistas.
2. Justifica con cuatro elementos del texto lo entusiasta que es Albert.
3. Apunta tres elementos del texto que revelan que este viaje lo prepararon minuciosamente.
4. Señala la frase que indica que Albert y Michèle eran maestros de escuela.
5. ¿Verdadero o falso? Justifica tu respuesta con elementos del texto.
   a. A los demás pasajeros no les importaba la presencia de los protagonistas.
   b. Era Albert quien quería hacer el viaje en avión.
   c. Los protagonistas viven en Francia.
   d. La petite Michèle lamentaba las malas condiciones del viaje.
   e. La primera visión del Perú les decepcionó.
6. Entresaca la frase que revela lo que piensa hacer Albert al volver a su país.

II. Comprensión (Texte 2)

1. Busca dos palabras y dos expresiones que caracterizan las primeras sensaciones del viajero al llegar a la Quiaca.
2. Apunta las palabras o los elementos que subrayan lo agradable de la vida en este pueblo.

En français : quelles impressions ressenties par les protagonistes sont communes aux deux textes ? (environ 50 mots)

III. Expresión

1. Comenta la actitud y el estado de ánimo *(état d'esprit)* de Albert y de la petite Michèle comparándolos con los del protagonista del texto 2 (unas 120 palabras).
2. Imagina lo que va escribiendo Albert en su diario a lo largo del viaje (unas 120 palabras).
3. ¿En qué medida la frase "este viaje será lo más importante que nos pasará en la vida" se relaciona con uno de los aspectos de la noción "espacios e intercambios" (unas 120 palabras)?

Conseils BAC

Comprensión

Lis au moins deux fois le/les textes puis les questions.

Texte 1

- Question 1 : identifie le lieu de la narration, le moyen de transport. Cela te permettra de répondre à cette question.
- Question 2 : un terme de la question 2 caractérise Albert, permet de mieux comprendre la question 3 et peut conduire à la réponse de la question 6.
- Questions 1, 2, 3 et 4 : ne cite que l'expression (la tournure ou la partie de phrase) et pour les mots, respecte le nombre : 2 ou 3.
- Questions 2, 3 et 6 : pour justifier une idée, précise le numéro de la ligne en citant le texte.
- **Attention** : ne développe pas les réponses. Il s'agit d'un travail de repérage.
- Question 5 : cite la phrase en entier et précise le numéro de la ligne.

Texte 2

- Question 1 : quelques mots-clés qui caractérisent ce village du bout du monde, aux confins des Andes, te permettront de répondre à cette question.
- Question 2 : la 2e partie de ce court texte est fondée sur un champ lexical précis, totalement opposé aux impressions qui se dégagent de la description du village (question 1).

→ La question en français recoupe les 2 textes. Ta réponse sera globale.

Método Réfère-toi à la fiche méthodologique n° 3 sur la compréhension de l'écrit p. 174.

Expresión

- Question 1 : il s'agit d'une question d'analyse : elle exige que tu mobilises le lexique des sentiments et des sensations. On te demande implicitement de donner ton avis.
- Question 2 : question d'invention. Tu te serviras des éléments de compréhension pour rédiger.
- Question 3 : cette question renvoie à la notion. Tu observeras que le rappel de la notion dans cette question n'est pas explicite, elle est suggérée. Il y a un mot-clé dans la question qui t'aidera.

Método Pour le travail d'invention et pour argumenter, tu peux te référer à la fiche méthodologique n° 4 p. 175.

Unidad 1 Objetivo bachillerato ORAL

Nociones: espacios e intercambios / idea de progreso

Conseils BAC

→ Fiche méthodologique 2 p. 173

Travail sur la notion

- Cite la notion travaillée. Explique en quoi la thématique s'y rattache.
- Problématise ta réflexion, par exemple, sous la forme d'une question.
- Développe cette notion en t'appuyant sur les documents de ton dossier et les connaissances acquises dans l'année.

Espacios e intercambios

Problemática

¿Cómo valorar la vida urbana, calles y ciudades?

Pistas de reflexión

- **La moda y las nuevas tecnologías, formas de exhibición.** (p. 20-21, 25)
  ¿Se someten los jóvenes a los cánones de la moda, de las marcas o exhiben su propio estilo, sútil mezcla de lo *vintage* y de lo moderno? ¿Exhiben lo último de la tecnología o usan por la calle herramientas necesarias (tableta, móvil...)?
- **Apoderarse de la calle y la ciudad.** (p. 14-15, 24-25)
  Grafitis y *Parkour*: ¿dejar huella, diferenciarse? (¿exhibición?), embellecer la ciudad...
- **Frente a la soledad urbana: convivencia y solidaridad.** (p. 16, 18-19)
  ¿Necesidad de compartir con vecinos, conocidos o no? ¿Impacto de la crisis en estos intercambios?
- **Recuperar la ciudad.** (p. 14-15, 29)
  Turismo industrial, recuperación de barrios, de antiguas fábricas a través de tiendas de moda; vencer el hormigón y las paredes derruidas o no *(parkour y grafitis)*.

La idea de progreso

Problemática

¿Cómo alcanzar nuevas formas de felicidad?

Pistas de reflexión

- **¡Fuera la uniformización!** (p. 20-21)
  Rechazo de lo impuesto por el marketing: ¿voluntad de afirmar su individualidad?
- **¡Abajo la mirada de los demás!** (p. 14-15, 20)
  Frente al ¿qué dirán?: ¿desprecio? ¿provocación? ¿uno hace lo que le da la gana?
- **En busca de sí mismo.** (p. 17)
  El esfuerzo físico: medio de superación, de autoestima. La soledad de la aventura individual: ¿paréntesis en la vida ajetreada de la ciudad o aislamiento necesario para retomar fuerzas?
- **En busca de los demás.** (p. 14-15, 18)
  Hazañas individuales, *performances* callejeras practicadas con o al lado de los demás, ¿son una forma de convivir?
  Solidaridad: ¿olvidarse de sí mismo dedicando tiempo y vacaciones a los demás?
  (Veáse también el *woofing*:
  http://www.vivalebio.com/es/mundo-bio/459-el-woofing-otraforma- de-vivir-al-mundo-ecologico.htm)

Evaluación B1/B2

Je comprends un article sur une nouvelle forme de tourisme

→ *Fiche photocopiable* Evaluación BAC

Recuperar un barrio: convertirlo en una gran tienda de moda puntera

En los años treinta, el turismo industrial se basaba en visitas a fábricas en funcionamiento, el nuevo turismo industrial consiste hoy en transformar estas antiguas fábricas en protagonistas de eventos y ferias.

Igualada (Provincia de Barcelona) durante los *pop-up stores.*

Igualada es una ciudad de Barcelona con un rico pasado industrial donde, durante siglos, sus fábricas textiles situadas en el barrio del Rec fueron auténticos motores económicos. A mediados del siglo XX, llegó la decadencia y aquellos edificios imponentes, poco a poco, fueron abandonados. Hoy, se hace aún más evidente el espléndido patrimonio arquitectónico que dejaron aquellos años de progreso: un barrio entero que, a pesar del tiempo, conserva una atmósfera particular que lo hace especial. Ahora, un grupo de emprendedores ha querido recuperar estos edificios para acercar la historia real y no tan lejana de la ciudad a todos aquellos interesados en conocer y pasear por las calles de este tesoro, dándole voz al menos durante unos días al año. Y, la manera ideada para llevar a cabo esta recuperación es realizar *pop-up stores*[1] durante varios días, donde la moda y las marcas se unen a su pasado industrial ofreciendo sus productos a precios radicales. Entre los diseñadores que se han unido a esta iniciativa se encuentran Custo Barcelona, Diesel, Desigual, Pepe Jeans. [...] Una manera diferente de recuperar edificios que han convertido en fantasma a un barrio que contó mucho.

ecoturismo.org, 05/2011.

1. *magasin éphémère*

1. ¿En qué se diferencia el nuevo turismo industrial del turismo industrial de los años treinta?
2. ¿Por qué se cerraron las fábricas textiles del barrio del Rec?
3. ¿Qué iniciativa tomó un grupo de emprendedores?
4. ¿Cuál es el interés de acudir al barrio del Rec para los visitantes?

Je comprends un enregistrement sur l'aide portée aux autres

CD 1 PISTE 5 PISTE 2

Ayudar a los demás

→ *Fiche photocopiable* Evaluación BAC

1. **Primera escucha.** Escucha globalmente y destaca quién habla, dónde y cuándo tiene lugar la escena (apunta palabras clave).
2. **Segunda escucha.** Destaca el tema y las ideas esenciales que se relacionan con el tema (apunta sobre todo palabras clave).
3. **Tercera escucha.** Completa los apuntes de tus dos primeras escuchas.
4. **Síntesis en francés.** Ahora tienes 10 minutos para sintetizar por escrito **en francés** lo esencial de lo que has oído y entendido, ayudándote de tus apuntes de las tres escuchas anteriores.

Unidad 2 De la esclavitud

Espacios e intercambios / Lugares y formas del pode

1 Unidos VS trata, reunión de personas para manifestarse contra la trata de personas en México el 04/06/2012.

2 *Vida perra*, niños trabajando en una calle de Chile.

Expresiones útiles

- los limpiabotas: *les cireurs de chaussures*
- la cadena: *la chaîne*
- encadenado(a): *enchaîné(e)*
- apiadar: *apitoyer*
- atar: *attacher*
- manifestar(se) [ie]: *(se) manifester*

a la rebelión

3 Cartel realizado en 2012 para el Día Internacional para el Recuerdo del Comercio de Esclavos y su Abolición.

Para empezar

1. Fíjate en la foto 1: ¿de qué manera decidieron estas personas expresar su preocupación?
2. Relaciona la foto 2 con su título y di qué sentimiento se destaca. En tu opinión, ¿por qué tienen que trabajar estos niños?
3. Observa el cartel 3, explica por qué se realizó y comenta el lema.
4. Relaciona estos documentos con la idea de poder o de sumisión.

Activités langagières

Réception

Comprendre un document audio sur l'esclavage moderne. p. 36, 38, 39, 47

Comprendre des articles de presse, des témoignages, des extraits d'œuvres littéraires sur l'esclavage. p. 32, 33, 34, 35, 37, 47

Production

Rédiger un texte à partir de documents sur l'esclavage et les actions menées contre l'exploitation des personnes. p. 33, 35, 41

S'exprimer à l'oral en continu à partir de documents sur le travail des enfants, et l'esclavage moderne. p. 34, 36, 37, 38, 39, 41

S'exprimer à l'oral en interaction sur l'engagement contre l'esclavage moderne. p. 41

Objectifs linguistiques

Lexique

- L'esclavage historique et moderne
- La domination, la rébellion
- La pauvreté

Grammaire

- L'imparfait de l'indicatif
- Le passé simple
- Les négations
- La tournure emphatique

Objectifs bac

BAC

- Bac écrit p. 44, 45
- Bac oral p. 46

Proyecto final

Escribe un artículo de unas 120 palabras para mostrar a tus lectores cómo permite la escolarización de los niños luchar contra la esclavitud infantil y sus estragos.

¿Una vida de sumisión?

Una esclava excepcional

Tété, esclava de Valmorain, visita a Tante Rose con un médico que se interesa por los conocimientos de la anciana. Finales del siglo XVIII.

Resultaba difícil calcular su edad [de tante Rose], tenía el rostro joven, pero el cuerpo maltrecho[1]. [...] Una carreta le había pasado por encima de una pierna a los catorce años partiéndole varios huesos que soldaron mal, por eso caminaba con esfuerzo, apoyada en el bastón que un esclavo agradecido talló para ella. La mujer consideraba que el accidente había sido un golpe de suerte, porque la libró de los cañaverales. Cualquier otra esclava lisiada[2] habría terminado revolviendo melaza hirviente[3] o lavando ropa en el río, pero ella fue la excepción porque desde joven los *loas*[4] la distinguieron como *mambo*[5]. [...] Desde los campos les llegaban las voces de los esclavos cortando caña, todos al mismo compás. El trabajo empezaba antes del amanecer, porque debían buscar forraje[6] para los animales y leña para las hogueras[7], después laboraban de sol a sol, con una pausa de dos horas al mediodía, cuando el cielo se ponía blanco y la tierra sudaba. Cambray había pretendido cambiar ese descanso, estipulado por el Código Negro y rechazado por la mayoría de los plantadores, pero Valmorain lo consideraba necesario. También les daba un día de descanso a la semana para que cultivaran sus vegetales y algo de comida, nunca lo suficiente pero más que en algunas plantaciones, donde se partía de la base que los esclavos debían sobrevivir con los cultivos de sus huertos[8]. Tété había oído comentar una reforma del Código Negro: tres días feriados a la semana y abolición del látigo[9], pero también había oído que ningún colono acatara[10] esa ley, en el caso hipotético de que el Rey la aprobara. ¿Quién iba a trabajar para otro sin látigo?

Isabel Allende, *La isla bajo el mar*, 2009.

1. *en piteux état* – **2.** *estropiée* – **3.** *à remuer de la mélasse bouillante* – **4.** *esprits vaudous* – **5.** *prêtresse vaudou* – **6.** *fourrage* – **7.** *du bois pour les foyers* – **8.** *potagers* – **9.** *du fouet* – **10.** respetar

Estatuilla vudú de Haiti.

¿Sabías que...?

En el siglo XVI, incitados por la Controversia de Valladolid a dejar de esclavizar a los indios, los españoles decidieron traer a esclavos desde África.
Unos **10 millones** de negros fueron llevados a América desde África para trabajar como esclavos.
En la primera mitad del siglo XIX, los abolicionistas consiguieron que se votara en muchos países del Nuevo Mundo la **ley de "libertad de vientre"**, que permitía que los recién nacidos de madres esclavas nacieran libres.
A finales del siglo XIX, la esclavitud se abolió definitivamente en las antiguas colonias españolas.

Di lo que entiendes

1. Tante Rose era una persona importante. Entresaca dos expresiones que lo revelan.
2. ¿Por qué el accidente que sufrió fue una oportunidad?
3. Apunta dos elementos que muestran que la vida cotidiana de los esclavos era dura.
4. ¿En qué se oponían el mayoral Cambray y el plantador Valmorain?
5. ¿Verdadero o falso? Justifica con una expresión del texto.
   - a En comparación con las demás explotaciones, en la de Valmorain se trataba mejor a los esclavos.
   - b Los esclavos de Valmorain tenían tres días feriados a la semana.
   - c La ley prohibía usar el látigo con los esclavos.
   - d Los colonos siempre cumplían la ley.

Expresiones útiles

un esclavista: *un esclavagiste*
despiadado(a): *sans pitié*
penoso(a): *pénible*
infundir respeto: *inspirer le respect*
esclavizar: *asservir*
explotar: *exploiter*

Venta de esclavos

VENTA DE ESCLAVOS.

UNA NEGRA se vende, recien parida, con abundante leche, escelente lavandera y planchadora, con principios de cocina, jóven, sana y sin tachas, y muy humilde: darán razon en la calle de O-Reilly n.º 16, el portero. 6 30

UNA NEGRA se vende por no necesitarla su dueño, de nacion conga, como de 20 años, con su cria de 11 meses, sana y sin tachas, muy fiel y humilde, no ha conocido mas amo que el actual, es regular lavandera, planchadora y cocinera: en la calle del Baratillo casa n.º 4 informarán. 3i

VENTA DE ANIMALES.

SANGUIJUELAS de buen tamaño y sobresaliente calidad, se hallan de venta en la barbería plazuela de S. Juan de Dios, y tambien en la calle del Sol

Anuncios por palabras, *Diario de la Marina*, 3 de febrero de 1846, Cuba.

¿Sabías que...?

Los esclavos procedentes de África se **marcaban al hierro candente** dos veces: una primera vez en **el pecho**, para probar que habían llegado legalmente a la isla y que el mercader había pagado los impuestos correspondientes; y una segunda vez, en **la espalda** con la marca de su comprador.

Expresiones útiles

la lavandera: *la blanchisseuse*
el crío = el niño
el amo: *le maître/le propriétaire*
la tacha = el defecto
la sanguijuela: *la sangsue*
fiel: *fidèle*
parir: *accoucher*

Di lo que entiendes

1. ¿Cuáles eran las cualidades más preciadas por el vendedor?
2. ¿A qué tipo de tareas se destinaban las esclavas vendidas en este anuncio?
3. Según este anuncio, ¿cómo se consideraba a los esclavos?

El Payandé

CD 1 PISTE 6

Nací en las playas del Magdalena
Bajo las sombras de un payandé,
Como mi madre fue negra esclava
También la marca yo la llevé.

¡Ay! Suerte maldita llevar cadenas,
Y ser la esclava, y ser la esclava de un vil señor.
¡Ay! Suerte maldita llevar cadenas
Y ser la esclava, y ser la esclava de un vil señor.

Cuando a las sombras de una palmera,
Busco esconderme del rudo sol,
Látigos fieros cruzan mi espalda,
Y me recuerdan que esclava soy…

Vicente Holguín, fines del siglo XIX.

Di lo que entiendes

1. En la primera estrofa, ¿qué información obtenemos de la narradora y de su familia?
2. ¿Qué denuncian los versos 4 y 5?
3. Entresaca las palabras de la segunda estrofa que traducen la pena y el malestar de la narradora.
4. ¿Qué imagen nos brinda la narradora al repetir la palabra "cadenas"?
5. ¿Qué representará la "palmera" del verso 9 para la narradora?
6. En la tercera estrofa, ¿qué expresiones subrayan las difíciles condiciones de vida de la narradora? Resúmelas en unas 30 palabras apoyándote también en el resto del poema.

En acción

Da tu opinión a propósito de un día de conmemoración.

El 23 de agosto es el Día Internacional para el Recuerdo del Comercio de Esclavos y su Abolición.
> ¿Te parece importante tal conmemoración internacional?
> Desarrolla tu punto de vista y justifícalo en unas 100 palabras.
Utiliza el imperfecto para hablar de lo que ocurría en el pasado.

Gramática

L'imparfait → Conjugaisons p. 212

- L'imparfait sert à traduire une action qui dure dans le passé, une habitude, ou à faire une description, comme l'imparfait en français.

Resultaba difícil calcular su edad, tenía el rostro joven, pero el cuerpo maltrecho.

Sublevaciones pasadas

Luchando por su libertad

Si te fijas...

1. Apoyándote en el título, explica el contexto del acontecimiento retratado en este grabado.
2. ¿Cómo se traduce aquí la determinación de los esclavos para conseguir su libertad?

Expresiones útiles

la matanza = la masacre
las hogueras: *les brasiers*
sangriento(a): *sanglant(e)*
determinado(a): *décidé(e)*
matar: *tuer*
estar harto(a): *en avoir assez*
rebelarse: *se révolter*

Levantamiento de los esclavos de Santo Domingo, finales del XIX, grabado anónimo.

¡Se acabó la esclavitud!

En Cartagena Colonial
Benkos Biohó
Al puerto arribó
Con cadenas en el cuello
Fue vendido a un español.

En brutal explotación
El maltrato soportó
De una clase que creía
Ser de sangre superior.

Africano esclavizado
Sus cadenas desató
Con la ayuda de su raza
Lideró la insurrección.

Benkos se fugó
El valiente cimarrón
En el agreste paisaje se ocultó
Fugitivo de un estado
Represivo y opresor.

En las fosas escondido
En la selva se internó
Construyendo los palenques
Todo un pueblo él fundó
Y con armas defendió.

Palenque San Basilio
Hermosa tierra negra
Hoy venera a Biohó
Que su pueblo libertó.

Héroe y mártir
Aguerrido luchador
Por saber su raza libre
Él la vida entregó.

Gloria Mary Mena, *Benkos Biohó Cartagena, Colombia, 1603*, 2011.

Estatua de Benkos Biohó, San Basilio de Palenque, Colombia.

Di lo que entiendes

1. En las dos primeras estrofas, ¿cómo nos presenta a Benkos la poetisa?
2. ¿Cómo realza sus cualidades de héroe?
3. ¿Por qué se puede decir que Benkos Biohó se volvió una leyenda?

¿Leer es rebelarse?

El capataz[1] *acaba de dar a Pedro una factura con el detalle del estado de sus cuentas.*

Pedro leyó detenidamente el balance, lo que no dejó de sorprender al capataz, poco acostumbrado a tratar con soldados del caucho[2] que supieran contar más allá de los dedos de sus manos. Las herramientas[3] entregadas estaban incluidas, a un precio exorbitante. Pedro saltó:

–¿Cómo puede costar seiscientos cruzeiros cada escopeta[4] cuando en Manaus o Fortaleza cuestan ciento cincuenta cruzeiros? [...]

–¿Y esto qué es? –inquirió Pedro, que acababa de ver el precio de las pastillas de quinina. Todos sabían que la quinina vendida por los *seringalistas*[5] a sus empleados había sido donada por el gobierno norteamericano para que fuese distribuida gratuitamente a los soldados del caucho–. [...]

El capataz le miró con una indiferencia tan grande que parecía estar pensando en otra cosa... por ejemplo, en cómo quitarse de en medio a ese vagabundo respondón. [...] Ahora estaba harto de oír a aquel andrajoso[6] que se atrevía a[7] cuestionar años de práctica durante los cuales el patrón fijaba arbitrariamente los precios de las mercancías [...].

Según las cuentas, la deuda que tenían con el *seringalista*, antes siquiera de empezar a trabajar, ascendía al equivalente a seis mil libras de caucho... ¡que tardarían seis años en devolver! Era imposible, inaceptable. En aquel balance todo era ilegal, y en flagrante violación de las condiciones del contrato promovido por el gobierno.

Pedro, enfurecido, sacó de su bolsillo aquellas hojas de papel que tanto le había costado conseguir en Belem. En ellas se especificaba que el viaje, en su totalidad, corría por cuenta del gobierno y que los trabajadores del caucho tenían derecho al 60% del beneficio de la producción. A cambio, el *seringueiro*[8] se comprometía a entregar la totalidad del caucho producido al patrón. Sin levantarse de su hamaca, el capataz arrancó[9] de un manotazo el contrato de las manos de Pedro y lo rompió en pedazos[10].

–¡Aquí no hay contrato que valga! –gritó–. ¡El único contrato es la palabra del patrón!

Javier Moro, *Senderos de la libertad*, 2006.

1. *le chef d'exploitation* – **2.** *caoutchouc* – **3.** *les outils* – **4.** *fusil* – **5.** (portugués) propietario de la explotación del caucho – **6.** *déguenillé* – **7.** *osait* – **8.** (portugués) trabajador de la explotación de caucho – **9.** *arracha* – **10.** *déchira en morceaux*

Di lo que entiendes

1. ¿En qué se distinguía Pedro de los otros soldados del caucho?
2. Apunta tres ejemplos precisos que ilustran el abuso sufrido por los soldados del caucho en el balance.
3. Entresaca cinco expresiones que muestran que Pedro no quería conformarse con la situación.
4. Comenta la actitud del capataz a lo largo del texto.
5. ¿Te parece fundada la reacción de Pedro? Justifica tu respuesta apoyándote en el texto.
6. En unas 100 palabras y utilizando el pretérito indefinido, imagina la continuación del relato.

¿Sabías que...?

Hasta bien entrado el **siglo XX**, era muy frecuente que un terrateniente considerara normal cobrar a sus obreros las herramientas que usaban y que los obligara a comprarle todo lo que necesitaban en la tienda de rayas *(magasin sur les terres du propriétaire terrien qui lui appartient)* para pagarles un salario ínfimo.

En acción

Imagina el discurso de un esclavo que decide rebelarse.

Fuiste testigo de una rebelión en una plantación vecina.

> En unas 110 palabras, explica el contexto, el motivo de esta rebelión, y cómo la persona se rebeló y tu opinión sobre su actitud.

> Utiliza los tiempos del pasado y del presente.

Gramática

Le passé simple → Conjugaisons p. 212

Le passé simple marque une action passée brève (au contraire de l'imparfait) qui n'a pas de lien avec le présent (contrairement au passé composé).

*Pedro **leyó** detenidamente el balance, lo que no **dejó** de sorprender al capataz.*

¿Ha desaparecido la esclavitud?

Un trabajo pesado

Niño trabajando en Guatemala.

Si te fijas...

1. ¿Qué elementos te llaman la atención en esta foto?
2. ¿Qué piensas de esta situación?
3. ¿Qué te parece la actitud de los adultos de la foto?

Expresiones útiles

el cesto: *le panier*
la red: *le filet*
la espalda: *le dos*
encorvado(a): *courbé(e)*
pesado(a): *lourd(e)*
sujetar: *tenir*
cargar con: *porter*

Esclavitud moderna

CD 1 PISTE 7

Di lo que entiendes

1. ¿Cuántas personas son víctimas de trabajo forzoso en el mundo?
2. Apunta la expresión que muestra la importancia de la esclavitud moderna en América Latina.
3. Cita los cuatro tipos de trabajo forzoso que hay en América Latina.
4. Completa con lo que oyes: *La población más vulnerable es...*
5. ¿Qué fenómeno es factor de trabajo forzoso?
6. Apunta qué es importante hacer según Aurélie Hauchère.

Trabajador de caña de azúcar, Nicaragua.

Hacer trabajar a sus niños: una cuestión de supervivencia

A primera vista, Kennedy S. podría estar saliendo del colegio con la cara sucia después de jugar con pinturas [...]. Nada en él llamaría la atención si no se mantuviese apoyado en un machete que, clavado en el suelo, le llega hasta la cintura y delata[1] su ocupación [...].

"Hago dos surcos[2] yo solo", afirma orgulloso. Los brazos de Kennedy, duros y musculosos, ejercitados a base de levantar el machete, ya no son los de un niño sino los de un cortador de caña en toda regla. [...]

Guatemala presenta las cifras más altas del continente. Según la Encuesta de Condiciones de Vida de 2006 –último dato oficial disponible– 528 000 niños entre cinco y catorce años trabajan en Guatemala.

Edgar Rivera, de 30 años, camina de regreso a casa tras una jornada de trabajo con sus dos hijos, Elvis y Jordi, de trece y doce años. [...] Va mucho más allá de eso. A Edgar le gustaría que sus hijos estudiasen, pero no puede permitírselo. Porque ni trabajando ellos, el jornal[3] alcanza para que la familia sobreviva con una cierta dignidad.

A. Arce y M. Rodríguez, solidaridad.net, 10/05/2012.

1. revela – **2.** *sillons* – **3.** *le salaire*

Familia de trabajadores en Guatemala.

Di lo que entiendes

1. ¿En qué se diferencia Kennedy de los otros niños de su edad?
2. Aclara hasta qué punto la situación de Edgar Rivera es precaria.
3. ¿Te parece que este niño podrá algún día tener una vida mejor? ¿Por qué?
4. ¿Qué piensas de la situación de Guatemala en cuanto al trabajo infantil? En tu opinión, ¿qué debería hacer el Gobierno?

¿Sabías que...?

1992: la OIT (Organización Internacional del Trabajo) creó el **Programa Internacional para la Erradicación del Trabajo Infantil** con el fin de prevenir y luchar contra la explotación infantil. Según esta organización, las tasas más elevadas de trabajo infantil se encuentran en Perú y Bolivia, donde entre un 25% y un 35% de los niños cumplen tareas laborales. Las siguen Colombia, Ecuador y Paraguay, donde trabaja entre el 10% y el 17% de la población infantil. Los países latinoamericanos con menores niveles de trabajo infantil son Argentina, Chile, Uruguay y Venezuela con porcentajes que van del 5% al 8%.

En acción

Quieres liberar a esclavos.

Hablas, durante unos 3 minutos, ante la Cámara de Diputados de algún país para recaudar fondos para luchar contra la esclavitud.

> Insiste en las condiciones de vida y el día a día de las personas que realizan trabajos forzados para que la Cámara acepte tu proyecto.

TICE Para ayudarte, puedes consultar las páginas siguientes:
http://white.oit.org.pe/ipec/pagina.php?seccion=24
http://www.unodc.org/blueheart/es/about-us.html

Gramática

Les négations → Précis grammatical p. 206

No + verbe

No + verbe + nunca *(jamais)* / nadie *(personne)* / tampoco *(non plus)* / nada *(rien)* / ninguno *(aucun)*

Nunca / nadie / nada / ninguno + verbe

Nada llama la atención.
No llama la atención nada.

Formas de rebelión hoy

Alcemos la voz

Si te fijas...

1. Fíjate en la muñeca, ¿qué representa?
2. ¿Por qué la palabra "voz" es la palabra gráficamente más importante en el eslogan?
3. ¿Te parece necesario que personas famosas, como los cantantes del grupo puertorriqueño Calle 13, se comprometan? ¿Por qué?

Expresiones útiles

la muñeca de trapo: *la poupée de chiffons*
el compromiso: *l'engagement*
comprometido(a): *engagé(e)*
amordazar: *museler*
concienciar: *faire prendre conscience*
reaccionar: *réagir*
actuar: *agir*

La diputada Rosi Orozco contra la trata de personas

CD 1 PISTE 8

Di lo que entiendes

1. ¿Quién acudió a la Cámara?
2. Apunta dos expresiones que califican a una de las víctimas.
3. Según Rosi Orozco, ¿qué se necesita para hacer frente a este tipo de situación?
4. Apunta la frase que muestra lo que piensa a propósito del futuro de estas víctimas.
5. En su opinión, ¿qué papel desempeñan los padres y qué deben hacer?
6. Completa la frase con lo que oyes: *Un padrote, según R. Orozco es un ... y un ...*

México contra la trata de personas

Si te fijas...

1. ¿En qué consiste el cambio de camino representado en la primera foto?
2. Fijándote en la segunda foto, imagina en qué consistirá "la trampa".
3. Resume brevemente el mensaje y el objetivo de este folleto.

Expresiones útiles

el folleto: *le dépliant, le prospectus*
la pala: *la pelle*
el saco de cemento: *le sac de ciment*
la mochila: *le sac à dos*
caer en una trampa: *tomber dans un piège*
engañar a alguien: *tromper quelqu'un*

Folleto contra la trata de personas.

Esclavos invisibles

CD 1 PISTE 9 PISTE 3

Di lo que entiendes BAC

Primera escucha. Escucha y destaca quién habla, dónde y cuándo tiene lugar la escena (apunta palabras clave).

Segunda escucha. Destaca el tema y las ideas esenciales que se relacionan con el tema (apunta sobre todo palabras clave).

Tercera escucha. Completa los apuntes de tus dos primeras escuchas.

Síntesis en francés. Ahora tienes 10 minutos para sintetizar por escrito en francés lo esencial de lo que has oído y entendido, ayudándote de tus apuntes de las tres escuchas anteriores.

En acción

Moviliza a tus compañeros contra la trata de personas.

TICE Prepara un *PowerPoint* sobre la trata de personas para que tus compañeros se movilicen contra el delito de trata de personas.
> Desarrolla argumentos para sensibilizar a tus compañeros y para crear con ellos una ONG para luchar contra esta trata.
> Tus compañeros(as) te harán preguntas para conocer mejor la situación y para saber cómo podrán intervenir en tu ONG.

Gramática

La tournure emphatique « c'est... qui / c'est... que » → Précis grammatical p. 200

Ser s'accorde au sujet et au temps de la principale.

Qui se traduit par quien, quienes, el que, los que, la que, las que.

Que se traduit par cuando, donde, como, en fonction de la nature du complément.

Son los padres los que tienen que hablar con sus hijos.
Fue en el siglo XIX cuando se abolió la esclavitud.

→ *Précis grammatical (avec exercices) p. 200*

L'imparfait *(Enfoque 1)*

1 Conjugue les verbes entre parenthèses à l'imparfait de l'indicatif.

a. Para los peones (*resultar*) muy difícil trabajar en tales condiciones.
b. Los esclavos (*sufrir*) malos tratos porque los dueños (*excederse*) con los latigazos.
c. En los periódicos, la gente (*publicar*) anuncios en los cuales (*alabar*) las cualidades de sus esclavos y así los (*vender*).
d. (*pasarse, vosotros*) el tiempo trabajando bajo el sol, y por la noche (*cultivar*) vuestro huerto para poder comer.
e. Como la madre de este niño (*ser*) esclava, él también (tener) que trabajar para el dueño: (*ir*) con los peones y (*ayudar*) en los campos.
f. Los amos (*pensar*) que (*tener*) todos los derechos sobre los esclavos.

Le passé simple *(Enfoque 2)*

2 Conjugue les verbes entre parenthèses au passé simple.

a. El cimarrón (*decidir*) cambiar su situación y (*luchar*) por su libertad.
b. Los esclavos (*rebelarse*) en distintas partes de América.
c. Los cimarrones (*ser*) los que (*enfrentarse*) a la colonia.
d. Benkos Biohó (*dar*) el ejemplo: (*romper*) sus cadenas y (*liderar*) la sublevación.
e. Los esclavos (*obtener*) la libertad a partir del siglo XIX.
f. Los españoles (*pensar*) en los africanos y los (*obligar*) a trabajar para ellos.
g. Gracias a la sublevación, muchos esclavos (*conseguir*) su libertad.
h. (*Tener*) lugar muchas batallas muy sangrientas.

Les négations *(Enfoque 3)*

3 Complète les phrases avec une négation différente à chaque fois (*no, nunca, nadie, nada, tampoco, ninguno, no... sino, ni siquiera, ya no*).

a. Los niños ... reciben un salario digno.
b ... cambia si la gente ... se moviliza.
c. Hasta hoy, ... se oyó la voz de las víctimas.
d. Podemos esperar que un día ... niño trabajará en las minas.
e. Los que explotan a los seres humanos ... son ... depredadores.
f. A los que explotan a los niños ... les choca tal situación.
g. ...ayudó a este niño explotado.
h. Este hombre, víctima de la trata de personas, decidió que ... iría a trabajar en tales condiciones, pero ... tenía otra opción.
i. Las cifras muestran bien que ... las acciones de los gobiernos para luchar en contra de la trata son suficientes.
j. El gobierno de este país, ... presta atención a este problema, los medios de comunicación ...

La tournure emphatique (traduction de « c'est... qui »/« c'est... que ») *(Enfoque 4)*

4 Complète les phrases en utilisant la bonne tournure.

a. ... en el siglo XIX ... la esclavitud empezó a prohibirse.
b ... la diputada y varios cantantes ... alzaron la voz.
c. ... el niño ... trabaja como un esclavo.
d. ... en 1984 ... se promulgó la Declaración de los Derechos del Niño.
e. ... en Guatemala ... la esclavitud moderna sigue vigente.
f. Alzando la voz ... ... cambiaremos las cosas.
g. ... estos artistas ... iniciaron este proyecto de sensibilización.
h. ... las poblaciones migrantes ... suelen ser víctimas de esta explotación.
i. ... educando a los niños y haciendo prevención ... esta organización quiere acabar con la explotación infantil.

Proyecto final

En su sitio web la asociación "1 kilo de ayuda para educación" pide voluntarios para dar a conocer sus acciones.
Escribe un artículo en unas 120 palabras en el que procurarás movilizar a tus lectores. Les mostrarás, entre otras cosas, cómo la escolarización de los niños permite luchar contra la esclavitud infantil y sus estragos.

Etapas

TICE 1. Conéctate a: http://1kilodeayudaparaeducacion.org y busca información sobre qué es esta asociación y a propósito de sus proyectos en América Latina.
2. Apunta algunos ejemplos que podrás utilizar en tu artículo.

Pistas de reflexión: La educación ¿para qué? Los derechos del niño ¿necesitan una ley?

Ayuda: Gramática p. 37, 39.
Expresiones útiles enfoques 2, 3 y 4.

Consejos: Utiliza ejemplos concretos de explotación para ilustrar tus argumentos y sensibilizar a tus lectores.
Propón proyectos concretos para luchar en contra de la esclavitud infantil.

Proyecto alternativo 1

Organizar un día de movilización.
Tras haber visto un reportaje sobre el tema, dos alumnos quieren organizar en su instituto un día de movilización contra la esclavitud moderna. En unos 3 minutos, comentáis lo que os ha llamado la atención en este reportaje, decidís organizar este día de movilización (diferentes soportes, debates, *PowerPoint*) con el fin de sensibilizar a los otros alumnos y hacerlos reaccionar.
Tendréis que pensar en los objetivos que queréis alcanzar.

Proyecto alternativo 2

TICE Elabora un *PowerPoint* sobre una persona o una organización que se comprometió o se compromete contra la esclavitud moderna o histórica. Justifica tu elección ante tus compañeros, alabando y describiendo sus actos (10 mn). Puedes, por ejemplo, hablar de personajes históricos, como Benkos Biohó, Bayano, Miguel Hidalgo, Simón Bolívar, de artistas como René Pérez, Lila Downs, de la UNESCO, o de la Organización Internacional del Trabajo (OIT).

Diego Rivera, *Ingenio azucarero de Tealtenango, Morelos* (detalle de mural), 1930.

Diego Rivera y el muralismo

Diego Rivera (México 1886-1957), junto con otros pintores mexicanos, creó el muralismo después de la Revolución Mexicana en los años 20. Con el fin de educar al pueblo, analfabeto en su gran mayoría en aquel entonces, los pintores de esta corriente artística recrearon escenas de índole histórico en los muros de los edificios más importantes, entre ellos el Palacio Nacional de México, para que cada uno pudiera acceder gratuita y fácilmente a la cultura.

A tu parecer, ¿qué quiso denunciar el artista a través de este mural? ¿Qué elementos de la obra te lo indican?

Ciberencuesta

TICE

- http://rockandlove.org/wwm/wp-content/uploads/2012/02/benkos-solo.jpg
- http://www.memoriapoliticademexico.org/Efemerides/2/23021609.jpg
- http://www.openimagebank.com/es/memorial-de-los-esclavos-en-zanzibar-gratuito-imagen-foto.php (puedes cargar la foto en alta resolución) y
- http://detallesdebuenosaires.blogspot.fr/2011/02/escultura-la-esclavitud.html

Compara las estatuas que conmemoran la esclavitud: ¿cómo los escultores lograron subrayar la opresión que vivían cotidianamente los esclavos? ¿Cómo consiguieron los escultores expresar la rebelión de los esclavos? Por fin, di qué obra más te gusta y por qué.

Visión moderna del muralismo

¿Qué impresión se desprende de este mural? ¿Qué elementos de la obra crean este efecto?

Mural colectivo de Frenal Mezilas, 2011.

Ruben Blades

Ruben Blades (Panamá, 1948) es un actor, cantautor y político panameño que revolucionó la salsa al darle un alcance social y político. Ha sido galardonado varias veces a lo largo de su carrera artística.

CD 1 PISTE 10

Cimarrón

El negro le dijo basta
al yugo[1] español,
y en el monte sonó el grito
rebelde del cimarrón.
Caminante apura el paso[2]
por ese camino real,
¡que Antón Mandinga y Bayano
ya no son esclavos más! [...]
Antón Mandinga y Bayano
salen a pelear[3] [...]

¡Cimarrón no se queda,
cimarrón que se va!

Bayano, Bayano,
rebelde ya no aguanta[4] más.

¡Cimarrón no se queda,
cimarrón que se va!

Retum-tumba en la selva
sobrenatural

¡Cimarrón no se queda,
cimarrón que se va!

Y canta la lluvia,
y ruge el jaguar.

Ruben Blades, *Cimarrón*, fragmento, 2008.

1. *joug* – 2. *dépêche-toi* – 3. combatir – 4. soporta

Sebastian Lemba Calembo, *El cimarrón*, Santo Domingo.

> **El africano nunca se resignó a ser esclavo, el negro nos heredó la idea de la libertad; los cimarrones fueron los que se enfrentaron a la Colonia para acabar con la esclavitud, se rebelaron en distintas partes de América.**
>
> Manuel Zavala y Alonso

¿Qué imagen del cimarrón se da a través de esta canción?

¿Te parece que la estatua podría ser una buena ilustración de esta canción? ¿Por qué?

Texte 1

Una nueva ley

–Jaime Rovelo, ¿a qué se debe tu buena venida? [...]

–No te parecerá buena, César, cuando sepas qué asunto es el que me trae. [...] El gobierno ha dictado una nueva disposición contra nuestros intereses. [...]

Hágame usted el favor de leer. Aquí.

–"Se aprobó la ley según la cual los dueños de fincas, con más de cinco familias de indios a su servicio, tienen la obligación de proporcionarles medios de enseñanza, estableciendo una escuela y pagando de su peculio a un maestro rural." [...]

–Vaya, Jaime, casi lograste asustarme. Cuando te vi llegar con esa cara de enterrador pensé que de veras había sucedido una catástrofe. Pero esto no tiene importancia. ¿Te acuerdas cuando impusieron el salario mínimo? A todos se les fue el alma a los pies. Era el desastre. ¿Y qué pasó? Que somos lagartos mañosos[1] y no se nos pesca fácilmente. Hemos encontrado la manera de no pagarlo. [...]

–La ley no establece que el maestro rural tenga que ser designado por las autoridades. Entonces nos queda un medio: escoger nosotros a la persona que nos convenga. ¿Te das cuenta de la jugada[2]?

Don Jaime asiente. Pero la expresión de su rostro no varía.

–Te doy la solución y sigues tan fúnebre como antes. ¿Es que hay algo más?

–Mi hijo opina que la ley es razonable y necesaria; que Cárdenas es un presidente justo.

Mi madre se sobresalta y dice con apasionamiento:

–¡Justo? ¿Cuando pisotea[3] nuestros derechos, cuando nos arrebata[4] nuestras propiedades? Y para dárselas ¿a quiénes?, a los indios.

Rosario Castellanos, *Balún Canán*, 1957.

1. *des lézards adroits* – **2.** *tour* – **3.** *piétine* – **4.** *arrache*

Texte 2

¿Para qué ir a la escuela?

Un grupo de indios se reúne con Felipe, uno de ellos, para hablar de la aplicación de la nueva ley sobre la escolarización de los niños.

–Mandamos a nuestros hijos a la escuela para que los corrijan. Si cometen una falta, el maestro es como el padre y la madre y tiene derecho a reprender.

Esto dijeron los viejos, los que no querían usar más que la prudencia.

–Empiezan por pegarles a los niños. Acabarán pegándonos a nosotros.

–¡Otra vez!

–Quizás debe ser así.

–¿Y por qué debe ser así si somos iguales? [...]

–¿Para qué seguir mandando a los keremitos[1] a la escuela?

–Para que se cumpla la ley.

Felipe no podía explicarles más, no podía prometerles más. Pero los otros ya estaban hablando de los beneficios que disfrutarían.

–Mi hijo sabrá leer y escribir. [...]

–Se sabrá defender. No lo engañarán fácilmente.

Rosario Castellanos, *Balún Canán*, 1957.

1. niños

I. Comprensión (Texte 1)

1. Jaime y César son: **a.** dos indios **b.** un indio y un dueño **c.** dos dueños.
Justifica con expresiones del texto.
2. Jaime trae malas noticias. Apunta la frase que lo indica.
3. La nueva ley aprobada por el gobierno dice que:
   a. los indios van a pagar sus estudios.
   b. los indios van a tener acceso a una enseñanza gratuita.
   c. los dueños van a tener que dejar de maltratar a los indios.
Copia la respuesta correcta y justifica con el texto.
4. Elige el o los adjetivo(s) que define(n) mejor el humor de Jaime, de César y de la madre, y justifica con una expresión del texto.
   a. asustado/a **b.** tranquilo/a **c.** soñador/a
   d. sorprendido/a **e.** enfadado/a **f.** contento/a
   g. triste.
5. ¿Verdadero o falso? Justifica tu respuesta con expresiones del texto.
   a. Es la primera ley aprobada para defender a los indios.
   b. César y Jaime siempre cumplen la ley.
   c. César va a cumplir esta nueva ley.
   d. El hijo de Jaime no comparte la opinión de su padre.

II. Comprensión (Texte 2)

1. Entresaca tres elementos que muestran que para los indios mandar a los niños a la escuela era una ventaja.
2. ¿Verdadero o falso? Algunos indios sentían mucha desconfianza hacia la ley de los blancos. Justifica apoyándote en el texto.

En français : en quoi ces deux documents se complètent-ils ? (environ 50 mots)

III. Expresión

1. Analiza al personaje de Felipe precisando su papel en unas 150 palabras.
2. Di en qué medida estos textos ilustran un aspecto de la noción "lugares y formas del poder". Justifica tu respuesta (unas 150 palabras).

Conseils BAC

Comprensión

Lis au moins deux fois le/les textes puis les questions.

Texte 1

• Question 1 : ne sélectionne que les mots dont tu as besoin, pas toute la phrase, sans oublier, en recopiant, les guillemets et le numéro des lignes.
• Question 2 : recopie la phrase en entier. N'oublie pas les guillemets et le numéro de ligne.
• Question 3 : réponds à cette question en justifiant ton choix.
• Question 4 : attention ! Une seule expression par personnage.
• Question 5 : cette question te permet de vérifier que tu as bien cerné les prises de position de chaque personnage et les idées qui les unissent ou les séparent et prépare à la lecture du texte suivant.

Texte 2

• Question 1 : l'énoncé te demande trois éléments, n'en cite pas davantage.
• Question 2 : cette question est complémentaire de la n° 5 du texte 1.

→ Question en français : montre brièvement en quoi les points de vue des personnages se rejoignent pour certains ou, au contraire s'opposent.

Método

Réfère-toi à la fiche méthodologique 3 sur la compréhension de l'écrit.

Expresión

• Question 1 : relis le texte pour repérer les citations qui vont te servir à analyser la personnalité de Felipe. L'énoncé te demande aussi ton opinion *(comenta)*. Au moment de rédiger il faudra que tu utilises des connecteurs logiques (= mots de liaison) pour articuler ton argumentation, que tu cites le texte chaque fois que tu avances un argument, et que tu donnes ton avis avec les tournures adéquates (*Opino que/pienso que…*, *no me parece normal que* + subj, *me choca que* + subj, *me indigna que* + subj, etc.)
• Question 2 : cette question renvoie à la notion, ici "Lieux et formes de pouvoir". Tu ne dois pas réciter des connaissances mais les insérer et les adapter à ces documents en comparant les deux textes. Dans ce cas précise entre parenthèses (texto 1/texto 2).

Método

Pour le travail d'invention et pour argumenter, tu peux te référer à la fiche méthodologique 4 « Organiser sa pensée à l'écrit et à l'oral ».

Unidad 2 Objetivo bachillerato ORAL

Nociones: espacios e intercambios / lugares y formas del poder

Conseils BAC

→ Fiche méthodologique 2 p. 173

Travail sur la notion

- Choisis une des notions travaillées dans cette unité. Explique en quoi la thématique s'y rattache.
- Problématise ta réflexion, par exemple, sous la forme d'une question.
- Développe cette notion en t'appuyant sur les documents de ton dossier et les connaissances acquises dans l'année.

Espacios e intercambios

Problemática ¿Qué importancia y consecuencias tuvo y tiene la trata de personas desde la colonización hasta hoy en día?

Pistas de reflexión

- **La esclavitud histórica:** explotación de los indios y de los negros por los colonos en los campos. Puedes apoyarte en el mural de Diego Rivera (p. 42) que ilustra bien esta situación, hablar del caso de los esclavos de Valmorain del texto *Una esclava excepcional* (p. 32), y también de la historia de la narradora de *El payandé* (p. 33), insistiendo en la explotación sufrida y las difíciles condiciones de vida y de trabajo.
- **La esclavitud moderna:** el ejemplo de la explotación infantil; el trabajo forzado a cambio de comida. Por ejemplo, el caso de los soldados del caucho en el texto *¿Leer es rebelarse?* (p. 35), así como la experiencia de Walimai (p. 47). Para la explotación infantil, puedes apoyarte en *Un trabajo pesado* y la grabación *Esclavitud moderna* (p. 36), y también la historia de Kennedy y de Edgar Rivera en el texto *Hacer trabajar a sus niños: una cuestión de supervivencia* (p. 37).
- **La aparición de una nueva cultura en América** (la cultura vudú) (p. 32, 42, 43).
- **El estatuto de los esclavos** y su consideración. Pueden ayudarte los recuadros *¿Sabías que...?* de toda la unidad. Los textos páginas 32, 35 y 44, así como las diferentes campañas existentes (p. 38, 39, 41).
- **La evolución de las leyes y sus aplicaciones:** por ejemplo, la ley de libertad de vientre, la ley para la educación de los indios, la prohibición de los látigos. (Enfoque 1 y p. 44)

Lugares y formas del poder

Problemática ¿La explotación de personas siempre tuvo la misma forma y suscitó el mismo tipo de reacción?

Pistas de reflexión

- **Cómo se consideraba y se trataba a los esclavos negros y a los peones, y la evolución de su estatuto.** Te darán pistas de reflexión el texto *Una esclava excepcional* (p. 32), el anuncio por palabras y el poema *El payandé* (p. 33) así como el recuadro *¿Sabías que...?* También puedes apoyarte en el mural de Diego Rivera (p. 42).
- **La opinión y las reacciones diferentes de los dueños y de los indios** a propósito de la evolución de las leyes (p. 35, 44), así como las reacciones como por ejemplo las revueltas de los cimarrones (p. 32, 42, 43).
- **Eventos celebrados en memoria de la trata de personas y de la esclavitud,** formas de lucha y movilización de asociaciones para luchar en contra de la trata de personas y del trabajo infantil. Puedes hablar de las diferentes organizaciones o manifestaciones que luchan contra la esclavitud (p. 31, 38, 39, 41, 44). Puedes expresar tu opinión sobre las formas actuales de lucha contra la esclavitud moderna.
- **La esclavitud moderna:** por ejemplo, la explotación infantil. Mediante la foto p. 36 y los documentos p. 37 puedes preparar argumentos y elaborar una problemática.

Evaluación B1/B2

Je comprends un texte littéraire sur l'esclavage

→ *Fiche photocopiable* Evaluación BAC

Walimai

Me cogieron los soldados. Sin embargo no mencionaron los garrotazos[1] propinados a los otros, en realidad no me preguntaron nada, tal vez no conocían a esas personas o no sabían que yo soy Walimai. Me llevaron a trabajar con los caucheros[2], donde había muchos hombres de otras tribus, a quienes habían vestido con pantalones y obligaban a trabajar, sin considerar para nada sus deseos. El caucho[3] requiere mucha dedicación y no había suficiente gente por esos lados, por eso debían traernos a la fuerza. Ése fue un período sin libertad y no quiero hablar de ello. Me quedé solo para ver si aprendía algo, pero desde el principio supe que iba a regresar donde los míos. Nadie puede retener por mucho tiempo a un guerrero contra su voluntad.

Se trabaja de sol a sol, algunos sangrando a los árboles para quitarles gota a gota la vida, otros cocinando el líquido recogido para espesarlo y convertirlo en grandes bolas. El aire libre estaba enfermo con el olor de la goma quemada[4] y el aire en los dormitorios comunes lo estaba con el sudor de los hombres. En ese lugar nunca pude respirar a fondo. Nos daban de comer maíz, plátano y el extraño contenido de unas latas[5], que jamás probé porque nada bueno para los humanos puede crecer en unos tarros[6].

Isabel Allende, *Cuentos de Eva Luna,* 2009.

1. *coups de gourdin* – **2.** *caoutchoutiers* – **3.** *caoutchouc* – **4.** *brûlée* – **5.** *boîtes de conserve* – **6.** *pots*

1. ¿Era el primer encuentro del narrador con soldados? Justifica tu respuesta con una expresión del texto.

2. Apunta dos expresiones que muestran que los caucheros eran esclavos.

3. Apoyándote en tres elementos del texto, di quién es el narrador.

4. ¿Verdadero o falso? Justifica tu respuesta con el texto.
- **a.** El narrador sentía curiosidad por este nuevo trabajo.
- **b.** El narrador tenía la intención de escaparse.
- **c.** Los caucheros trabajaban también de noche.
- **d.** Al narrador no le gustaba estar en el dormitorio.
- **e.** El narrador siempre comía latas.

Je comprends un enregistrement sur l'esclavage moderne

CD 1 PISTE 11 PISTE 4

Formas de esclavitud contemporánea en Perú

→ *Fiche photocopiable* Evaluación BAC

1. Primera escucha. Escucha y destaca quién habla, dónde y cuándo tiene lugar (apunta palabras clave).

2. Segunda escucha. Destaca el tema y las ideas esenciales que se relacionan con el tema (apunta sobre todo palabras clave).

3. Tercera escucha. Completa los apuntes de tus dos primeras escuchas.

4. Síntesis en francés. Ahora tienes 10 minutos para sintetizar por escrito **en francés** lo esencial de lo que has oído y entendido, ayudándote de tus apuntes de las tres escuchas anteriores.

Una niña trabajando en Honduras.

Literatura

Littérature étrangère en langue étrangère

Voyage, parcours initiatique, exil

- les récits d'exploration, d'évasion, d'aventure, le roman d'apprentissage ;
- le déracinement, l'errance, le retour.

Bartolomé de las Casas.

Bartolomé de las Casas publicó, en 1552, la *Brevísima relación de la destrucción de las Indias* en la que denunciaba los abusos de la colonización española, apoyándose en lo que vio y en testimonios. Estos relatos de viajes y de denuncias forman parte de las "crónicas de Indias". Entre los autores de dichas crónicas aparecen también los primeros navegantes (Cristóbal Colón), los conquistadores (Hernán Cortés), los autores nacidos del mestizaje (El Inca Garcilaso de la Vega). Unos describieron lo que vieron idealizándolo (elementos mágicos, fantásticos) para interesar a los reyes de España, quienes les daban recursos para hacer sus viajes; otros denunciaron los defectos, la crueldad de la colonización española y fomentaron la "leyenda negra".

CD 1
PISTE 12 PISTE 5

Estragos y provechos

Los españoles acaban de llegar a la isla Española para conquistarla.

En la isla Española, que fue la primera, como decimos, donde entraron cristianos y comenzaron los estragos[1] y perdiciones destas gentes[2] y que primero destruyeron y despoblaron, comenzando a tomar las mujeres e hijos a los indios para servirse y para usar mal dellos, y comerles sus comidas que de sus sudores y trabajos salían, no contentándose con lo que los indios les daban de su grado[3], conforme a la facultad que cada uno tenía, que siempre es poca, porque no suelen tener más de lo que ordinariamente han menester[4] y hacen con poco trabajo, y lo que basta para tres casas de a diez personas cada una para un mes, come un cristiano y destruye en un día, y otras muchas fuerzas y violencias y vejaciones que les hacían, comenzaron a entender los indios que aquellos hombres no debían de haber venido del cielo; y algunos escondían sus comidas, otros sus mujeres e hijos, otros huíanse a los montes por apartarse de gente de tan dura y terrible conversación. [...] De aquí comenzaron los indios a buscar maneras para echar[5] los cristianos de sus tierras: pusiéronse en armas, que son harto flacas y de poca ofensión y resistencia y menos defensa (por lo cual todas sus guerras son poco más que acá juegos de cañas y aun de niños); los cristianos, con sus caballos y espadas y lanzas, comienzan a hacer matanzas y crueldades entrañas en ellos. Entraban en los pueblos, ni dejaban niños ni viejos, ni mujeres preñadas ni paridas que no desbarrigaban y hacían pedazos, como si dieran en unos corderos metidos en sus apriscos. Hacían apuestas[6] sobre quién de una cuchillada abría el hombre por medio, o le cortaba la cabeza de un piquete, o le descubría las entrañas.

Bartolomé de las Casas, *Brevísima relación de la destrucción de las Indias,* 1552.

1. *les ravages* - 2. se refiere a los indios - 3. de su propia voluntad - 4. *dont ils ont besoin* - 5. *renvoyer* - 6. *des paris*

Bartolomé de las Casas
(Sevilla, 1484 - Madrid, 1566)

Era un religioso español. Conmovido por los abusos de los españoles hacia los indios, salió en defensa de los derechos de los indios como seres humanos. Fue poco escuchado porque sus ideas iban en contra de los intereses financieros de los españoles. De Las Casas defendió la causa de los indios en el debate que tuvo lugar en Valladolid en 1550 y 1551, consiguiendo que se reconociera que los indios eran seres racionales, y no esclavos naturales y que fueran convertidos de manera pacífica.

1. Explica la actitud de los indios para con los españoles al acogerlos y busca el motivo de este comportamiento. ¿Qué nos revela este comportamiento del carácter de los indios?
2. Resume el carácter de los españoles citando ejemplos clave de su comportamiento para con los indios. ¿Qué adjetivo o palabra atribuirías a los españoles para caracterizarlos?
3. ¿Con qué palabra se refiere el autor a los españoles? ¿Por qué?
4. ¿Qué final deja suponer la última frase de este extracto?
5. Recuerda por qué motivos fueron los españoles a América. Di si se confirma en este extracto y si aparecen otros argumentos.

En *La ciudad de las bestias*, Isabel Allende cuenta las aventuras de Alexander Cold, un joven de 15 años. Su padre, para ocuparse mejor de su mujer Lisa, quien padece cáncer, manda a Alexander a vivir algún tiempo con su abuela Kate, reportera del *National Geographic*. Ambos formarán parte de una expedición científica por el Amazonas en la que Alex espera encontrar el agua de la eterna juventud, necesaria para poder salvar a su madre. La historia corresponde a las funciones de un relato de viaje ficticio: hace crecer y madurar a su protagonista gracias a aventuras más o menos felices que le abren al mundo, descubriendo sus trampas y sus riquezas. Se trata, no solamente del descubrimiento de la naturaleza, sino también de un recorrido iniciático.

Isabel Allende.

Hacia lo desconocido

CD 1 PISTE 13 PISTE 6

Alexander, de 15 años, viaja por el Amazonas con su abuela Kate, que está haciendo un reportaje para el National Geographic.

A medida que avanzaban, la navegación se hacía cada vez más dificultosa porque el río solía angostarse, precipitándose en rápidos que amenazaban volcar los lanchones[1]. En otras partes el agua parecía estancada y flotaban cadáveres de animales, troncos podridos y ramas que impedían avanzar. Debían apagar los motores y seguir a remo, usando pértigas[2] de bambú para apartar los escombros[3]. Varias veces resultaron ser grandes caimanes, que vistos desde arriba se confundían con troncos. […]

César Santos solía detener los botes[4] ante árboles cuyas ramas se inclinaban sobre el agua y bastaba estirar la mano para coger sus frutos. Alex nunca los había visto y no quiso probarlos, pero los demás los saboreaban con placer. En una oportunidad el guía desvió la embarcación para cosechar una planta que, según dijo, era un estupendo cicatrizante. […] Kate Cold contó que muchos hombres buscaron en esa región la ciudad mítica de El Dorado, donde según la leyenda las calles estaban pavimentadas de oro y los niños jugaban con piedras preciosas. Muchos aventureros se internaron en la selva y remontaron el Amazonas y el río Orinoco, sin alcanzar el corazón de ese territorio encantado, donde el mundo permanecía inocente, como en el despertar de la vida humana en el planeta. Murieron o retrocedieron derrotados por los indios, los mosquitos, las fieras[5], las enfermedades, el clima y las dificultades del terreno.

[…] En cambio la flora y la fauna eran maravillosas, los fotógrafos estaban de fiesta, nunca habían tenido al alcance de sus lentes tantas especies de árboles, plantas, flores, insectos, aves y animales. […] Muchos de esos pájaros estaban amenazados con desaparecer, porque los traficantes los cazaban sin piedad para venderlos de contrabando en otros países.

Isabel Allende, *La ciudad de las bestias*, 2002.

1. *renverser les grandes barques* - 2. *les perches* - 3. *écarter les décombres* - 4. *les canots* - 5. los animales salvajes

Isabel Allende
(Perú, 1942)

Es la sobrina del presidente socialista chileno Salvador Allende. Conoció su primer éxito con *La casa de los espíritus* (1982) y la mayor parte de sus obras fueron *best sellers* traducidos a unas treinta lenguas. La trilogía *Las memorias del águila y el jaguar*, compuesta por *La ciudad de las bestias* (2002), *El reino del dragón de oro* (2003) y *El bosque de los pigmeos* (2004), cuenta las aventuras de jóvenes y se dirige tanto a un público joven como adulto.

1. Resume el contexto.
2. Este lugar ¿es sueño o pesadilla? Justifica tu respuesta. ¿Piensas que le gusta a Alexander este lugar, sabiendo que tiene unos 15 años? A ti, ¿te gustaría hacer este viaje? Justifica tu respuesta.
3. ¿Qué mensaje quiere transmitir Isabel Allende a través de este relato? ¿Cómo consigue transmitirlo?

Mateo Alemán.

Lo que suele caracterizar la literatura picaresca es el protagonista, joven, pobre, que se las arregla para sobrevivir en una sociedad decadente y el estilo vivo del autor, con retratos incisivos de la sociedad. El personaje viaja por su país para buscar nuevos horizontes, encontrar trabajo, lo que le hace madurar. *Guzmán de Alfarache* constituye la cumbre de la literatura picaresca y pone de relieve la maldad humana, tal como aparece en la obra anónima *El Lazarillo de Tormes* (1554), aunque en el *Guzmán*, no se retrata con humor.

Cómo Guzmán salió de su casa

CD 1 PISTE 14 PISTE 7

Tras contar sus orígenes, Guzmán decide relatar el momento en el que decidió irse de casa para ser el único dueño de su destino.

Era yo muchacho vicioso y regalado, criado en Sevilla sin castigo de padre, la madre viuda –como lo has oído–, cebado a torreznos, molletes y mantequillas y sopas de miel rosada, mirado y adorado, más que hijo de mercader de Toledo o tanto. Hacíaseme de mal dejar mi casa, deudos y amigos; demás que es dulce amor el de la patria. Siéndome forzoso, no pude escusarlo. Alentábame[1] mucho el deseo de ver mundo, ir a reconocer en Italia mi noble parentela.

Salí, que no debiera, pude bien decir, tarde y con mal. Creyendo hallar copioso remedio, perdí el poco que tenía. Sucedióme lo que al perro con la sombra de la carne. [...] Cuando llegué a San Lázaro, que está de la ciudad poca distancia, sentéme en la escalera o gradas por donde suben a aquella devota ermita.

Hice allí de nuevo alarde[2] de mi vida y discurso della. Quisiera volverme, por haber salido mal apercibido[3], con poco acuerdo y poco dinero, para viaje tan largo, que aun para corto no llevaba. Y sobre tantas desdichas –que, cuando comienzan, vienen siempre muchas y enzarzadas[4] unas de otras como cerezas–, era viernes en la noche y algo oscura. No había cenado ni merendado: si fuera día de carne, que a la salida de la ciudad, aunque fuera naturalmente ciego, el olor me llevara en alguna pastelería, comprara un pastel con que me entretuviera y enjugara el llanto, el mal fuera menos. [...] Levantéme, aunque tarde, hambriento y soñoliento, sin saber dónde estaba, que aún me parecía cosa de sueño. Cuando vi que eran veras, dije entre mí: "Echada está la suerte, ¡vaya Dios conmigo!" Y con resolución comencé mi camino; pero no sabía para dónde iba ni en ello había reparado.

Tomé por el uno que me pareció más hermoso, fuera donde fuera. Por lo de entonces me acuerdo de las casas y repúblicas mal gobernadas, que hacen los pies el oficio de la cabeza. Donde la razón y entendimiento no despachan[5], es fundir el oro, salga lo que saliere, y adorar después un becerro. Los pies me llevaban; yo los iba siguiendo, saliera bien o mal, a monte o poblado.

Mateo Alemán, *Guzmán de Alfarache*, 1599-1604.

1. tenía muchas ganas de - 2. *faire étalage de, se vanter de* - 3. preparado - 4. *emmêlées* - 5. llevan

Mateo Alemán
(1547-1615?)

Era un novelista español. Escribió la novela picaresca más famosa de la literatura española, *Guzmán de Alfarache* (1ª parte en 1599 y la 2ª en 1604). De origen judío, estudió Medicina y conoció una multitud de dificultades y aventuras en las que se inspiró para su novela. Es un autor de la Contrarreforma, lo que explica el tono serio de su obra, una descripción despiadada y moralizante de la sociedad.

1. Apoyándote en el texto, define las condiciones en las que vivía Guzmán de Alfarache y los motivos de su salida.
2. Su salida fue primero un fracaso. Busca en el extracto los elementos que lo expresan, que lo explican y coméntalos.
3. Explica qué punto de vista adoptó Guzmán el segundo día de su viaje y qué interés sacó de su viaje a partir de entonces.

Soldados de Salamina es una novela que se presenta bajo la forma de una investigación histórica sobre un hecho real de la guerra civil española: Rafael Sánchez-Mazas, ideólogo de la Falange, fue detenido por los republicanos.
Logró escapar del fusilamiento colectivo y, cuando le estaban buscando, un miliciano le apuntó pero luego decidió perdonarle la vida sin delatarle. El principio de la obra presenta la situación de Barcelona, de la que mucha gente huye por la guerra y los bombardeos.

Javier Cercas.

Una ciudad huida

CD 1
PISTE 15 PISTE 8

Durante la guerra civil española, un autobús lleno de presos franquistas sale de Barcelona. Tras algún tiempo de detención en el campo serán fusilados.

El autobús recorre en silencio Barcelona, convertida por el terror de la desbandada y el cielo invernizo en una desolación fantasmal de ventanas y balcones cerrados a cal y canto[1] y de grandes avenidas cenicientas en las que reina un desorden campamental apenas cruzado por furtivos transeúntes[2] que triscan como lobos por las aceras desventradas[3] con caras de hambre y de preparar la fuga, protegiéndose contra la adversidad y contra el viento glacial con abrigos de miseria. Al salir de Barcelona y tomar la carretera del exilio, el espectáculo se torna apocalíptico: un alud[4] despavorido de hombres y mujeres y viejos y niños, de militares y civiles mezclados, cargados con ropas, colchones y enseres domésticos, avanzando penosamente con sus andares inconfundibles de derrotados[5] o subidos a los carros y los mulos de la desesperación, abarrota la calzada y las cunetas, sembradas a trechos de cadáveres de animales con las tripas al aire o de vehículos desahuciados. [...] De vez en cuando, con una mezcla de asombro, de odio y de insondable fatiga, alguien mira fijamente a los ocupantes del autobús, envidioso de su comodidad y su abrigo, ignorante de su destino de fusilados; de vez en cuando alguien los insulta. De vez en cuando, también, un avión nacional sobrevuela la carretera y escupe unas ráfagas de ametralladora o deja caer una bomba, provocando una estampida de pánico entre los fugitivos y un amago de esperanza entre los presos del autobús, que en algún momento llegan a abrigar la ilusión –pronto desmentida por la estricta vigilancia a que les someten los agentes del SIM[6]– de aprovechar el caos de un ataque para huir campo a través.

Javier Cercas, *Soldados de Salamina,* 2001.

1. *à double tour* - 2. *passants* - 3. *éventrées* - 4. *une avalanche* - 5. *vaincus* - 6. Servicio de Información Militar creado por los republicanos

1. Caracteriza el ambiente que reinaba entonces en Barcelona y adivina las razones de este ambiente, apoyándote en elementos del texto.
2. Apunta citas que te permitirán decir si los exiliados pensaban quedarse poco o mucho tiempo fuera de casa.
3. Define y analiza las condiciones de viaje de los exiliados.
4. ¿Por qué tenían esperanza los ocupantes del autobús cuando aparecía un avión?

Javier Cercas
(Cáceres-España, 1962)

Escribió primero un libro de cuentos, *El móvil* (1987). Consiguió la fama con su tercera novela, *Soldados de Salamina* (2001). También escribe en *El País Semanal*, suplemento dominical de *El País*. Ha obtenido, entre otros Premios, el Premio Salambó (2001), The Independent Foreign Fiction Prize (Reino Unido 2004), por su obra *Soldados de Salamina*, adaptada al cine por David Trueba en 2003 y el Premio Nacional de Narrativa (2010) por *Anatomía de un instante*.

Pistes pour préparer/compléter ton dossier

España
- Anónimo, *La vida de Lazarillo de Tormes y de sus fortunas y adversidades*, 1554
- Miguel de Cervantes, *El ingenioso hidalgo Don Quijote de la Mancha*, 1605-1615
- Camilo José Cela, *Viaje a la Alcarria* 1948; *Nuevo viaje a la Alcarria*, 1986
- Ignacio Martínez de Pisón, *Carreteras secundarias*, 1996

América Latina
- Cristóbal Colón, *Diario de a bordo*, 1492-1493
- Ernesto "Che" Guevara, *Notas de viaje*, 1952
- Isabel Allende, *Hija de la fortuna* 1998, *El reino del dragón de oro*, 2003, *El bosque de los pigmeos*, 2004, *Inés del alma mía*, 2006
- Mario Vargas Llosa, *Travesuras de la niña mala*, 2006
- Luis Sepúlveda, Daniel Mordzinski, *Últimas noticias del sur*, 2012

Películas
- Tomás Gutiérrez Alea, Juan Carlos Tabío, *Guantanamera*, 1995
- Carlos Sorin, *Historias mínimas*, 2000; *El camino de San Diego*, 2006

Unidad 3 | Mujeres en

Lugares y formas del poder / La idea de progreso

1 Cristina Fernández de Kirchner, presidenta de Argentina, pronunciando un discurso delante del retrato de Eva Perón.

2 Manifestación en León.

3 Anuncio de la Clínica Samper, cirugía plástica.

¿Sabías que...?

Eva Duarte Perón (1919 - 1952) creció en un medio social desfavorecido. A los 15 años se fue a Buenos Aires donde hizo de actriz de culebrones. Encontró a su marido **Juan Domingo Perón** en 1945. Después de la llegada al poder de su marido, alcanzó una popularidad importante por su combate en defensa de los pobres. Así se construyó su mito, el cual fue potenciado por su muerte a los treinta y tres años.

marcha

Para empezar

1. Observa la foto 1 y explica tu punto de vista. ¿Qué tiene en común Cristina de Kirchner con Eva Perón, que aparece en la foto en negro y blanco del segundo plano?
2. Observa la foto 2 y explica por qué, para ti, la presencia de los hombres en este tipo de manifestaciones es importante.
3. A tu modo de ver, ¿qué promueve la foto 3 creada para la Clínica Samper? ¿Tiene importancia, para ti, el culto a la imagen en la búsqueda del poder? Justifica tu respuesta.
4. En tu opinión, ¿corresponden estas tres iconografías a la imagen de la mujer contemporánea? Justifica tu respuesta.

Expresiones útiles

la búsqueda: *la quête*
la cirugía estética: *la chirurgie esthétique*
el compromiso: *l'engagement*
la potencia: *la puissance*
la violencia de género: *la violence conjugale*
conquistar: *conquérir*
luchar: *lutter*
reivindicar: *revendiquer*
desafiar: *défier*

Activités langagières

Réception

Comprendre des enregistrements portant sur le rôle de la femme.
p. 57, 61, 69

Comprendre l'évolution du statut de la femme dans notre société (articles de presse, extraits d'œuvres littéraires et chanson).
p. 55, 56, 58, 59, 69

Production

S'exprimer oralement et réagir sur des documents iconographiques.
p. 54, 57, 60, 61, 63

Échanger, dialoguer sur les difficultés rencontrées par les femmes (violences conjugales) et sur les apports et les dangers de la chirurgie esthétique.
p. 56, 60, 61, 63

Rédiger un discours portant sur les droits des femmes, faire un bilan.
p. 55, 57, 59, 63

Objectifs linguistiques

Lexique

- L'engagement, le militantisme
- Les rapports dominants / dominés
- La violence
- L'esthétique et le pouvoir

Grammaire

- La traduction de « on »
- L'impératif d'ordre et de défense
- Les emplois de *por* et *para*
- Les emplois de *ser* et *estar*

Objectifs bac

BAC

- Bac écrit p. 66-67
- Bac oral p. 68

Proyecto final

Presentad la portada de una revista que habréis imaginado.
Sois un grupo de tres redactores de una revista que presenta un estudio acerca de la evolución de la mujer en la sociedad y sus diferentes papeles.

La condición de la mujer y su evolución

De la revolución...

Mujeres votando, España, 1933.

¿Sabías que...?

Constitución de 1931 (II República): se reconoce el derecho al voto de la mujer y el derecho a ser elegida.
1932: ley de matrimonio civil y ley del divorcio (divorcio por mutuo acuerdo y el derecho de la mujer a tener la autoridad sobre los hijos).
Época franquista (1939-1975): la mujer era considerada menor de edad. Pasaba de la tutela del padre a la de su esposo. El divorcio y el matrimonio civil no eran posibles. Una mujer casada no podía abrir una cuenta corriente, trabajar, ausentarse del hogar o viajar sola, por ejemplo, sin permiso del marido. La mujer era ama de casa, madre y esposa.

Si te fijas...

1. Observa la foto, ¿qué escena representa?
2. ¿En qué medida esta foto pudo tener un impacto entre las mujeres de aquella época?
3. ¿Le puede parecer banal esta foto a una mujer del siglo XXI? Justifica tu opinión.

Expresiones útiles

la votación: *le vote*
la electora: *l'électrice*
la papeleta: *le bulletin*
la novedad: *la nouveauté*
participar en: *participer à*

...a la regresión

Si te fijas...

1. Observa este matrimonio, y describe al marido y a la mujer (posturas, expresiones de los rostros, ademanes...)
2. Di en qué se oponen y qué dan a entender estas diferencias.
3. Apoyándote en el texto, precisa cuál era el papel de la mujer en el hogar.

Expresiones útiles

el índice: *l'index*
sometida: *soumise*
coser: *coudre*
mandar que + subj.: *ordonner de*
prohibir que + subj.: *interdire de*
no decir palabra: *ne rien dire, se taire*
obedecer las órdenes: *obéir aux ordres*

Guía de la buena esposa, regla n° 9, 1953.

Louise est la meilleure ♡

La mujer en casa, el hombre en la plaza

Las mujeres, el domingo lavaban. Llegaban al final de la semana tan cansadas como los hombres, pero era preciso lavar, y sólo este día podían hacerlo. [...] El murmullo del agua no era bastante a apagar las voces. Se llamaban de un extremo a otro, entre el rumor de la ropa sobre las lávanas[1] y los chapuzones[2] en el río. Las más jóvenes reían, y sus voces sonaban más aún porque hasta en los meses de mayor trabajo no perdían nunca su buen humor; lavaban un poco separadas de las otras, las casadas, y se detenían a mirar si algún asturiano bajaba por la carretera. A veces, alguno de los hombres se acercaba y charlaba con ellas [...]

Baltasar, el peón caminero[3], y Antón se reunieron en el juego de bolos y esperaron pacientemente que los demás fueran llegando. Cuando tuvieron tres contrarios iniciaron la partida, y al mediodía todos los hombres, viejos y jóvenes, estaban en la bolera, unos jugando, otros de mirones[4], y algunos fumando, medio dormidos, recostados bajo los álamos[5]. Sólo se espabilaron[6] cuando una de las bolas dio un bote falso y fue a parar, tras mucho correr, al río, levantando un alboroto[7] de voces y risas.

– ¡Vaya con los tíos que nos quieren matar! –gritó una mujer.

– Donde trabajar les daba yo...

– Y nosotras aquí como tontas...

Pero a pesar de sus palabras, ellas estaban orgullosas de que sus hombres pudieran holgar[8] un día a la semana, y para que lo hiciesen limpios se afanaban[9] sobre las lávanas, porque desde niñas se les había enseñado que habían venido al mundo para servirlos y hacer, con frío o calor, en buen o en mal tiempo, todos los trabajos.

Jesús Fernández Santos, *Los bravos*, 1954.

1. *ici, planches à laver* – **2.** *éclaboussures* – **3.** *paysan journalier*
4. *observateurs* – **5.** *peupliers* – **6.** *ici, s'éveiller, réagir* – **7.** *brouhaha*
8. *ici, faire relâche, ne rien faire* – **9.** *s'affairer*

Carlos Valcárcel, *Lavanderas en el rio Miño*, 1960.

Di lo que entiendes

1. ¿En qué atmósfera las mujeres lavaban la ropa? Justifica tu respuesta apuntando cuatro palabras o expresiones del texto que lo indican.

2. ¿Cómo se pasaban el tiempo los hombres mientras las mujeres lavaban?

3. ¿Qué sentimiento experimentaban esas mujeres para con "sus hombres"?

a envidia b temor c orgullo d rencor

Justifica tu respuesta.

4. Apoyándote en la última frase del texto, di cómo fueron criadas (educadas) estas mujeres? Da tu opinión al respecto. 10 lignes

Expresiones útiles

pasarse el tiempo + *gérondif*: *passer son temps à*
atender(ie) a: *s'occuper de*
descansar: *se reposer*
distraerse: *se distraire*
conformarse con: *se résigner à*

En acción

Escribe una carta.

> Apoyándote en los documentos de estas páginas, escribe una carta a un(a) amigo(a) en la que cuentas cómo vivían tus abuelas españolas.

> Expresa también tu opinión respecto a las evoluciones actuales (usa tiempos del pasado).

Gramática

La traduction de « on » → Précis grammatical p. 207

« On » peut se traduire par SE + la 3e personne pour exprimer une généralité, une idée ou une information communément admise. Le locuteur n'est pas exclu.

Desde niñas se les había enseñado que habían venido al mundo para servirlos.

Luchando contra los malos tratos

El final del cuento de hadas

CD 1 PISTE 16

[…] Así comenzó el cuento de hadas,
ramos de flores[1], bombones, paseos y dulces miradas,
lo que opinen los demás no vale nada,
un hombre bueno mantiene a una mujer enamorada,
los días pasan como en una fábula,
vestidos de novia, lista de boda, planes, nueva casa,
ella es la reina, ella es el ama,
ella le ama, ella le aguanta…
[Lydia] Quizás no deberías beber tanto…
[El Chojin] ¿Me estás llamando borracho[2]?
[Lydia] No, no, claro.
[El Chojin] Pues cállate mujer ¿eh?,
que yo sé bien lo que hago,
anda sube al coche y borra esa cara de inmediato[3].
[Lydia] Claro…
[El Chojin] Ella y él se casan,
el tiempo pasa, una llamada…
[Lydia] Mamá, ¡estoy embarazada[4]!
[El Chojin] No hay mayor motivo para ser feliz que un niño,
él lo celebra saliendo con sus amigos.
[Lydia] ¿Dónde has estado? Me tenías muy preocupada.
[El Chojin] No empieces…
[Lydia] ¿Por qué no coges mis llamadas?
[El Chojin] ¡No empieces!
[Lydia] Es que siempre me dejas sola en casa
y vuelves a las tantas, además,
¿hueles a colonia barata?
[El Chojin] ¡Calla!
El primer golpe fue el peor,
no tanto por el dolor como por el shock de la situación,
esa noche él duerme en el sofá, ella no duerme nada,
sueños rotos[5], lágrimas en la almohada[6].

El Chojin, *8jin*, 2005.

1. *bouquet de fleurs* – **2.** *ivre* – **3.** *arrête de faire cette tête tout de suite* – **4.** *enceinte* – **5.** *rêves brisés* – **6.** *oreiller*

¿Sabías que...?

España 2004: ley orgánica votada que prohibe y castiga toda forma de violencia en el seno de la familia: sicológica (acoso, intimidación) o física.

Entre 2003 y 2011: a pesar de este dispositivo legislativo, murieron en España 605 mujeres a causa de la violencia de género.

Di lo que entiendes

1. Apunta dos expresiones que ilustran que se trataba de una historia de amor.
2. ¿En qué la expresión "ella le aguanta" (línea 8) revela un cambio de actitud del novio?
3. ¿Cómo va instalándose la violencia en la pareja? Justifica tu respuesta.
4. ¿Por qué la noticia del embarazo se convierte en un drama para la mujer?
5. Explica cómo se va intensificando la violencia a lo largo de la canción.

Expresiones útiles

la violencia de género: *la violence conjugale*
el maltrato, los malos tratos: *le mauvais traitement, les mauvais traitements*
el embarazo: *la grossesse*
el acoso: *le harcèlement*
golpear: *frapper*
aguantar: *supporter*
taparse los ojos: *se cacher les yeux*
callarse: *se taire*
amenazar con: *menacer de*
hacer una denuncia: *porter plainte*
¡basta ya!: *ça suffit !*

Campaña para eliminar
la violencia contra las mujeres,
Ministerio de Sanidad política,
social e igualdad.

Campaña contra la violencia de género

Si te fijas...

1. Precisa a quién se destina esta campaña y a quién quiere sensibilizar. Justifica tu opinión.
2. Después de describir este cartel, di el impacto que puede tener esta imagen en el público.
3. A tu parecer, ¿logra su meta el promotor de la campaña? ¿Por qué?

Campaña para la detección precoz de la violencia de género

Di lo que entiendes

1. En el primer anuncio del vídeo, la mujer está al teléfono y su interlocutor le reprocha:
   a) que invite a su amiga Carmen mientras trabaja.
   b) que se quede en casa todo el día.
   c) que salga de casa para reunirse con Carmen.
2. Apunta el lema de la nueva campaña del Gobierno contra la violencia de género.
3. Completa la frase con palabras sacadas del vídeo: *El objetivo de esta nueva campaña es...*
4. Cita cuáles son, según el reportaje, las primeras señales de la violencia de género.
5. ¿Qué canales de comunicación difundirán la campaña?

En acción

Presenta una asociación.

> Militas a favor de un colectivo de defensa de las mujeres maltratadas y te toca presentar tu asociación en una conferencia sobre el maltrato el 25 de noviembre, día de lucha contra la violencia de género.

> Pronuncia un discurso en el que precisarás los objetivos y acciones de tu asociación en favor de las víctimas de los malos tratos. Unos 5 minutos.

Gramática

A. L'impératif d'ordre → Précis grammatical p. 205

Pour la forme tú, on utilise la 3e personne de l'indicatif présent.
¡Cállate!

(!) 8 verbes ont une forme irrégulière au tutoiement.

Le/Les pronom(s) personnel(s) se soud(ent) à la fin du verbe. C'est l'enclise.

B. L'impératif de défense → Précis grammatical p. 205

Pour l'impératif négatif, on utilise No + présent du subjonctif à la personne correspondante.
No empieces. / No me hagas daño.

Las mujeres y el poder

La mujer latinoamericana, poderosa pero maltratada

Texto 1

En los mismos países en los que se registran las tasas[1] más altas de asesinatos por violencia de género y las mayores proporciones de embarazos[2] adolescentes, las mujeres han logrado los más espectaculares niveles de participación política femenina del mundo. Latinoamérica, [...] maltrata a sus mujeres y, al tiempo, éstas están alcanzando unas cuotas de poder desconocidas incluso en la mayor parte de los países europeos [...].
En este momento, el 40% de la población del subcontinente americano está gobernado por mujeres...

Gabriela Cañas, *El País*, 07/03/2012.

1. *les taux* – **2.** *grossesses*

XXI Cumbre Iberoamericana de Cádiz, octubre de 2012.

La mujer latinoamericana accede al poder

Texto 2

Si logra imponerse a Michel Martelly en las elecciones del 20 de marzo, la haitiana Mirlande Manigat será la décimocuarta[1] mujer que gobierne en una región tradicionalmente machista y tendrá como compañeras a las presidentas Cristina Fernández (Argentina), Dilma Rousseff (Brasil) y Laura Chinchilla (Costa Rica), así como a la primera ministra de Trinidad y Tobago, Kamla Persad-Bissesar. [...]
La costarricense Laura Chinchilla, presidenta desde 2010, considera que haber llegado a la jefatura de Estado en una región como América Latina "es un gran honor pero sobre todo una posibilidad para seguir avanzando a favor de una agenda de equidad de género", según dijo con motivo del Día Internacional de la Mujer. La chilena Michelle Bachelet, [...] después de ejercer la Presidencia de su país durante cuatro años con un alto nivel de aprobación, asumió en 2011 la dirección de la nueva agencia de la ONU para la mujer. [...]
En su mensaje institucional por este nuevo Día Internacional de la Mujer, que en 2011 cumple 100 años, subrayó: "hace cien años atrás, solo en dos países las mujeres podían votar. Hoy, ese derecho es prácticamente universal y las mujeres ahora son elegidas para conducir gobiernos en cada uno de los continentes".

eltiempo.com, 08/03/2011.

1. *quatorzième*

Di lo que entiendes

Texto 1

1. Apunta tres elementos que evidencian las dificultades con las que se enfrentan las latinoamericanas y las caribeñas.

Texto 2

2. Fíjate en el mensaje de Michelle Bachelet: explica y coméntalo.

Textos 1 y 2

3. ¿Tiene Latinoamérica retraso en cuanto al acceso de las mujeres al poder? Justifica tu respuesta con dos elementos.

4. Entresaca cuatro elementos que indican que estas mujeres, sin embargo, van cobrando cada vez más poder.

Expresiones útiles

el compromiso: *l'engagement*
valerse de = utilizar
comprometerse: *s'engager*
aprovechar: *profiter*
sacar provecho de: *tirer profit de*
desempeñar un papel: *jouer un rôle*

Periodistas

¿El tratamiento de la información por parte de las periodistas es diferente al de los periodistas?

No me gusta creer, en ese sentido, que hay «castas» y que por ser mujer se entienden mejor determinados problemas [...]. Eso me parece absurdo, pero sí que creo que las mujeres, por nuestra cultura, por tradición, por cómo nos hemos tenido que ocupar de asuntos cotidianos, por cómo hemos tenido que conjugar nuestra faceta profesional con la faceta más íntima, más doméstica, más familiar y personal, con todos los problemas que eso supone pero sin convertirlo en un problema insoluble, estamos más capacitadas en algunas ocasiones para ver perspectivas prácticas a cosas que los hombres, a lo mejor, tienden a no dar importancia o a pasar por encima. Más que una diferencia en el uso del lenguaje se trata de una cierta sensibilidad y, desde luego, de una manera de aproximarse a la información, y esto en el periodismo es fundamental porque el enfoque es lo importante. Y ese enfoque cambia si eres más joven, si eres mayor, si tienes más experiencia, si eres un periodista de un medio escrito..., pero no porque seas hombre o seas mujer.

En los informativos, especialmente en la televisión, es cada vez más frecuente ver a mujeres periodistas como corresponsales en zonas de conflicto, destinos que antes parecían reservados únicamente a los hombres. Eso es importante.

Es fantástico. De eso sí que he sido testigo. Cuando yo empecé era impensable que una mujer fuera enviada especial, y con eso soñábamos todas las que estudiábamos periodismo, todas queríamos ser corresponsales de guerra. Cuando yo estudiaba la carrera no había prácticamente ninguna, pero poco a poco he visto cómo algunas compañeras han ido situándose y han demostrado que da igual ser hombre o mujer, que una periodista es buena y un periodista es bueno cuando tienen instinto, cuando tienen audacia, cuando trabajan bien...

Entrevista de F. Muñoz y A. Lopera
a Montserrat Domínguez, 2009.

Montserrat Domínguez.

Di lo que entiendes

1. Entresaca los elementos que permiten determinar quién es Montserrat Domínguez.
2. Según M. Domínguez, ¿en qué pueden ser distintos los hombres y las mujeres?
3. A su parecer, ¿cómo se explica esta diferencia?
4. ¿Verdadero o falso? Justifica citando el texto.
   a. M. Domínguez considera que las mujeres son mejores periodistas que los hombres.
   b. Para M. Domínguez lo esencial es el enfoque.
   c. M. Domínguez es testigo de un cambio de mentalidades.
5. Cita las tres cualidades que identifican a un buen periodista según M. Domínguez.

Gramática

Les emplois de *por* et *para* → Précis grammatical p. 208

On emploie **para** pour exprimer le but et l'opinion.
Por est utilisé pour indiquer un mouvement dans un lieu, le lieu où l'on passe, la cause et l'échange.
Por sert également à introduire le complément d'agent dans une phrase à la voix passive.

*Ha llegado la hora del poder **para** la mujer latinoamericana.*
***Por** tradición, estamos más capacitadas **para** ver perspectivas prácticas a cosas que los hombres...*

En acción

Haz el balance de la paridad de género.

TICE > Busca informaciones en la red acerca de la paridad en España o en América Latina.
> Luego, presenta el resultado de tu investigación, insistiendo en su evolución, en unas 100 palabras. Para encontrar estos datos, podrás marcar en internet expresiones como "mundo laboral" y "paridad", así como el país elegido.

Belleza y poder

La duquesa de Alba, poderosa y adicta a la cirugía estética

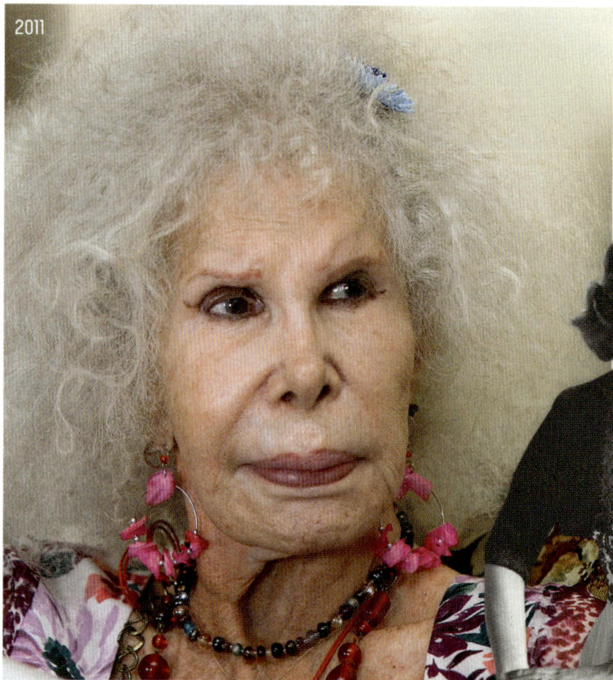

"La belleza significa poder. La cirugía estética permite acceder a una vida mejor".

"He conocido a clientas que prefieren que se note la intervención. Es su forma de decirle al mundo: 'soy rica'."

Federico Pérez de la Romana, cirujano plástico de Alicante, entrevista para la revista "Smoda", suplemento *El País*, 30/12/2011.

La duquesa de Alba se casó por tercera vez el 5 de octubre de 2011.

¿Sabías que...?

Cayetana Fitz-James Stuart y Silva, XVIII duquesa de Alba, de 85 años, no solo es la persona con más títulos nobiliarios del mundo sino también una de las mujeres más ricas de España. Además, es una adicta a la **cirugía estética**: para estar radiante el día de su boda con Alfonso Díez, un hombre 24 años más joven que ella, acudió a una clínica donde suele recurrir a técnicas de rejuvenecimiento.

Si te fijas...

1. Después de leer el ¿Sabías que...?, di en qué medida la duquesa de Alba es una persona importante en España.
2. Fíjate en las fotos. A tu parecer, ¿cómo se podría explicar las numerosas intervenciones de cirugía plástica que sufrió?
3. ¿Qué opinas de las personas, famosas o no, que se operan para tratar de rejuvenecer?
4. Define lo que sería para ti "una vida mejor". ¿Te parece que la cirugía estética te permitiría conseguirla?
5. Lee atentamente las citas. A tu parecer, ¿por qué algunas clientas quieren que se noten las intervenciones estéticas?
6. ¿Qué cita te parece corresponder mejor a la duquesa de Alba? Justifica tu elección.

Expresiones útiles

una arruga: *une ride*
una ojera: *une cerne*
un espejo: *un miroir*
la juventud: *la jeunesse*
la vejez: *la vieillesse*
embellecer: *embellir*
rejuvenecer: *rajeunir*
envejecer: *vieillir*
gastar: *dépenser*

¿Operarse para alcanzar más poder?

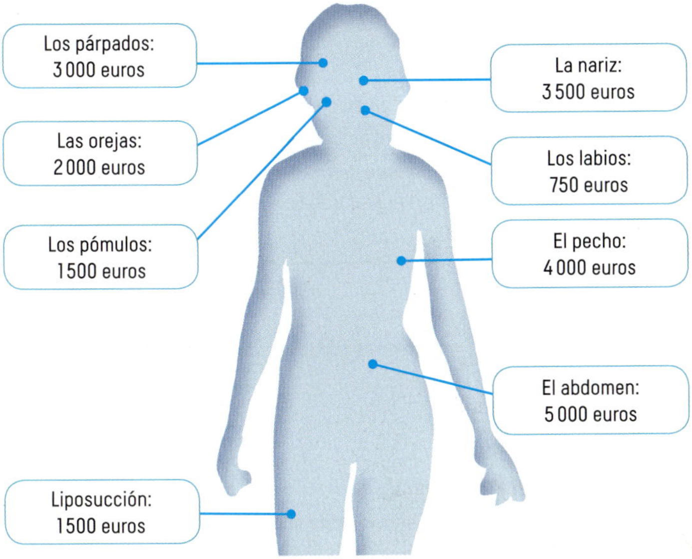

Si te fijas...

1. Observa el documento. ¿Son baratas las operaciones de cirugía estética?
2. A tu parecer, ¿es posible conseguir belleza con dinero?
3. Comenta el título. ¿Piensas que la belleza tiene una relación con el poder?
4. Según tu opinión, ¿es suficiente operarse y ser rico para acceder al poder?

Suspensión de un sorteo en una discoteca

CD 1 PISTE 17

Di lo que entiendes

1. Apunta en qué consiste el sorteo organizado por la discoteca.
2. Completa: *La discoteca ha desconvocado el sorteo porque...*
3. La locutora llama la atención sobre el hecho de que la cirugía estética no es...
   a ninguna frivolidad. b un espectáculo. c cosa útil.
4. Completa con lo que oyes: *Para luchar en contra de este tipo de iniciativas, el instituto andaluz de la mujer ha presentado...*

Expresiones útiles

el (la) modelo: *(le) mannequin*
el regalo: *le cadeau*
la operación quirúrgica: *l'opération chirurgicale*
barato(a) ≠ caro(a): *bon marché ≠ cher*
regalar: *offrir*

Los hombres también se hacen "retoquitos"

CD 1 PISTE 18 PISTE 9

Di lo que entiendes BAC

Primera escucha. Escucha globalmente y destaca quién habla, dónde y cuándo tiene lugar la entrevista (apunta las palabras clave).

Segunda escucha. Destaca el tema y las ideas esenciales que se relacionan con él (apunta sobre todo las palabras clave).

Tercera escucha. Completa los apuntes de tus dos primeras escuchas.

Síntesis en francés. Ahora tienes 10 minutos para sintetizar por escrito en francés lo esencial de lo que has oído y entendido, ayudándote de tus apuntes de las tres escuchas anteriores.

Gramática

Les emplois de *ser* et *estar* → Précis grammatical p. 210

Ser exprime une caractéristique permanente, l'appartenance, la nationalité ; il sert aussi à construire le passif.
Estar exprime un état passager mais aussi la situation dans l'espace ou dans le temps.
Soy rica. *Quiere estar radiante.*

En acción

Da tu opinión sobre la cirugía estética.

Un amigo tuyo o una amiga tuya piensa operarse porque cree que así le darán el puesto que anhela.
> Explica a la clase cómo has reaccionado y lo que le has dicho.

Unidad 3 Gramática

→ *Précis grammatical (avec exercices) p. 200*

La traduction de « on » *(Enfoque 1)*

1 Transforme les phrases suivantes afin d'employer « on ».

a. Las mujeres lavaban la ropa los domingos.
b. Al mediodía todos los hombres, viejos y jóvenes, estaban en la bolera, unos jugando, algunos fumando.
c. A pesar del trabajo, las mujeres no perdían el buen humor.
d. Los hombres iniciaron la partida al mediodía.
e. Las mujeres solían lavar en el río.
f. En aquella época, las mujeres pensaban que lavar las sábanas era su trabajo.

L'impératif *(Enfoque 2)*

2 Mets les verbes suivants à l'impératif d'ordre (tutoiement).

• trabajar • coser • callarse • poner • hacer • decir

3 Mets les propositions infinitives suivantes à l'impératif négatif.

a. Contradecir (vosotras) a vuestros esposos.
b. Hablar (tú) si no te lo pide.
c. Ponerse nervioso (usted) delante de los niños.
d. Ser (tú) tan sometida como lo fue tu madre.
e. Aceptar (vosotras) esta situación.
f. Tener (nosotros) esta mentalidad.
g. (usted) hacer como todo el mundo.
h. (vosotros) quejarse después.

Les emplois de *por* et *para* *(Enfoque 3)*

4 Complète les phrases suivantes par *por* ou *para*.

Ha llegado la hora del poder para la mujer latinoamericana.

a. No la contrataron ... ser mujer, sino ... ser competente.
b. ... mí, es igual trabajar con un hombre o con una mujer.
c. Votaron a una mujer ... dirigir el país.
d. ... Latinoamérica, verás a muchas mujeres emprendedoras.
e. ... las mujeres el problema es el del respeto.
f. La ex presidenta Bachelet recibió un premio ... su compromiso ... la igualdad, ... que todos realicen sus sueños.
g. Muchas revistas femeninas son dirigidas ... hombres.
h. ... informar a las mujeres, María viajó ... toda España.
i. Actualmente, te modifican la nariz ... 3500 euros.

Les emplois de *ser* et *estar* *(Enfoque 4)*

5 Complète ces phrases en utilisant *ser* ou *estar*.

a. Vosotros pensáis que sufrir tales intervenciones quirúrgicas ... una tontería.
b. Estas mujeres ... muy delgadas pero no ... satisfechas y quieren una liposucción.
c. La chica ... tan alta que podría pasar por una modelo.
d. Lo que me extraña ... que tú no ... de acuerdo conmigo.
e. Hay personas que ... tan influenciadas por la televisión que ... dispuestas a correr riesgos y operarse.
f. El regalo que ... en boga ... la mamoplastia.
g. Este hombre ... viejo pero ... como rejuvenecido.
h. La cirugía estética antes de los veinte años ... peligrosa.
i. Esta mujer ... en el hospital para operarse.
j. La mujer ... muy contenta porque ... operada por el famoso cirujano.
k. Las mujeres que ... en esta situación sufren mucho.
l. Lo importante ... el resultado.
m. Periodista ... cada vez más un trabajo de mujeres.

Proyecto final

Presentad la portada de una revista que habréis imaginado.

Etapas

Sois un grupo de tres redactores de una revista que este mes, a través de diferentes artículos de un dossier especial, presenta un estudio acerca de la evolución de la mujer en la sociedad y sus diferentes papeles.

1. Primero, un alumno puede hacer encuestas entre sus compañeros y otras personas (familiares, profesores…) para tener su opinión.
2. Después, otro realizará la portada de la revista: elegirá una foto que corresponda a la temática del dossier del mes, así como un título para éste.
3. Luego, el último imaginará diferentes títulos que podrían tener los artículos que constituirán este dossier especial mujer, así como unos argumentos.
4. Por fin, presentaréis vuestro proyecto a vuestros compañeros, como si fueran miembros del equipo de la revista ante los cuales tendríais que defenderlo.

Tendréis que mostraros persuasivos, utilizar la expresión del orden y de la defensa y expresiones para manifestar vuestra opinión.

Duración de la presentación oral: 5 minutos.

Ayuda: Gramática p. 55, 57, 59, 61. Expresiones útiles (Enfoques 1 a 4).

Consejos: la voz y su modulación son importantísimas para insistir en los puntos positivos que quieres poner de relieve y para subrayar los argumentos. Sé imaginativo(a) y persuasivo(a).

Dibujo de Maitena, *Superadas 2*, 2003.

Proyecto alternativo 1

Presenta a una mujer de poder

TICE Elige a una mujer española o latinoamericana que para ti representa una forma de poder (puede ser una política, una artista, una famosa…). Busca informaciones sobre ella en internet, y en unas 100 palabras la presentarás, y justificarás tu elección. Después, mándalo a tu profesor para que lo publique en la página web de tu clase.

Proyecto alternativo 2

"Enfermeras, secretarias, administrativas, psicólogas, periodistas… son solo algunas de las profesiones que tradicionalmente se han considerado femeninas por precisar para su desarrollo unas cualidades y aptitudes que se aprecian más en la mujer que en el hombre." Eva Sereno, apredemas.com, 2011.
A la luz de los diferentes documentos estudiados en clase, en unas 100 palabras di si te sorprende esta cita, explica por qué y expón brevemente tu opinión a propósito de la discriminación de género.

Autorretrato con collar de espinas y colibrí, Frida Kahlo, 1940, Nickolas Muray Collection (Óleo sobre lienzo sobre masonita, 62,2 x 48,3 cm).

Frida Kahlo

A pesar de moverse en el núcleo de los muralistas mexicanos, compartiendo sus ideales políticos, pocas veces Frida Kahlo (México 1907-1954) tuvo una intención comprometida en su pintura. Dijo André Breton de ella que era una "surrealista espontánea". Su obra desprende su propio sufrimiento físico (enfermedad y accidente que sufrió) y el sufrimiento moral de una mujer que quiso afirmar su libertad y su independencia (véase su relación apasionada y caótica con Diego Rivera).

» **http://www.fkahlo.com**

> **Frida es el único ejemplo en toda la historia del arte de alguien que se desgarró el seno y el corazón para decir la verdad biológica de lo que siente en ellos.**
>
> Diego Rivera.

A tu parecer, ¿cómo consigue Frida Kahlo expresar en este autorretrato su sufrimiento físico y moral?

TICE Puedes apoyarte en datos recogidos en sitios internet.

Montserrat Gudiol

Montserrat Gudiol nació en Barcelona en 1933. Su familia se dedicaba al arte; su padre, crítico de arte y arquitecto, tenía un estudio de restauración de pintura medieval. Su obra, influida por el surrealismo y las primeras etapas de la obra de Picasso, expresa misterio y ternura. Sus cuadros ya están en el Museo Nacional de Arte de Cataluña (MNAC).

Según tu opinión, ¿se puede aplicar a este cuadro el siguiente análisis de un crítico español?

> **[...] en el fondo de sus creaciones, aparecen siempre unos silencios profundos, misteriosos y a la vez inquietantes [...] una indecible paz y una humanísima angustia.**
>
> http://montserratgudiol.com

Montserrat Gudiol, *Autorretrato* 1952.

Pedro Almódovar y Penélope Cruz, 2009.

Pedro Almodóvar y sus musas

A las mujeres como Rossy de Palma o Penélope Cruz, que desempañaron un papel en muchas películas de Pedro Almódovar (Calzada de Calatrava, 1949), se les puso el mote de "chicas Almódovar".

Las actrices del director simbolizan, por su extravagancia, su descaro o su dejadez, distintos tipos de mujeres (madres, drogadictas, lesbianas, monjas, travestís o amas de casa). En situaciones extremas y graves, buscan maneras en que pueden cambiar o escapar de su vida. Según muchos críticos, Almódovar, que vivió su infancia rodeado de mujeres (madre, hermanas, tías...) en aquel pueblo de La Mancha, es el artista con mejor conocimiento de la psicología femenina.

Ciberencuesta

TICE ➻ Accede a la pagina principal del sitio oficial de Almodóvar http://www.eldeseo.es. En la barra del menú, en el lado izquierdo, visita la sección "catálogo" y busca en las fichas de las películas las obras en las que Penélope Cruz y Rossy de Palma desempeñaron un papel. Redacta una breve ficha de su papel.

➻ Descarga fotos o cortos vídeos en sitios web que elegirás.

Apoyándote en el conjunto de datos recogidos en la ciberencuesta, contesta las preguntas. ¿Qué tipos de papeles desempeñaron las dos actrices? ¿Cuál fue la intención del director?
Presenta oralmente tu respuesta, solo o con otro alumno. Incluirás los vídeos y fotos que hayas grabado en tu memoria USB.

Visión de Rossy de Palma inspirada en la estética Pop, Antonio de Felipe (Valencia, 1965).

Texte 1

La pija va de marcha[1]

Durante el resto de la noche, la pija había pedido varias rondas más y había convencido a Mario de que se uniera al baile de la pista. En algún momento Mario se había despojado de su coraza de prevenciones y había optado por pasárselo bien. ¿Que Lola se aburría? ¿Que se quería desmelenar[2]? ¿Que Lola era la mujer de su padre? Le daba igual todo. Al fin y al cabo, pocas ocasiones tenía de que le invitaran a rondas y rondas de copas. [...]
A las seis la música dejó de sonar y las luces se encendieron. La sala Sol cerraba.
–Y ahora, ¿adónde vamos? –Lola parecía feliz, como emborrachada de una energía festiva–. Yo ya he decidido que mañana, o sea, hoy, no voy a trabajar, así que de perdidos al río[3].
–Mujer, Lola, hay *afters*. Yo creo que lo mejor será que desayunemos y que pleguemos[4].
A Mario se le antojaba extraño[5] que le tocase a él adoptar el rol del sensato precisamente con la mujer de su padre, a la que siempre había visto como a una señoritinga estirada[6], incapaz de ningún exceso. [...]
–Yo lo que necesito de verdad –dijo Lola– es un café. Tengo que despejarme si quiero conducir hasta Aravaca. [...] Se la veía fresca como una rosa. Se diría que la noche de marcha, más que haberla fatigado, había actuado como un combustible.
–Y bueno –le dijo a Mario–, ¿quieres que te lleve a casa de tu madre o prefieres que vayamos a la mía? –A Mario no se le escapó el posesivo, pues en propiedad Lola habría debido decir "a la de tu padre"–. Lo que es yo, me pienso dar un chapuzón en la piscina para bajarme todo el alcohol, y pienso que a ti también te vendría bien.
–Vale –dijo Mario–, pues vamos a tu casa. –Y al decir "tu casa" y no "la casa de mi padre" estableció entre ellos un pacto tácito de complicidad. Lola había dejado de ser su madrastra. Era sólo una chica corriente, simpática, divertida, con la que se acababa de correr una de tantas juergas[7] de Madrid en verano.

Lucía Etxebarria, *Lo verdadero es un momento de lo falso*, 2010.

1. *la BCBG va faire la fête* – **2.** *ici : se défouler* – **3.** *après nous le déluge* – **4.** *on rentre* – **5.** *ici : drôle*
6. *une femme coincée (fam.)* – **7.** ir de juergas: *faire la bringue*

Texte 2

Hombres y mujeres

Algunas veces, cuando era niña, deseé ser un chico [...]. Envidiaba la libertad que les era concedida, las normas menos rígidas que se establecían para ellos, el que se vieran libres de obligaciones domésticas y la condescendencia con que las madres contemplaban sus defectos. Luego descubrí, con los años, que lo que quería era tener sus mismos derechos y haber sido reforzada con el mismo nivel de autoestima. [...] Así sigo: no quiero ser tratada ni con ese paternalismo que infantiliza a las mujeres hasta que se caen de viejas ni con ese plus de desprecio que suelen contener las críticas que soportamos en ocasiones las mujeres públicas. De la misma forma que yo me sentía incómoda en mi papel de niña de aquella España rancia, había niños a los que el exceso de hombría que se les exigía también les venía grande[1]. Ese tipo de hombre se ha adaptado con mucha más alegría a este tiempo presente; es un tipo de hombre que escucha a las mujeres y detesta las típicas complicidades entre machirulos[2]. Ellos, nosotras, [...] estamos disfrutando de este otro mundo en el que es posible la complicidad entre sexos.

Elvira Lindo, *Don de gentes*, 2011.

1. *ici : ne leur allait pas bien* – **2.** *machos à la noix (fam.)*

I. Comprensión (Texte 1)

1. Precisa con quién está Lola en la sala Sol.
2. Apunta tres palabras o expresiones que ilustran que Lola no se comporta como una "señoritinga estirada" (línea 12).
3. ¿Verdadero o falso? Justifica tus respuestas con elementos del texto.
   a. A las seis de la mañana, Lola está preocupada porque tiene que ir a trabajar.
   b. Mario la anima a seguir bailando en otros sitios.
   c. Lola está cansada y quiere regresar a casa.
   d. Mario sigue considerando a Lola como su madrastra.
4. Busca dos elementos que muestran que es Lola la que toma la iniciativa.
5. ¿Qué revela el uso del posesivo ("prefieres que vayamos a la mía"), a propósito de la casa, líneas 16-17?
   a. familiaridad b. falto de respeto c. convivencia
   Elige la respuesta correcta y justifícala con una frase del texto.

II. Comprensión (Texte 2)

1. Apunta tres palabras o expresiones que subrayan las diferencias de trato entre los niños y las niñas de aquella época.
2. Busca un elemento que muestra que en aquella época había niños que se sentían incómodos.

En français : dis quels sont les points communs entre Lola et la narratrice du texte 2. Environ 50 mots.

III. Expresión

1. Comenta la frase del texto 2: "estamos disfrutando de este otro mundo en el que es posible la complicidad entre sexos" (unas 150 palabras).
2. Imagina que Mario escribe una carta a un amigo para contarle la noche que pasó con Lola y en la que expresa su opinión acerca del comportamiento de ésta (unas 150 palabras).
3. Di en qué medida estos dos textos ilustran un aspecto de la noción "la idea de progreso". Justifica tu respuesta (unas 150 palabras).

Conseils BAC

Comprensión

Lis les textes puis les questions et repère des éléments de réponses.

Texte 1

• Le lieu de la narration et le moment de la journée ne sont pas anodins. Ils donnent du sens au texte. Tu dois les identifier. Ces deux éléments te permettront de mieux caractériser la "*pija*" et de répondre aux questions 2, 4 et 5.

• Identifie les personnages (leurs noms et le lien qui les unit). Ne te contente pas de donner un nom ou un prénom pour répondre à la question 1.

• Précisément, en cherchant des justifications du *¿verdadero o falso?* (question 3) tu seras confronté à la question : le lien qui les unit est-il conforme à la situation qu'ils vivent ? Les pistes trouvées alimenteront en partie ta réponse à la question 1 de l'expression.

Texte 2

• La question 1 renvoie au début du texte ("*aquella época*"), la question 2 plus bas, lorsque la narratrice compare ce que ressentaient filles et garçons de l'époque (à partir de la ligne 8)

Método Réfère-toi aux conseils de la fiche 3, p. 174

Expresión

• La question 1 est une question d'analyse mais tu dois utiliser les éléments que tu as acquis à travers cette unité, c'est-à-dire des notions mises en œuvre. La question est aussi et surtout très personnelle, tu dois exprimer ton opinion avec le lexique qui concerne les rapports humains (amour, amitié, convivialité mais aussi rapports de forces, de domination).

• La question 2 est une question d'invention ou d'écriture. Outre la narration de la soirée, pour laquelle tu t'appuieras sur le texte 1, tu devras donner ton avis – admiration, étonnement, indignation – et par conséquent parler à la 1re personne. Des éléments de la notion dominante pourront être exprimés en guise de réflexion personnelle.

• La question 3 renvoie à la notion. Tu dois aussi te servir des repérages que tu as réalisés dans la partie "*comprensión*".

Método Réfère-toi à la fiche 4, p. 175.

Unidad 3 Objetivo bachillerato ORAL

Nociones: lugares y formas del poder / la idea de progreso

Conseils BAC

→ Fiche méthodologique 2 p. 173

Travail sur la notion

- Choisis une des notions travaillées dans cette unité. Explique en quoi la thématique s'y rattache.
- Problématise ta réflexion, par exemple, sous la forme d'une question.
- Développe cette notion en t'appuyant sur les documents de ton dossier et les connaissances acquises dans l'année.

Lugares y formas del poder

Problemática

¿En qué medida se puede hablar de la liberación, del acceso al poder de la mujer entre 1931 y hoy en día?

Pistas de reflexión

- **La evolución de los derechos de la mujer** (voto, divorcio, trabajo). De menor de edad a una persona adulta, capaz de decidir de sus actos y pensamientos. (p. 54-55)
- **Las leyes, los organismos estatales y el estatuto de la mujer.** (p. 54-55)
- **La evolución de la noción de jefe de familia entre 1931 y hoy.** (p. 54-57)
- **El poder impuesto: la violencia de género.** Sus manifestaciones, sus víctimas. Para completar el estudio, compara también con lo que pasa en los otros países de Europa, busca las medidas tomadas en España (teléfonos para las víctimas, centros de ayuda, campañas de prevención). Busca si existe la violencia de género contra los hombres. Puedes recurrir al texto de la ley orgánica (28/12/2004) sobre las medidas de protección integral contra la violencia de género en España (www.boe.es/boe/dias/2004/12/29). Observarás que esta ley solo hace referencia a la violencia contra las mujeres. (p. 56-57)
- **La evolución de la participación de las mujeres en el poder económico, político.** Busca también las mujeres ministras en España actualmente para saber si se trata de grandes ministerios. Observa en qué tipos de países hispanohablantes mujeres son presidentas del país. (p. 58-59)
- **Relación entre apariencia física y poder.** (p. 60-61)

La idea de progreso

Problemática

¿Se puede hablar de progreso en la situación de la mujer en el mundo hispánico entre 1931 y la actualidad?

Pistas de reflexión

- **Derecho a votar, a divorciarse, a trabajar, capacidad de denunciar.** (p. 54-55)
- **Hacia nuevas relaciones hombres/mujeres** (familia, mundo laboral). (p. 54, 59, 69)
- **La evolución de los puestos ocupados por las mujeres** (economía, política). Busca en qué países hispanohablantes hay mujeres en el poder. (p. 58-59, 69)
- **La creencia en la capacidad de la cirugía estética para mejorar la imagen y aumentar el poder.** La utilización por el pueblo y por los famosos. (p. 60-61)
- **La intervención del hombre en la mejora de la situación de la mujer.** (p. 54, 58-59, 69)

Evaluación B1/B2

Je comprends un texte sur l'égalité hommes/femmes

→ *Fiche photocopiable* Evaluación BAC

Una mujer pionera

Ante la idea de almorzar con quien fue la primera catedrática[1] de Medicina de España, uno se espera encontrar a una venerable anciana. Pero la situación de la mujer en la Universidad ha ido paralela a la del resto de la sociedad, y aquel logro[2] fue solo en 1980. Así que María Castellano (Jaén, 1948) es una mujer llena de vitalidad que da clase y conduce de Granada a Madrid y vuelta en el día para acudir a las reuniones de la Organización Médica Colegial, a cuya Comisión de Deontología pertenece, o a la Academia de Medicina, en la que ha ingresado[3] hace una semana. "Soy la segunda en ser elegida", dice sin falsa modestia. En su discurso denunció la situación de la medicina legal. "Hasta el Ministerio de Justicia nos ignora. Cuando convoca oposiciones a forenses[4] no pide especialistas", critica. [...]

Como pasa con muchas mujeres que han sido las primeras en algo, Castellano reconoce que tuvo que esforzarse, pero no se sintió discriminada. "Mi marido fue mi gran apoyo, pero en lo intelectual. En lo doméstico era normal y tuve que conciliar y llevar la casa y mis tres hijos renunciando a la vida social". Eso sí, ella sacó la cátedra[5] antes que él.

Emilio de Benito, elpais.com, 31/05/2012.

1. *professeur d'université* – **2.** *réussite* – **3.** *elle a intégré* – **4.** *il organise un concours de médecin légiste*
5. *elle a obtenu le poste de professeur d'université*

1. Apunta tres elementos que muestran que María Castellano es una mujer excepcional.

2. Entresaca la frase que muestra que el estatus de la mujer en la Universidad evolucionó lentamente.

3. María Castellano es: **a.** decidida. **b.** perezosa. **c.** sumisa.
Elige un adjetivo y justifica tu elección apoyándote en el texto.

4. Di si las afirmaciones siguientes son verdaderas o falsas y justifica con el texto.
- **a.** María Castellano es la segunda mujer en ingresar la Comisión de Deontología.
- **b.** Conciliar la casa, su familia y sus estudios le pareció normal.
- **c.** En casa, pudo contar con la ayuda de su marido.

Je comprends un enregistrement sur la place de la femme dans le milieu de la musique

CD 1 PISTE 19 PISTE 10

Hay pocas directoras de orquestra.

→ *Fiche photocopiable* Evaluación BAC

1. Primera escucha. Escucha globalmente y destaca quién habla, dónde y cuándo tiene lugar la escena (apunta palabras clave).

2. Segunda escucha. Destaca el tema y las ideas esenciales que se relacionan con el tema (apunta sobre todo palabras clave).

3. Tercera escucha. Completa los apuntes de tus dos primeras escuchas.

4. Síntesis en francés. Ahora tienes 10 minutos para sintetizar por escrito **en francés** lo esencial de lo que has oído y entendido, ayudándote de tus apuntes de las tres escuchas anteriores.

Inma Shara, directora de orquesta española.

Unidad 4 Reaccionaron

Mitos y héroes / Lugares y formas del poder

1 Cartel de la película de Marco Bechis, *Garage Olimpo* (Argentina - 1999).

2 Manifestación en España.

3 Celebración del Bicentenario de la Constitución de Cádiz (1812).

Expresiones útiles

los ojos vendados: *les yeux bandés*
la muchedumbre: *la foule*
la gente apiñada: *les gens serrés*
la bandera: *le drapeau*
la banderola: *la banderole*
el traje: *le costume*
acallar: *faire taire*
conmemorar: *commémorer*
desfilar: *défiler*

Para empezar

1. Al observar el cartel de la película *Garage Olimpo* (1), di cómo se muestra la determinación de la represión y también la de la resistencia.
2. Apoyándote en los elementos de la foto 2, di cómo el pueblo puede imponer su voluntad al poder político y si te parece legítimo.
3. Observa la foto 3, ¿te parece importante que sean niños los que lleven la banderola de conmemoración de la primera Constitución liberal? ¿Por qué?
4. Después de observar los documentos, compara las distintas facetas de las "resistencias".

Activités langagières

Réception

Comprendre des enregistrements portant sur la dictature militaire en Argentine et sur les luttes autour des « disparus ».
p. 76, 77

Comprendre des textes sur l'héroïsme ou le comportement des peuples opprimés.
p. 72-75, 77-79

Production

Concevoir et enregistrer une brève annonce de radio sur la commémoration de la « Pepa ».
p. 75

Participer à un débat sur l'invasion des troupes napoléoniennes et sur la dictature en Argentine.
p. 73, 77

Rédiger un bref dossier contre l'impunité des dictateurs.
p. 79, 81

Objectifs linguistiques

Lexique

- La violence, la révolte et la guerre
- Le combat d'idées, l'engagement
- La mémoire historique
- L'oppression et la dictature

Grammaire

- L'éventualité dans la subordonnée relative
- Les emplois du gérondif après *estar* et *ir*
- L'emploi de *seguir* + gérondif
- La traduction de la négation « ne... que »
- Les emplois de *ser* et *estar* + participe passé

Objectifs bac

BAC

- Bac écrit p. 84-85
- Bac oral p. 86

Proyecto final

Escoge un acto de resistencia, o el nacimiento, la muerte o las hazañas de un héroe. Elabora un *PowerPoint* para conmemorarlo.

Frente al invasor: amor y odio

Luchando por su libertad

La influencia francesa de los Ilustrados impulsó una verdadera liberalización femenina. [...] Las costumbres afrancesadas, más abiertas y modernas que las españolas, propiciaron[1] la participación de las mujeres en la vida pública. [...] Nació una mujer moderna que sale de su encierro de siglos, deja atrás la vergüenza ante el otro y comienza a ser consciente de su propio cuerpo como sujeto de seducción y no como motivo de pecado[2], que era lo que le inculcaba constantemente su "director espiritual". Por tanto, cuando las ilustradas se echan a la calle, prescinden[3] de las mantillas y velos con los que semiocultaban el rostro sus antepasadas, así como de las "dueñas"[4], eternas vigilantes de la decencia femenina fuera de casa. Son, pues, conscientes de que viven un nuevo tiempo abierto a Europa –y sobre todo a Francia– que exige unas nuevas formas de comportamiento más moderno. Estas mujeres tan desinhibidas, daban normas a sus "amantes", y lo hacían seguras de sí mismas... Así le informa una de ellas a su futuro amante: "usted ha de venir por las mañanas a tomar conmigo el chocolate, lo mismo por las tardes para sacarme a los paseos...". Una apertura en la complicidad de hombre y mujer inconcebible un siglo atrás. Nuestras afrancesadas dieron otro gran paso hacia la liberalización femenina. Lo primero que hicieron fue salir de las casas, en donde secularmente estaban encerradas, con sus criadas e instrumentos de labor: bordados[5], encajes[6]. Y se desplazaron a los salones donde mostraban su "sabiduría"[7] de la cosa pública, dejando atrás los problemas y conversaciones sobre el manejo[8] de casa, hijos y familia.

Juana Vázquez, *El País*, 02/09/2008.

1. *ici, favorisèrent* – **2.** *péché* – **3.** *ne portent plus* – **4.** *duègnes, dames de compagnie* – **5.** *broderies* – **6.** *dentelles* – **7.** *ici, la connaissance* – **8.** *ici, entretien*

Los caprichos, «No te escaparás»
Francisco de Goya, 1798.

¿Sabías que...?

Revolución francesa y filósofos de las Luces sedujeron en España a intelectuales, a gran parte de la nobleza e incluso a la élite política. Se les llamaron **afrancesados**.
1808: ocupación del país por las tropas napoleónicas.
2 de mayo de 1808 en Madrid: insurrección generada por el descontento popular, y represión de las tropas napoleónicas.
Se inicia la guerra de la Independencia (1808-1814).

Di lo que entiendes

1. ¿Por qué estas mujeres fueron llamadas "afrancesadas"?
2. Apunta tres palabras o expresiones que revelan que la educación de las mujeres hasta entonces era agobiante.
3. ¿Cómo se concretaba el hecho de ser una afrancesada en la vida cotidiana?
4. A tu parecer, ¿por qué se puede afirmar que las afrancesadas contribuyeron a la liberalización femenina?

Expresiones útiles

los apremios: *les contraintes*
la rigidez: *la rigidité*
la estrechez/apertura de espíritu: *l'étroitesse/l'ouverture d'esprit*
agobiante: *étouffant, pesant*
conservador: *conservateur*
evolucionar: *évoluer*

Odio

Si te fijas...

A través de los planos, de los colores, de los movimientos de los protagonistas, muestra cómo Sorolla expresó la violencia del combate, la determinación y el heroísmo del capitán y de los madrileños aquel 2 de mayo.

Joaquín Sorolla, *El 2 de mayo*, 1884, Museo del Prado.

¿Sabías que...?

Madrid, mayo de 1808: los oficiales de la artillería de Monteleón se unieron al pueblo que necesitaba armas para la resistencia contra la invasión napoleónica. El héroe de este evento fue el capitán Luis Daoíz.

Toma de conciencia

Los rumores que circulan sobre el proyecto del Emperador de barrer la corrupta estirpe[1] de los Borbones, retener a toda la familia real en Bayona y dar la corona a uno de sus hermanos, contribuyen a enrarecer el ambiente[2]. [...][Napoleón] está seguro de que los españoles, hartos[3] de Inquisición, curas y mal gobierno, empujados por compatriotas ilustrados que tienen puestos los ojos en Francia, se lanzarán a sus brazos o a los de una nueva dinastía que abra puertas a la razón y al progreso. Pero, aparte conversaciones mantenidas con [...] personajes locales inclinados a las ideas francesas [...], a medida que las tropas imperiales bajan desde los Pirineos [...], con el pretexto de ayudar a España [...] lo que [se] ve en los ojos de la gente no es anhelo[4] de un futuro mejor, sino rencor y desconfianza. [...] La palabra "venganza" [...] encaja[5] bien con [...] los hombres [...] que hablan en voz baja y escupen al suelo; con las mujeres desabridas que insultan [...] a los que llaman franchutes, mosiús, y gabachos[6] [...] o pasean descaradas[7] abanicándose[8] envueltas en sus mantillas ante las bocas de los cañones franceses apostados en el Prado.

Arturo Pérez-Reverte, *Un día de cólera*, 2007.

1. *lignée* – **2.** *à rendre l'atmosphère pesante* – **3.** *ici, lassés* – **4.** *désir* – **5.** *ici, convient* – **6.** *nom péjoratif donné aux français depuis le XVIe siècle : quelqu'un de rustre* – **7.** *ici, effrontément* – **8.** *s'éventant*

Di lo que entiendes

1. ¿Cuáles eran los rumores que circulaban por Madrid?
2. ¿Cómo pensaba Napoleón que reaccionarían los españoles? ¿Por qué?
3. ¿Por qué se puede decir que Napoleón se equivocaba?
4. Apunta los sobrenombres que se les pusieron a los franceses. ¿A qué suenan?

Expresiones útiles

la lucha despiadada: *la lutte impitoyable*
la rabia: *la rage*
la pólvora: *la poudre*
enfurecido(a): *furieux(euse)*
alzarse/sublevarse: *se soulever*
enfrentarse: *s'affronter*
rebelarse: *se révolter*

En acción

Debate en pro o en contra de la invasión francesa.

Por parejas tratáis de la invasión de España por las tropas de Napoleón:

> un alumno defiende la posición de los afrancesados (aludiendo a las aportaciones positivas, los avances que permitió la presencia francesa).

> otro alumno defiende la idea de que hay que sublevarse contra cualquier invasión en nombre de la libertad.

Gramática

L'éventualité dans la subordonnée relative

→ Précis grammatical p. 210

Dans la proposition relative, le futur qui a valeur d'éventualité ou qui exprime un fait en devenir se traduit en espagnol par le **subjonctif présent**.

*[...] se lanzarán a sus brazos o a los de una nueva dinastía que **abra** puertas a la razón [...]*

désir

Anhelo de libertad

Contra el absolutismo ¡Viva la Pepa!

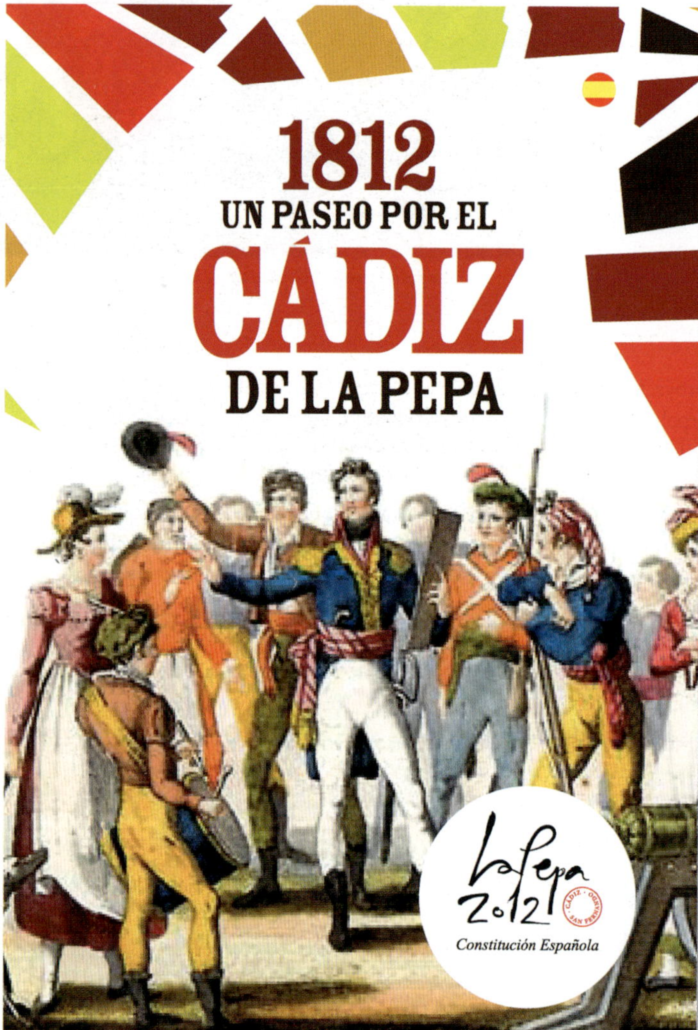

Cartel de la celebración del bicentenario de la Constitución de Cádiz (1812-2012).

Un coro improvisado entonó el 19 de marzo de 1812 este himno que quedó anónimo…

Del tiempo borrascoso[1]
que España está sufriendo
va el horizonte viendo
alguna claridad.
La aurora son las Cortes[2]
que son sabios vocales
remediarán los males
dándonos libertad.

1. *orageux* – **2.** *l'assemblée constituante, ici la Constitution*

¿Sabías que...?

La Pepa es el nombre coloquial dado a la Constitución española de **1812** elaborada en Cádiz. La **Constitución liberal**, legado de las Luces y de la Revolución francesa, rompió con el absolutismo y anunció las independencias de los territorios ultramarinos.

el clero: clergé

Expresiones útiles

el pueblo llano: *le peuple*
la aristocracia: *l'aristocratie*
la conmemoración: *la commémoration*
la convivencia: *la convivialité, la cohabitation*
los colores llamativos: *les couleurs vives*
satisfecho: *satisfait*
celebrar: *fêter*
alegrarse: *se réjouir*

Si te fijas...

1. Describe al hombre del centro. A tu parecer, ¿a quién representa?
2. ¿Qué categorías sociales están representadas aquí?
   Apoyándote en el cartel y en el himno, di cómo fue acogida "La Pepa". Justifica tu respuesta.
3. ¿Por qué la Constitución de Cádiz de 1812 fue llamada "La Pepa"?
   Véase http://www.cadiz2012.es/constitucion.asp

¡Desengaño!

Helos allí[1]: junto a la mar bravía
cadáveres están, ¡ay!, los que fueron
honra[2] del libre, y con su muerte dieron
almas al cielo, a España nombradía[3]. [...]

José de Espronceda, *A la muerte de Torrijos y sus compañeros*, 1840.

1. *les voici* – 2. *honneur* – 3. *renommée*

Antonio Gisbert, *El fusilamiento de Torrijos*, 1888, Museo del Prado (390 cm x 601 cm).

¿Sabías que...?

José María Torrijos (1791-1831) fue capitán general y ministro de la Guerra durante el Trienio Liberal (1820-1823). Muy apegado a la Constitución de 1812, tuvo que exiliarse cuando Fernando VII, el rey absolutista, recuperó el poder. Se sublevó pero fue traicionado, así que él y sus compañeros fueron fusilados en las playas de Málaga en 1831.

Expresiones útiles

el fraile: *le moine*
el ejército: *l'armée*
la ejecución: *l'exécution*
la salvación eterna: *le salut éternel*
los ojos vendados: *les yeux bandés*
los rasgos del rostro: *les traits du visage*
arrodillado: *à genoux*
cogerse de la mano: *se tenir par la main*

Si te fijas...

1. Describe la escena que pintó Antonio Gisbert (personajes, decorado...).
2. Basándote en el cuadro y en el poema, califica la actitud de los condenados ante la muerte. Justifica tu respuesta.
3. Apoyándote en la composición del lienzo, di cómo el pintor hace de los condenados héroes (fíjate en los colores, la postura de los protagonistas, la posición del ejército).
4. Según el poema de José de Espronceda, ¿para qué sirvió la muerte de estos hombres?

En acción

Haz un anuncio de radio.

Periodista para una radio, tienes que anunciar un reportaje acerca de la conmemoración de la Constitución de 1812 (3 minutos).

> Recuerda el contexto histórico del evento e insiste en los avances liberales de dicha Constitución.

> TICE Graba tu trabajo en *Audacity*. Para ayudarte consulta estos sitios:
http://www.muyinteresante.es/ique-decia-la-constitucion-de-1812-la-pepa
http://historiacontemporanea-tomperez.blogspot.fr/2008/01/las-cortes-de-cdiz-y-la-constitucin-de.html

Gramática

Les emplois du gérondif après *estar* et *ir* → Précis grammatical p. 204

- **Estar** + gérondif exprime l'action dans son exécution (= être en train de).
- **Ir** + gérondif exprime l'action dans sa progression (= peu à peu).

*[...] que España **está sufriendo** / **va** el horizonte **viendo** [...]*

Frente a la opresión: resistir

Pan y circo

Di lo que entiendes

1. ¿Qué evento celebraban Argentina y la dictadura hace 30 años?
2. ¿Qué atmósfera se desprendía del campo de fútbol y de las calles de Buenos Aires? ¿En qué se oponían?
3. ¿Qué estaba ocurriendo en el país mientras se desarrollaba el evento?
4. Según el testimonio de la primera mujer, ¿a qué les obligaron los opresores?

Si te fijas...

1. ¿A quién representa el hombre encadenado?
2. Fijándote en este dibujo, di qué relación entre fútbol y dictadura quiere denunciar el dibujante.

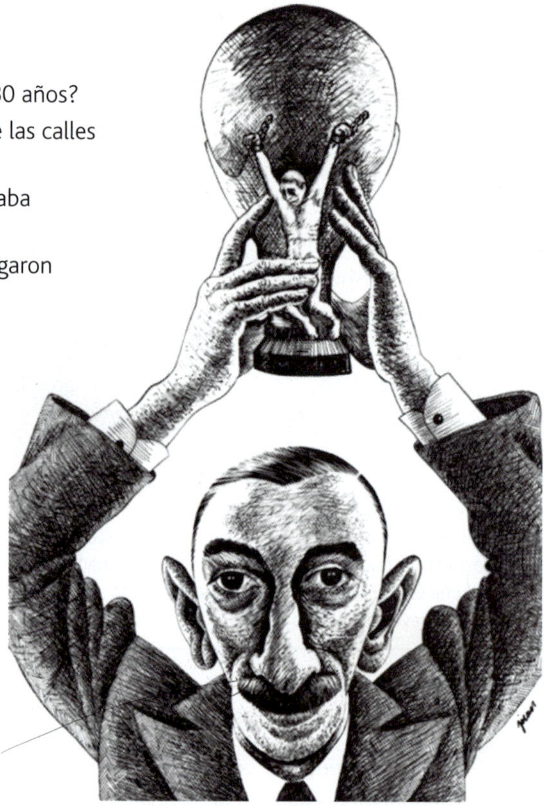

El dictador Videla, Argentina, con la "copa del mundo" (1978).

Expresiones útiles

la cadena: *la chaîne*
un preso político: *un prisonnier politique*
la copa del mundo: *la coupe du monde*
ufano de: *fier de*
lo cínico: *ce qui est cynique*
alzar: *lever*

Exdictador Videla ante la Corte argentina

CD 1 PISTE 20

Di lo que entiendes

1. El exdictador Videla:
   a) negó los crímenes por los que fue acusado.
   b) confirmó su responsabilidad.
   c) acusó a sus subordinados.
2. Apunta las justificaciones que dio Videla por sus crímenes.
3. ¿De qué fue acusado Videla? Cita dos ejemplos de acusaciones.
4. Completa la frase: *Quiero reiterar que ... de castrenses en todo lo actuado por ... en ... a la que he hecho referencia.*
5. En cuanto a la condena de Videla se puede afirmar que:
   a) cumplió su condena a cadena perpetua.
   b) fue indultado en 1990.
   c) siguió viviendo libre.

Nunca más

CD 1 PISTE 21 PISTE 11

Di lo que entiendes BAC

Primera escucha. Escucha globalmente y destaca quién habla, dónde y cuándo tiene lugar la entrevista (apunta las palabras clave).

Segunda escucha. Destaca el tema y las ideas esenciales que se relacionan con él (apunta sobre todo las palabras clave).

Tercera escucha. Completa los apuntes de tus dos primeras escuchas.

Síntesis en francés. Ahora tienes 10 minutos para sintetizar por escrito en francés lo esencial de lo que has oído y entendido, ayudándote de tus apuntes de las tres escuchas anteriores.

A las Madres de Mayo

Madre, tu hijo no ha desaparecido.
Madre, que yo lo encontré andando contigo.
Lo veo en tus ojos, lo oigo en tu boca,
y en cada gesto[1] tuyo me nombra.
Lo veo en mis luchas y me acompaña
entre las llamas[2] de cada nueva batalla. [...]

Ismael Serrano, *La memoria de los peces*, 2010.

1. *trait (du visage)* - 2. *flammes*

Detalle del cuadro *Madres de Plaza de Mayo*, Carmen d'Elia.

Si te fijas...

1. Describe el cuadro y di lo que está pasando.
2. ¿Qué impresión se desprende de este cuadro? ¿Cuál será la intención de la artista al pintar a las madres de la Plaza de Mayo de espalda?
3. ¿Por qué las madres de la Plaza de Mayo parecen más fuertes que los militares?
4. Según la letra de la canción, ¿de dónde sacan fuerzas las que continúan luchando?

Expresiones útiles

el puño en alto: *le poing levé*
el pañuelo: *le foulard*
de espalda(s): *de dos*
amenazador(a): *menaçant(e)*
apretado(a): *serré(e)*

¿Sabías que...?

Madres de Plaza de Mayo: desde 1977, las madres de detenidos y desaparecidos de la dictadura militar empezaron a manifestar cada jueves delante del Palacio del Presidente en la Plaza de Mayo (Buenos Aires) para saber dónde estaban sus hijos. Su símbolo: un pañuelo blanco en la cabeza.

En acción

Participa en un debate: intercambiad opiniones diferentes.

¿Hablar del pasado doloroso de la dictadura en Argentina o silenciarlo?

> Unos alumnos defienden la necesidad de hablar de los hechos trágicos (desapariciones, asesinatos, represalias...).

> Otros alumnos defienden la idea de que lo mejor es no hablar de este pasado trágico.

Gramática

L'emploi de *seguir* + gérondif → Précis grammatical p. 204

Le semi-auxiliaire **seguir** + gérondif exprime la continuité de l'action.

*Y así, hoy, más de 21 años, **seguimos caminando** [...]*

La traduction de la négation : « ne ... que » → Précis grammatical p. 206

La négation « ne ... que » se traduit : **solo** + verbe

*[...] fue condenado a cadena perpetua pero **solo pasó** cinco años tras las rejas [...]*

Luchar a pesar de todo

Sometimientos y dictaduras

Carlos Alonso, *Manos anónimas* (2006).

Si te fijas...

1. Después de describir el cuadro, di cómo el pintor consigue expresar la violencia.
2. ¿Por qué la presencia del niño hace la escena impactante?
3. Imagina lo que pudo conducirle al artista a pintar este cuadro. Justifica tu respuesta.

Expresiones útiles

la mueca: *la grimace*
la frialdad: *la froideur*
el saqueo: *le saccage*
la crueldad: *la cruauté*
asustado: *effrayé*
amenazante: *menaçant*
quebrantado/roto: *brisé*
huir: *fuir*

Payasos crueles

En 1932, Sandino presentía[1]: "Yo no viviré mucho tiempo". Un año después, [...] el jefe guerrillero fue invitado por el presidente a una reunión decisiva en Managua. Por el camino cayó muerto en una emboscada. El asesino, Anastasio Somoza, sugirió después que la ejecución había sido ordenada por el embajador norteamericano Arthur Bliss. Somoza, por entonces jefe militar, no demoró[2] mucho en instalarse en el poder. Gobernó Nicaragua durante un cuarto de siglo y luego sus hijos recibieron, en herencia[3], el cargo. Antes de cruzarse el pecho[4] con la banda presidencial, Somoza se había condecorado a sí mismo con la Cruz del Valor... Ya en el poder, organizó varias matanzas y grandes celebraciones, para las cuales disfrazaba[5] de romanos, con sandalias y cascos, a sus soldados; se convirtió en el mayor productor de café del país, con 46 fincas, y también se dedicó a la cría de ganado[6] en otras 51 haciendas. Nunca le faltó tiempo, sin embargo, para sembrar también el terror.

Eduardo Galeano, *Las venas abiertas de América latina*, 1971.

1. *pressentait* – **2.** *ne tarda pas* – **3.** *héritage* – **4.** *se ceindre la poitrine* – **5.** *déguisait* – **6.** *l'élevage de troupeau*

¿Sabías que...?

La **United Fruit**, apodada "Pulpo verde": multinacional frutera americana, era dueña de los mayores latifundios *(grands domaines)* y de muchas infraestructuras de los países de América central y del Caribe. Los políticos locales, corruptos, títeres *(marionnettes)* de la multinacional se convirtieron en dictadores, para evitar cualquier rebelión en las "repúblicas bananeras" como las llamaron. En Nicaragua, el jefe guerrillero Augusto César Sandino se sublevó.

Di lo que entiendes

1. ¿Por qué la muerte de Sandino fue un asesinato? ¿A quién se le culpó de este asesinato? ¿Por qué?
2. Califica el comportamiento de Somoza.
3. Apunta las palabras o expresiones que muestran que Somoza se nombró presidente él mismo.
4. Completa: *Somoza fue también ... y poseía ...*

¡Basta ya!

¡Ay! Al vaivén de mi carreta[1]
nació esta lamentación.
Compadre[2], ponga atención
que ya empieza mi cuarteta [...]
Trabajo para el inglés,
trabajo de carretero,
sudando por un dinero,
que en la mano no se ve...
Ay... Ay...

¡Basta ya! ¡Basta ya!
¡Basta ya que el yanqui mande!

El yanqui vive en palacio
yo vivo en un barracón
¿Cómo es posible que viva
el yanqui mejor que yo?

¡Basta ya! ¡Basta ya!
¡Basta ya que el yanqui mande!

¿Qué pasa con mis hermanos
de Méjico y Panamá?
Sus padres fueron esclavos,
¡sus hijos no lo serán!

¡Basta ya! ¡Basta ya!
¡Basta ya que el yanqui mande!
[...]

Atahualpa Yupanqui, 1971.

1. *charrette* – 2. *ami*

¡Fuera el dictador Batista, fuera el yanqui!
Entra Fidel Castro en La Habana, 1959.

Di lo que entiendes

1. ¿A quién se refiere la palabra "yanqui"?
2. ¿Qué lamenta Atahualpa Yupanqui?
3. Apunta los versos en los cuales asoma la idea de rebelión.
4. Explica la actitud de Atahualpa Yupanqui con la repetición "¡Basta ya!".
5. Te toca escribir una estrofa (terminando con "¡Basta ya!") a la manera de Atahualpa Yupanqui. Utiliza los documentos de esta doble página como base para tu denuncia.

Expresiones útiles

la desigualdad: *l'inégalité*
un sueldo que no alcanza: *un salaire qui ne rapporte pas*
trabajo agotador: *travail épuisant*
sustentar: *subvenir aux besoins*
explotar: *exploiter*

En acción

Redacta un informe.

Eres asistente de una asociación de derecho a la justicia. Para su discurso, el presidente de esta asociación te pide que redactes un informe en el que aduces argumentos en contra de la impunidad y el indulto de los dictadores (100 palabras).

> Insiste en las atrocidades que cometieron (torturas, exterminios, desapariciones...).

> Lamenta los indultos que se acordaron a unos dictadores latinoamericanos.

Gramática

Les emplois de *ser* et *estar* + participe passé

→ Précis grammatical p. 210

Ser + participe passé + por : la voix passive qui exprime l'action. Le participe passé s'accorde en genre et en nombre avec le sujet du verbe.
Estar + participe passé : pour exprimer le résultat d'une action.

[...] El jefe guerrillero fue invitado por el presidente [...]
El hombre estuvo encarcelado durante 10 años.

→ Précis grammatical (avec exercices) p. 200

L'éventualité dans la subordonnée relative (Enfoque 1)

1 Mets les verbes entre parenthèses au subjonctif.

a. Las mujeres apreciarán la liberalización femenina que (*permitirles*) afirmarse.

b. Las afrancesadas ya no aceptarán a las dueñas que (*imponer*) sus reglas.

c. La represión será despiadada para todos los que no (*obedecer*).

d. Lucharemos contra la presencia de cualquier francés que (*querer*) someternos.

Les emplois du gérondif après *estar* et *ir* (Enfoque 2)

2 Emploie la forme progressive et choisis entre *estar* ou *ir* + gérondif. Attention aux temps employés dans les phrases, tu dois conjuguer *estar* ou *ir* aux mêmes temps.

a. Los españoles celebraron el bicentenario de la Constitución.

b. Las ejecuciones se repetían cada vez más.

c. El niño del cartel toca tambor.

d. La idea de venganza se impondrá conforme haya represiones.

L'emploi de *seguir* + gérondif (Enfoque 3)

3 Transforme ces phrases en employant *seguir* + gérondif (emploie le temps qui convient dans la logique de la phrase).

a. Los desaparecidos siempre (*vivir*) a través de la memoria de sus familiares.

b. Tras las rebeliones del siglo pasado, los dictadores no (*mantenerse*) en el poder.

c. Las madres de la Plaza de Mayo (*manifestar*) aún hoy.

d. Los disidentes (*resistir*) unos cuantos días más.

La traduction de la négation « ne... que » (Enfoque 3)

4 Transforme ces phrases en utilisant *solo* + verbe.

a. Las madres de la Plaza de Mayo necesitan apoyo y comprensión.

b. Las víctimas piden justicia.

c. Estuvo encarcelado durante 5 años.

d. Protestan y se manifiestan dando vueltas a la plaza.

e. Este hombre piensa en someter a la gente.

Les emplois de *ser* ou *estar* + participe passé (Enfoque 4)

5 Emploie *ser* ou *estar* dans les phrases suivantes.

a. Sandino no ... asesinado por Arthur Bliss.

b. Una emboscada ... preparada para matar a Sandino.

c. El trabajo del campesino no ... suficientemente pagado.

d. Los carreteros ... dirigidos por los yanquis.

Proyecto final

Escoge un acto de resistencia, el nacimiento, la muerte o las hazañas *(exploits)* de un héroe. Elabora un *PowerPoint* para conmemorarlo.

Etapas

1. Determina las circunstancias que generaron este acto o que impulsaron a aquel héroe a comprometerse. Precisa la(s) fecha(s) y el lugar donde ocurrió este acto o las hazañas del héroe.
2. Explica las motivaciones, las reivindicaciones de aquel acto de resistencia o de aquel héroe.
3. Haz el retrato físico y psicológico del héroe.
4. TICE Descarga en internet documentos iconográficos, incluso música, relacionados con este acto o héroe.
5. Después de grabar el texto y los documentos en tu memoria USB, presenta este *PowerPoint* a la clase y contesta las preguntas de los que quieren saber más a propósito de este acto o de este héroe.

Según lo que escojas, puedes consultar para ayudarte los sitios siguientes:

A propósito de...

> Simón Bolívar: http://www.catedraideologiabolivariana.net
> Padre Miguel Hidalgo: http://www.quien.net/miguel-hidalgo-y-costilla.php
> César Sandino: http://www.lavozdelsandinismo.com/sandino/
> Las Madres de Mayo: http://www.madresfundadoras.org.ar/
> Salvador Allende: http://www.salvador-allende.cl/

Proyecto alternativo

En grupos de dos alumnos llevad a cabo una investigación

Conectaos a internet y buscad información en los sitios oficiales* sobre las acciones que llevan a cabo diferentes organizaciones para la recuperación de la verdadera identidad de hijos o nietos de desaparecidos durante la última dictadura militar en Argentina.

- Navegad por el sitio web de la ONG elegida y buscad información sobre estos aspectos:
  > ¿Cuándo se formó la organización y con qué propósitos?
  > ¿Qué acciones realizan para la restitución de la identidad de los hijos de desaparecidos?
  > ¿Qué servicios ofrecen a los hijos y nietos recuperados? ¿Cuáles son los logros de las asociaciones?
- Redactad un artículo periodístico que presente los resultados de vuestra investigación.
- Organizad una ronda de presentación de las notas que redactasteis y comentadlas.
- TICE Filmad o grabad las presentaciones y publicadlas en el blog del instituto.

* http://www.abuelas.org.ar/ • http://www.masvoces.org/argentina-hija-de-desaparecidos-denuncia-a-sus • http://hermanosdesaparecidos.blogspot.fr/ • http://www.hijos.org.ar/

Francisco de Goya, *El tres de mayo de 1808* o *Los fusilamientos en la montaña del Príncipe Pío*, 1814.

▶ Fíjate en el hombre con los brazos alzados (su actitud, su expresión, el lugar que ocupa en el cuadro) y di lo que quiso subrayar el pintor.

Francisco de Goya y Lucientes

(Fuendetodos 1746 - Burdeos 1828) Francisco de Goya fue un artista polifacético. Elaboró bocetos de tipo costumbristas que después se transformaron en tapices de la Real Fábrica. Fue a la vez pintor retratista de la Corte, escandaloso (*La Maja desnuda* y *La Maja vestida*), comprometido en su época (*Los Caprichos*). Liberal y seguidor de Las Luces, tuvo que sufrir la invasión de Napoleón (1808). Pintó entonces *El Dos de mayo de 1808* o *La lucha con los mamelucos* y *El Tres de Mayo de 1808* e hizo los grabados *Los Desastres de la guerra*. Las *Pinturas negras*, al final de su vida, subrayan su amargura, sus miedos. Harto del absolutismo, se trasladó a Francia donde murió.

César Vallejo

César Vallejo (Perú, 1892-1938), escribió este poema a finales de la guerra civil española. Murió en París y sus restos están en el cementerio de Montparnasse.

MASA

Al fin de la batalla,
y muerto ya el combatiente, vino hacia él un hombre
y le dijo: "No mueras, te amo tanto!"
Pero el cadáver ¡ay! siguió muriendo.

Se le acercaron dos y repitiéronle:
"¡No nos dejes! ¡Valor! ¡Vuelve a la vida!"
Pero el cadáver ¡ay! siguió muriendo.

Acudieron a él veinte, cien, mil, quinientos mil,
clamando: "¡Tanto amor y no poder nada contra
la muerte!"
Pero el cadáver ¡ay! siguió muriendo.

Le rodearon millones de individuos,
con un ruego común: "¡Quédate, hermano!"
Pero el cadáver ¡ay! siguió muriendo.

Entonces, todos los hombres de la tierra
le rodearon; les vio el cadáver triste, emocionado;
incorporóse lentamente,
abrazó al primer hombre; echóse a andar...

César Vallejo, *España, aparta de mí este cáliz...*, 1937.

▶ ¿En qué medida este poema es un testimonio de esperanza?

Diego Dayer

Diego Dayer nació en la provincia de Santa Fe (Argentina) en 1978. Estudió en la Escuela de Artes de la Universidad Nacional de Córdoba donde actualmente vive. La serie "La memoria" ha sido exhibida en Argentina, España y Cuba.

¿Qué "memoria" revela este cuadro? ¿Te parece acertada esta obra?

Diego Dayer, *La Memoria*, 2006. (Óleo sobre tela)

Oswaldo Guayasamín

De padre indio y de madre mestiza, Oswaldo Guayasamín (Ecuador, 1919-1999) logró rápidamente una fama internacional. Ya en 1942, Nelson Rockefeller le compró varios cuadros. Sus murales se pueden admirar en muchas partes del mundo, por ejemplo en el aeropuerto de Barajas (Madrid) y en la sede de la UNESCO en París. Fue amigo personal de personas famosas a quienes había retratado: Fidel Castro, el rey Juan Carlos I de España, Carolina de Mónaco y Danielle Mitterrand. Su obra, sin embargo, refleja la dura condición del hombre, su miseria, la violencia social y política, la falta de libertad.

¿Qué piensas del efecto buscado por el pintor al retratar así al dictador?

Oswaldo Guayasamín, *El Macuto, Los culpables*, 1964-1977 (Acrílico sobre tela) Fundación Guayasamín.

Texte 1

¡Hay que hacer algo!

[…] Sofía y Esteban se encontraban en la biblioteca, acodados a la ventana abierta […]. Un confuso rumor llenaba la ciudad. Aunque nada anormal parecía suceder en la calle de Fuencarral, podía notarse que ciertas tiendas y tabernas habían cerrado sus puertas repentinamente[1]. […] De pronto, cundió[2] el tumulto. Grupos de hombres del pueblo, seguidos de mujeres, de niños, aparecieron en las esquinas, dando mueras[3] a los franceses. De las casas salían gentes armadas de cuchillos de cocina, […] de cuanto pudiese cortar, herir, hacer daño. Ya sonaban disparos en todas partes, en tanto que la masa humana, llevada por un impulso de fondo, se desbordaba hacia la Plaza Mayor y la Puerta del Sol. Un cura vociferante, […] se volvía […] hacia su gente, para gritar: "¡Mueran los franceses! ¡Muera Napoleón!". El pueblo entero de Madrid se había arrojado[4] a las calles en un levantamiento repentino, inesperado y devastador, sin que nadie se hubiese valido de proclamas impresas ni de artificios de oratoria para provocarlo. […] Fue ése el momento en que Sofía se desprendió de la ventana: "¡Vamos allá!", gritó, arrancando sables y puñales de la panoplia. Esteban trató de detenerla; "No seas idiota: están ametrallando. No vas a hacer nada con esos hierros viejos". "¡Quédate si quieres! ¡Yo voy!" "¿Y vas a pelear por quién?" "¡Por los que se echaron a la calle! –gritó Sofía–, ¡Hay que hacer algo!" "¿Qué?" "¡Algo!" Y Esteban la vio salir de la casa, impetuosa […]. "Espérame", gritó. Y armándose con un fusil de caza, bajó las escaleras a todo correr… Luego fue el furor y el estruendo, y el caos de las convulsiones colectivas. Cargaban los mamelucos, cargaban los coraceros, cargaban los guardias polacos, sobre una multitud que respondía al arma blanca, con aquellas mujeres, aquellos hombres que se arrimaban a los caballos para cortarles los ijares[5] a navajazos[6]. […] Ni Sofía ni Esteban regresaron nunca a la Casa de Arcos. Nadie supo más de sus huellas ni del paradero de sus carnes[7].

Alejo Carpentier, *El Siglo de las luces*, 1964.

1. *soudainement* – **2.** *se répandit* – **3.** *ici en criant « à mort ! »* – **4.** *ici, précipité* – **5.** *les flancs* – **6.** *coups de couteaux* – **7.** *ici, ni où se trouvaient leurs corps*

Texte 2

Morir por la patria

El protagonista, Gabriel, prisionero de los franceses, se encuentra con un cura que ya conoce.

–Canallas, cobardes, verdugos, ¿creéis que tengo miedo a la muerte? […]

Mi furor no irritaba a los franceses, que hacían los preparativos del sacrificio con frialdad horripilante. […] Al poco rato me vi puesto en fila junto al clérigo, cuya mano estrechó la mía.

–¿Cuándo te cogieron? ¿Te encontraron alguna arma, desgraciado? –me dijo–. Pero no es esta ocasión de mostrar odio, sino resignación. Vamos a entrar en nueva y más gloriosa vida. Dios ha querido que nuestra existencia acabe en este día, y nos ha dado el laurel de mártires por la patria […].

–¿Para qué prolongáis nuestro martirio?– exclamé […]. Todos somos españoles; todos hemos luchado contra vosotros; por cada vida que ahoguéis en sangre, renacerán otras mil que al fin acabarán con vosotros, y ninguno de los que estáis aquí verá la casa en que nació.

Benito Pérez Galdós, *Episodios nacionales*, Primera serie, *El 19 de marzo y el 2 de mayo*, 1873.

I. Comprensión

Texte 1

1. Apunta dos elementos que destacan dónde están Sofía y Esteban.
2. Apunta tres palabras o expresiones que evidencian la atmósfera en Madrid.
3. Busca en el texto la frase que revela que el levantamiento de la gente fue espontáneo.
4. Cita tres frases que muestran el desacuerdo entre Sofía y Esteban.
5. ¿Verdadero o falso? Justifica tu respuesta con expresiones del texto.
   a. Las tiendas y tabernas se quedaron abiertas.
   b. Sofía fue la primera en querer echarse a la calle.
   c. Solo los hombres se rebelaron.
   d. La multitud luchaba con fusiles.
   e. Sofía y Esteban se salvaron la vida.
6. Cita la frase que revela que Sofía estaba determinada a echarse a la calle.

Texte 2

1. Apunta tres palabras o expresiones que revelan que Gabriel y el clérigo aparecen como víctimas inocentes.
2. Cita la frase que muestra que para Gabriel la determinación de los españoles por seguir luchando es más fuerte que la muerte.

En français : Peut-on considérer que le texte 2 constitue une suite possible du texte 1 ? Dis à quel moment des deux textes tu pourrais ajouter la scène du document iconographique ci-contre. Justifie ta réponse. (Environ 50 mots)

Cartel de la película de José Buchs, 1927.

II. Expresión

1. Comenta la actitud de los sublevados a lo largo de los textos. Di cuáles son las intenciones de los autores al relatar este episodio (unas 150 palabras).
2. ¿En qué medida esos dos textos ilustran un aspecto de la noción «mitos y héroes»? (unas 150 palabras)

Conseils BAC

Comprensión

Lis au moins deux fois le/les textes puis les questions.

Texte 1

Question 1 : repère les personnages et le moment où ils entrent vraiment en scène. Si la question 2 te signale que les protagonistes se trouvent à Madrid, la mention du lieu de la question 1 exige plus de précision.

Questions 2 et 3 : des mots-clés renvoient à ce qui se passe dans le Madrid du texte. Les élucider est capital : pense au voisinage avec le français, repère la racine du mot.

Question 4 : renvoie aux relations entre les personnages.

Question 6 : renvoie à un trait de la personnalité d'un des protagonistes.

Texte 2

Ton travail autour de la notion « Mythes et héros » doit te servir ici plus particulièrement.

Question 1 : repère des mots qui puissent s'associer à l'idée de don de soi, d'innocence, d'injustice.

Question 2 : Contrairement à la précédente question, « *seguir luchando* » ne se réfère pas au temps présent mais à l'avenir.

Método Réfère-toi à la fiche méthodologique n° 3.

Expresión

Question 1 : C'est une question d'analyse : ici encore les mots-clés sont capitaux. Le verbe « *comenta* » exige une vision personnelle que tu justifieras par ce que tu auras dégagé des questions de compréhension. La 2e partie de la question est un tout autre point de vue, il s'agit de dire « *las intenciones de los autores* ». Tu auras remarqué que la réponse devra prendre en compte les deux textes. Remarque *a priori* : tout écrivain a un objectif !

Question 2 : renvoie à la notion. Pense à utiliser tes connaissances et non à les plaquer. Observe qu'on te demande si un aspect de la notion est illustré.

Método Réfère-toi à la fiche méthodologique n° 4 « Organiser sa pensée à l'écrit et à l'oral ».

Unidad 4 Objetivo bachillerato ORAL

Nociones: mitos y héroes / lugares y formas del poder

Conseils BAC

→ Fiche méthodologique 2 p. 173

Travail sur la notion

- Cite la notion travaillée. Explique en quoi la thématique s'y rattache.
- Problématise ta réflexion, par exemple, sous la forme d'une question.
- Développe cette notion en t'appuyant sur les documents de ton dossier et les connaissances acquises dans l'année.

Mitos y héroes

Problemática

¿En qué medida los héroes anónimos pueden competir con los héroes famosos?

Pistas de reflexión

- **El pueblo como héroe:** ¿rebelión de una élite, rebelión popular? (p. 72, 74, 77, 79, 82)
  La toma de conciencia y el sentido de la responsabilidad de los madrileños, de unos militares (los capitanes Luis Daoíz y Pedro Velarde) antes del 2 de mayo y el 2 de mayo, y la de aquellas madres de la plaza de Mayo desde el principio de la dictadura. Subraya en qué discrepan dichas "rebeliones".
- **Torrijos, Sandino:** ¿será distinto su heroísmo respecto al de los anónimos de Madrid 1808? (p. 75, 78)
- **¿Cómo resistir?** El héroe y la violencia o el rechazo de la violencia. (p. 73-74, 77, 79, 83)

Lugares y formas del poder

Problemática

El pueblo en busca de un poder legítimo.

Pistas de reflexión

- **Lugares del poder:** plaza del 2 de mayo en Madrid 1808 – Cádiz 1812 – plaza de Mayo, Buenos Aires: ¿pueden cobrar estos "lugares" un valor mítico? (p. 72-75, 77)
  Para ilustrarlo, apóyate en el monumento a la Constitución en Cádiz, en los actos – políticos, culturales, universitarios – que se celebraron en 2012 en dicha ciudad. Véase: www.cadiz2012.es/ o bicentenariocadiz1812.es/index.cfm y www.uca.es. Busca fotos del monumento de la plaza de Mayo en Madrid. Haz lo mismo con la plaza de Mayo en Buenos Aires durante las manifestaciones de las Madres.
- **El poder de la palabra:** la palabra poética como arma.
  Una larga tradición de poetas y cantautores comprometidos en España y en América Latina e incluso canciones populares anónimas. Busca en internet poemas cantados por Paco Ibáñez, las canciones de Víctor Jara.
- **La soberanía nacional frente a un poder extranjero.** (p. 72-73, 78-79)
  Presencia francesa en España, de España en América Latina, de EE. UU. en América Latina. Busca otros ejemplos que los de esta unidad: las figuras de los libertadores Simón Bolívar o el general San Martín que propiciaron la independencia de los territorios españoles en Hispanoamérica, la figura de Sandino en Nicaragua, Fidel Castro y "Che" Guevara en Cuba, Salvador Allende en Chile. Fíjate particularmente en cómo se terminó su presencia en el poder. Toma en cuenta la dominación económica, como la de las multinacionales estadounidenses en Latinoamérica.
- **Del padre de la patria al dictador.** (p. 76, 78, 83, 87)
  Pablo Neruda pintó figuras de libertadores y de dictadores de América en su poemario *Canto General*.

Je comprends un article de propagande

→ *Fiche photocopiable* Evaluación BAC

Bolívar ¡Presente!

El Presidente de la República Venezolana, Hugo Chávez, señaló que el Libertador, Simón Bolívar, "nace todos los días en nosotros mismos, en su pueblo, en estos niños, en estas niñas, en la lucha por la vida, por la justicia social". Durante el acto conmemorativo del 229 aniversario del natalicio[1] del Padre de la Patria, Chávez ratificó el carácter bolivariano del movimiento revolucionario que lideró el 4 de febrero de 1992 y que se ha consolidado con el proceso de cambio de la última época. Asimismo, manifestó que los venezolanos tienen el compromiso[2] de hacer de Venezuela una patria grande. "Tenemos un compromiso que va en nuestros genes, la lucha que nunca termina. Nosotros estamos obligados, como hijos de Bolívar, a hacer de Venezuela una patria grande y que ésta, nuestra patria, contribuya a formar una patria mucho más grande que es la patria latinoamericana y caribeña". Durante este acto, el presidente Chávez, hizo entrega[3] de la computadora Canaima número 1 800 000 a una niña de la Escuela Básica Nacional Bolivariana Dr. Luis Razetti. Recordó que este año culminará la dotación de las portátiles de la educación básica, y se tiene previsto hacer extensivo el proyecto hasta secundaria. Por su parte, la ministra de Educación, Maryann Hanson, anunció que se implementará[4] un plan para desarrollar un conjunto de áreas integrales para satisfacer las necesidades de los estudiantes con capacidades de aprendizaje rápido.

prensabolivariana.com, 24/06/2012.

1. *naissance* – **2.** *engagement* – **3.** *ici, offrit* – **4.** *mettra en œuvre*

1. Apunta tres palabras que revelan que para el presidente Chávez, Bolívar es un ejemplo que seguir.

2. Entresaca la frase que muestra que el espíritu de Bolívar sigue presente en el pueblo venezolano.

3. ¿Verdadero o falso? Justifica tus respuestas con palabras o expresiones del texto.
- **a.** Chávez afirmó que el cambio social venezolano era la herencia de Bolívar.
- **b.** Chávez no quiso que Venezuela luchara por formar una patria latinoamericana y caribeña.
- **c.** Durante la conmemoración Chávez ofreció una computadora a una alumna.

4. Escoge la respuesta correcta y justifícala con una frase del texto. La ministra de Educación quiere:
- **a.** ayudar a los estudiantes de aprendizaje rápido.
- **b.** desarrollar la dotación de los portátiles.

Je comprends un enregistrement d'un discours du président chilien Salvador Allende*

CD 1 PISTE 22 PISTE 12

→ *Fiche photocopiable* Evaluación BAC

1. Primera escucha. Escucha globalmente y destaca quién habla, dónde y cuándo tiene lugar la escena (apunta palabras clave).

2. Segunda escucha. Destaca el tema y las ideas esenciales que se relacionan con el tema (apunta sobre todo palabras clave).

3. Tercera escucha. Completa los apuntes de tus dos primeras escuchas.

4. Síntesis en francés. Ahora tienes 10 minutos para sintetizar por escrito **en francés** lo esencial de lo que has oído y entendido, ayudándote de tus apuntes de las tres escuchas anteriores.

**Salvador Allende, presidente de Chile, fue derrocado por el general Pinochet a consecuencia del golpe militar del 11 de septiembre de 1973.*

Literatura

Littérature étrangère en langue étrangère
Le personnage, ses figures et ses avatars
- Héros mythique ou légendaire, figures emblématiques ;
- Héros et anti-héros la disparition du personnage.

Cartel de la película *Alatriste.*

El personaje: «Cada uno de los seres humanos, sobrenaturales, simbólicos, etc., que intervienen en una obra literaria, teatral o cinematográfica.» (Diccionario de la Real Academia Española)
El personaje puede ser representativo de su tiempo; el autor lo ha creado basándose en las características socioeconómicas de la época. Para el lector actual, representa pues un testimonio de una época. A través de la serie de novelas sobre el capitán Alatriste, Arturo Pérez Reverte ha recreado el ambiente del siglo XVII con un personaje central, un aventurero, el capitán Alatriste. Pertenece a la larga serie de los aventureros que se ponen al servicio de la justicia, empezando por Don Quijote.

Arturo Pérez-Reverte
(Cartagena, España, 1951)
Fue reportero de prensa, radio y televisión durante 21 años (1973-1994). Cubrió los conflictos armados. A partir de su primera obra en 1986, *El húsar,* la mayoría de sus novelas se transformaron en *best sellers.* Ha recibido muchos premios literarios y ha sido traducido a unos cuarenta idiomas. A partir de 1996 ha escrito la serie literaria de mayor éxito sobre *Las aventuras del capitán Alatriste* que nos sumerge en el Madrid del XVII. En 2006, Agustín Díaz Yanes llevó a la gran pantalla al personaje de Alatriste, interpretado por Viggo Mortensen. Arturo Pérez-Reverte ingresó en la Real Academia Española el 12 de junio de 2003.

La Taberna del Turco

CD 1 — PISTE 23 — PISTE 13

He aquí las primeras líneas de **El capitán Alatriste,** *primera de las obras sobre el personaje.*

No era el hombre más honesto ni el más piadoso[1], pero era un hombre valiente. Se llamaba Diego Alatriste y Tenorio, y había luchado como soldado de los tercios viejos en las guerras de Flandes. Cuando lo conocí malvivía en Madrid, alquilándose[2] por cuatro maravedíes en trabajos de poco lustre, a menudo en calidad de espadachín[3] por cuenta de otros que no tenían la destreza o los arrestos para solventar sus propias querellas. [...] Tenía mucha destreza[4] a la hora de tirar de espada, y manejaba mejor, con el disimulo de la zurda, esa daga estrecha y larga llamada por algunos vizcaína [...]. El adversario estaba ocupado largando y parando estocadas con fina esgrima, y de pronto le venía por abajo, a las tripas, una cuchillada corta como un relámpago que no daba tiempo ni a pedir confesión. Sí. Ya he dicho a vuestras mercedes que eran años duros. El capitán Alatriste, por lo tanto, vivía de su espada. Hasta donde yo alcanzo, lo de capitán era más un apodo[5] que un grado efectivo. El mote[6] venía de antiguo: cuando, desempeñándose de soldado en las guerras del Rey, tuvo que cruzar una noche con otros veintinueve compañeros y un capitán de verdad cierto río helado, imagínense, viva España y todo eso, con la espada entre los dientes y en camisa para confundirse con la nieve, a fin de sorprender a un destacamento holandés. Que era el enemigo de entonces porque pretendían proclamarse independientes, y si te he visto no me acuerdo. El caso es que al final lo fueron, pero entre tanto los fastidiamos bien. Volviendo al capitán, la idea era sostenerse allí, en la orilla de un río, o un dique, o lo que diablos fuera, hasta que al alba las tropas del Rey nuestro señor lanzasen un ataque para reunirse con ellos. Total, que los herejes[7] fueron debidamente acuchillados sin darles tiempo a decir esta boca es mía[8].

Arturo Pérez-Reverte, *El capitán Alatriste,* 1996.

1. pieux - 2. louer ses services - 3. le spadassin, la fine lame - 4. adresse - 5-6. le surnom - 7. les hérétiques
8. sans qu'ils aient le temps de dire un mot

1. Explica, dando ejemplos, en qué consistía el trabajo de Diego Alatriste y por qué era famoso en él.
2. Sabiendo que la historia se desarrolla en el siglo XVII, di cuál es el contexto histórico, apoyándote en el texto: "la capital de las Españas", "un destacamento holandés".
3. Explica en unas cuarenta palabras cómo se ganó Alatriste su grado de "capitán".
4. ¿Consideras al capitán Alatriste como un héroe? Justifica tu respuesta.

Pérez Galdós utilizó procedimientos de la literatura naturalista: la observación científica de la realidad mediante el análisis psicológico, matizado siempre por el sentido del humor. Sus personajes son simbólicos de las preocupaciones de su época, por eso son testimonios de una clase social. Les condiciona su medio social y el deseo de medrar, de ascender, lo que acarrea cierta toma de riesgos para aparentar, para llegar a un nivel social superior.
En *La de Bringas*, el autor se focaliza en la mujer de Francisco de Bringas, Rosalía. Éste, por ser oficial primero de la Intendencia del Real Patrimonio, vive con su familia en el Palacio Real de Madrid.

Joaquín Sorolla,
Don Benito Pérez Galdós, 1894.

¡Pobrecita!

CD 1 PISTE 24 PISTE 14

La pobrecita no podía lucir[1] nada, porque su marido… Ante todo, no se cansaría de repetir que era un ángel, un ser de perfección… Pero esto no quitaba que fuera muy tacaño[2] y que la tuviese sujeta a un mal traer, deslucida y olvidada. Y no era ciertamente porque careciese de medios, pues Bringas tenía sus ahorros, reunidos cuarto a cuarto. ¿Y para qué? Para maldita la cosa, por el simple gusto de juntar monedas en un cajoncillo y contarlas y remirarlas de vez en cuando… Sin duda aquel hombre… que era muy bueno, eso sí, esposo sin pero y padre excelente…, no sabía colocar a su mujer en el rango que por su posición correspondía a entrambos. Porque ella tenía que alternar con las personas de más viso, con títulos y con la misma Reina; y Bringas, no viendo las cosas más que con ojos de miseria, se empeñaba en reducirla al vestidito de merino y a cuatro harapos[3] anticuados y feos. ¡Oh!, lo que ella sufría, lo que penaba para adecentarse[4] era cosa increíble. ¡Sólo Dios y ella lo sabían!… Porque su marido llevaba cuenta y razón de todo, y hasta el perejil que se gastaba en la cocina se traducía en guarismos en sus libros de apuntes… La pobre esposa, atenta a la dignidad de su posición social, era un puro Newton, por las matemáticas que tenía que resolver en su caletre para procurarse algún sobrante del gasto de la casa y estirar las mezquinas cantidades que Bringas le daba para vestirse. […] No obstante, quería entrañablemente a su marido porque fuera de aquello de las miserias, era un hombre completo, un ser de elección, bueno y cariñoso, honrado como pocos o como ninguno, hombre que jamás había tenido trapicheos[5] ni tratado con mujerzuelas, ni puesto un duro a una carta y, por fin, de genio tan pacífico, que como no le tocaran a sus presupuestos[6], se hacía de él lo que se quería… Considerado esto, la infeliz llevaba con paciencia lo otro, es decir, los apurillos para vestirse, y se manejaba como podía para no desmerecer de su elevada clase…

Benito Pérez Galdós, *La de Bringas*, 1884.

1. *exhiber, porter* - 2. *avare* - 3. *haillons* - 4. *s'habiller décemment* - 5. *trafics, intrigues* - 6. *budgets*

Benito Pérez Galdós
(Las Palmas de Gran Canaria, 1843 - Madrid, 1920)

Desde muy joven fue aficionado a la música, al dibujo y a la literatura. Se le considera como el mayor novelista español después de Cervantes. Escribió artículos de prensa, numerosas novelas y obras de teatro. Junto con Emilia Pardo Bazán, fue el introductor del Naturalismo en España con su obra *La desheredada* (1881). Fue elegido diputado en Cortes entre 1886 y 1890. Ingresó en 1883 en la Real Academia Española. Por motivos políticos no obtuvo el Premio Nobel de Literatura.

1. A lo largo del extracto, ¿qué imagen da de sí la señora de Bringas?
2. En opinión de la señora de Bringas, ¿de dónde viene la situación en la que vive?
3. ¿Cómo explicas que el título sea *La de Bringas* y que a menudo el autor se refiera así a ella en vez de llamarla por su nombre, Rosalía?
4. ¿En qué medida es la de Bringas un personaje representativo de su época? ¿Le tienes lástima o no? Justifica tus respuestas.

Esta obra es original en la medida en que la historia de amor se relata desde los fogones de una cocina. La historia, desarrollada en el México de principios de siglo XX, alterna con recetas de cocina, traduciendo la máxima de la autora: «Uno es lo que se come, con quién lo come y cómo lo come». La base de este relato es una terrible tradición que va a modificar la vida de la joven Tita. El personaje central de Mamá Elena recuerda en España a otro, el de Bernarda Alba, en la obra de teatro escrita por Federico García Lorca. Una mujer viuda, con un carácter fuerte, que decide la vida de toda la familia.

Laura Esquivel.

Una tradición sin negociar

CD 1 PISTE 25 PISTE 15

Tita es la hija menor de Mamá Elena, una viuda. Tita está enamorada de Pedro.

Una de esas tardes, antes de que Mamá Elena dijera que ya se podían levantar de la mesa, Tita, que entonces contaba con quince años, le anunció con voz temblorosa que Pedro Muzquiz quería venir a hablar con ella…

–¿Y de qué me tiene que venir a hablar ese señor?, dijo Mamá Elena luego de un silencio interminable que encogió[1] el alma a Tita.

Con voz apenas perceptible respondió:

–Yo no sé.

Mamá Elena le lanzó una mirada que para Tita encerraba todos los años de represión que habían flotado sobre la familia y dijo:

–Pues más vale que le informes que si es para pedir tu mano, no lo haga. Perdería su tiempo y me haría perder el mío. Sabes muy bien que por ser la más chica de las mujeres a ti te corresponde cuidarme hasta el día de mi muerte. […]

–Pero es que yo opino que…

–¡Tú no opinas nada y se acabó! Nunca, por generaciones, nadie en mi familia ha protestado ante esta costumbre y no a va ser una de mis hijas quien lo haga.

Tita bajó la cabeza con la misma fuerza con que sus lágrimas cayeron sobre la mesa, así cayó sobre ella su destino. […] Si Tita no podía casarse ni tener hijos, ¿quién la cuidaría entonces al llegar a la senectud[2]? ¿Cuál era la solución acertada en estos casos? ¿O es que no se esperaba que las hijas que se quedaban a cuidar a sus madres sobrevivieran mucho tiempo después del fallecimiento[3] de sus progenitoras? ¿Y dónde se quedaban las mujeres que se casaban y no podían tener hijos, quién se encargaría de atenderlas[4]? […] Es más, quisiera saber, ¿cuáles fueron las investigaciones que se llevaron a cabo para concluir que la hija menor era la más indicada para velar[5] por su madre y no la hija mayor? ¿Se había tomado alguna vez en cuenta la opinión de las hijas afectadas? ¿O ni siquiera eso? Mamá Elena, ignorándola por completo, salió muy enojada[6] de la cocina y por una semana no le dirigió la palabra.

Laura Esquivel, *Como agua para chocolate*, 1989.

1. *troubler* - 2. la vejez - 3. la muerte - 4. ocuparse de ellas - 5. *veiller* - 6. *en colère*

Laura Esquivel
(México D.F., 1950)
Escribió programas infantiles para una cadena de televisión mexicana y guiones cinematográficos. En 1989, obtuvo un gran éxito con la novela *Como agua para chocolate*, llevada después al cine por su propio esposo, Alfonso Arau, a partir del guión escrito por la misma Laura Esquivel. La novela, traducida a más de treinta idiomas, recibió en 1994 el Premio American Bookseller Book of the Year en Estados Unidos (galardón que por primera vez fue concedido a una escritora extranjera). En esta obra, emplea el realismo mágico para combinar lo sobrenatural con lo humano. Se ha vuelto la obra más comprada en México en los últimos veinte años.

1. Define el carácter de Mamá Elena y su papel en la familia, apoyándote en todo el fragmento.
2. Explica, gracias al documento, en qué consiste la tradición y por qué es problemática. ¿Qué te parece? ¿Cómo reaccionarías tú en el lugar de Tita?
3. Define la evolución del comportamiento de Tita para con su madre a lo largo del texto.

La originalidad de un personaje como el de Ceferino es que, al lindar con el mundo de la locura, le permite al autor proponer un testimonio tajante y humorístico de la sociedad actual, en plena crisis económica. Al no tener nada de dinero, Ceferino tiene que arreglárselas para sobrevivir y llevar a cabo su investigación, apoyándose en todos los recursos que le ofrece la sociedad. El personaje se asemeja más a un antihéroe que a la imagen habitual de un detective tal como la solemos imaginar. A partir de 1972, en España apareció el género negro al que pertenecen las novelas sobre Ceferino, que dejan mucho sitio al aspecto social, casi más que a la investigación.

Eduardo Mendoza.

Esperando informaciones

CD 1 PISTE 26 PISTE 16

[...] yo entré en el Rincón del Gordo Soplagaitas[1]. [...] Tuve la tentación de pedir una Pepsi-Cola, porque me encanta y porque la comida china me había dado una sed infernal, pero preferí reservar los fondos para el futuro. Pedí agua del grifo y con eso me entretuve un par de horas [...]. Por el momento era mejor pasar inadvertido, cosa fácil toda vez que mis facciones[2] solo llaman la atención de los primatólogos, lo cual resulta muy ventajoso en ciertos momentos. En otros, francamente, no. [...] Llegué a la puerta de casa sudoroso y exhausto. [...] Subí, me lavé los calzoncillos[3] y los calcetines, los tendí en la lámpara del comedor y me metí en la cama.

Conocedor de las costumbres de la juventud de hoy día, no quise volver a llamar a Quesito a primera hora de la mañana siguiente y perder tontamente otra moneda. Por eso me causó muy buena impresión verla entrar bastante temprano en la peluquería[4] para contarme que la víspera, a la hora de cenar, había telefoneado un individuo para un asunto relacionado con un vehículo y una compañía aseguradora.

–¡Qué suerte! –exclamé– ¿Quién era?

–No lo sé. Le dije que no sabía de qué me estaba hablando y colgó.

–¡Maldición! Hemos perdido el contacto otra vez.

–Bueno, al menos sabemos su número de teléfono.

–¿Te lo dio?

–No, pero quedó registrado en mi móvil.

–¡Admirable invención!

Eduardo Mendoza, *El enredo de la bolsa y la vida*, 2012.

1. nombre de un bar - 2. *les traits du visage* - 3. *le caleçon* - 4. el personaje, además de investigar, es peluquero

1. Destaca, a lo largo del texto, los elementos que se refieren a la situación social del narrador.
2. Apunta las características morales y físicas del personaje. ¿Qué te parece este tipo de personaje si lo comparas con otros detectives de la literatura que conoces?

Eduardo Mendoza
(Barcelona, 1943)

Ha escrito muchos *best sellers* (*La verdad sobre el caso Savolta* (1975), *El misterio de la cripta embrujada* (1979), *El laberinto de las aceitunas* (1982), *La ciudad de los prodigios* (1986), *Riña de gatos* (2010), etc.), por los cuales ha recibido numerosos premios literarios. En varias de sus obras encontramos a un personaje recurrente, al que algunos llaman Ceferino, que ha pasado algún tiempo encerrado en un manicomio del que la policía le ha sacado a veces para que le ayude en sus investigaciones.

Pistes pour préparer/compléter ton dossier

España
- Fernando de Rojas, *La Celestina*, 1499
- Federico García Lorca, *La zapatera prodigiosa*, 1930; *La casa de Bernarda Alba*, 1936
- Manuel Vázquez Montalbán, *Los mares del sur*, 1979
- Juan Madrid, *Bares nocturnos*, 2009
- Alicia Giménez Bartlett, *El silencio de los claustros*, 2009

América Latina
- Juan Rulfo, *Pedro Páramo*, 1955
- Gabriel García Márquez, *Crónica de una muerte anunciada*, 1981
- Mario Benedetti, *Primavera con una esquina rota*, 1982
- Ramón Díaz Eterovic, *La ciudad está triste*, 1987

Películas
- Achero Manas, *El bola*, 2001
- Andrés Wood, *Mi amigo Machuca*, 2004
- Patricia Cardoso, *Las mujeres de verdad tienen curvas*, 2008

Unidad 5 | Los medios, ¿tod

Espacios e intercambios / Lugares y formas del pode

1 Periodista amenazado por policías en Honduras, 2011.

2 Partidarios de las redes sociales.

...poderosos?

3 Portada de la revista española *En punta*, 1976.

Para empezar

1. Describe la foto 1. ¿Por qué es una foto impactante?
2. ¿Por qué los manifestantes de la foto 2 quieren defender las redes sociales?
3. Observa la portada 3, explica lo que es la "prensa marginal" y relaciona el titular con el dibujo.
4. ¿Cómo ilustran estos documentos la idea de poder?

Expresiones útiles

el periodista: *le journaliste*
la porra: *la matraque*
la portada: *la couverture, la une*
las redes sociales: *les réseaux sociaux*
expresar(se): *(s')exprimer*
estar a favor/en contra: *être pour /contre*
maltratar: *maltraiter*

Activités langagières

Réception

Comprendre un discours de propagande, le témoignage d'un journaliste, un document audio sur l'utilisation des médias.

p. 94, 95, 96, 97

Comprendre des articles de presse, des extraits d'œuvres littéraires sur le journalisme, le traitement de l'information et les réseaux sociaux.

p. 97, 98, 99, 100, 101

Production

Rédiger un rapport sur la liberté de la presse, un article satirique ou reconstituer des articles de presse.

p. 95, 101, 103

Présenter à l'oral en continu le bilan d'une analyse de la presse.

p. 103

Participer à un débat sur les réseaux sociaux et les règles à suivre.

p. 99

Objectifs linguistiques

Lexique

- Le journalisme, la presse
- La liberté d'expression
- Les risques du métier
- Les réseaux sociaux

Grammaire

- Les valeurs de *lo*
- L'obligation
- *Gustar*
- La simultanéité des actions

Objectifs bac

BAC

- Bac écrit p. 106, 107
- Bac oral p. 108

Proyecto final

Participad en un concurso para crear camisetas con un mensaje de Amnistía Internacional sobre el tema de la libertad de expresión.

Periodista para bien y para mal...

¿Cómo llegar a ser un buen periodista?

A una universidad colombiana se le preguntó cuáles son las pruebas de aptitud y vocación que se hacen a quienes desean estudiar periodismo, y la respuesta fue terminante[1]: "Los periodistas no son artistas". Estas reflexiones, por el contrario, se fundan precisamente en la certidumbre de que el periodismo escrito es un género literario. Lo malo es que los estudiantes y muchos maestros no lo saben, o no lo creen. Tal vez a eso se debe que sean tan imprecisas las razones que la mayoría de los estudiantes han dado para explicar su decisión de estudiar periodismo. Uno dijo: "Tomé comunicaciones porque sentía que los medios ocultaban[2] más que lo que mostraban". Otro: "Porque es el mejor camino para la política". Sólo uno atribuyó su preferencia a que su pasión por informar superaba su interés por ser informado.

[...] Pues el periodismo es una pasión insaciable que sólo puede digerirse y humanizarse por su confrontación descarnada[3] con la realidad. Nadie que no la haya padecido[4] puede imaginarse esa servidumbre[5] que se alimenta de las imprevisiones de la vida. Nadie que no lo haya vivido puede concebir siquiera lo que es el pálpito sobrenatural de la noticia, el orgasmo de la primicia[6], la demolición moral del fracaso. Nadie que no haya nacido para eso y esté dispuesto a morir por eso podría persistir en un oficio tan incomprensible y voraz, cuya obra se acaba después de cada noticia, como si fuera para siempre, y no concede un instante de paz mientras no vuelve a empezar con más ardor que nunca en el minuto siguiente.

Gabriel García Márquez, "Periodismo: el mejor oficio del mundo",
Los Ángeles, Estados Unidos, 07/10/1996,
Yo no vengo a decir un discurso, 2010.

1. *sans appel* – **2.** *cachaient* – **3.** *crue* – **4.** *souffert* – **5.** *la servitude* – **6.** *l'exclusivité*

Gabriel García Márquez.

¿Sabías que...?

Gabriel García Márquez es un escritor, guionista y periodista colombiano. También es un intelectual comprometido. Dirigió varias revistas en Venezuela, en Colombia, en México y en Francia (revista ***Libre*** que agrupó a los escritores latinoamericanos del "boom"). Ha sido **reportero** para distintos periódicos en varios países de Europa y en Estados Unidos.
Es la máxima figura del realismo mágico. En 1982 recibió el **Premio Nobel de Literatura**.

Di lo que entiendes

1. Apunta las expresiones que muestran que García Márquez no está conforme con la escuela de periodismo de la universidad a la que se refiere al inicio del texto.
2. ¿Cuáles son para el autor las cualidades de un buen periodista? ¿Y para ti?
3. Analiza y comenta los sentimientos que expresa García Márquez por el oficio de periodista.

¿De qué se acusa a un periodista?

Normando Hernández (Camagüey, 1969) se dedicaba al periodismo independiente en Cuba. Entre las acusaciones que se le imputaron[1] para condenarle a 25 años estuvo el haber criticado la calidad del pan y analizar la causa del problema. Tras pasar siete años y medio de prisión fue excarcelado[2] y desterrado[3] a España junto con su familia. [...]

Si existe algún infierno en la tierra, las prisiones cubanas son ese infierno. En las prisiones cubanas el día a día es tratar de conservar tu integridad física, tu integridad moral; no permitir que te vejen, que te humillen.

En las prisiones cubanas se tortura tanto física como psicológicamente. Las prisiones cubanas no cumplen las reglas mínimas para el tratamiento de los reclusos[4] dispuestas por las Naciones Unidas.

Pero el castigo llegaba incluso a su hija, Daniela, que actualmente tiene nueve años. El director del colegio y la policía política se encargaron de difundir entre sus compañeros de colegio, y los padres de estos, que Hernández estaba en prisión por querer poner una bomba en la escuela. Esto tuvo un efecto muy negativo sobre la niña, que requirió[5] tratamiento psicológico y psiquiátrico. Hoy Daniela es una niña perfectamente integrada en un colegio madrileño.

Antonio José Chinchetru, periodistadigital.com, 20/04/2011.

1. *parmi les chefs d'accusation* – **2.** *relâché* – **3.** *exilé* – **4.** *prisonniers* – **5.** *ici, qui a eu besoin*

Expresiones útiles

la investigación: *l'enquête*
el juez: *le juge*
el enganche: *l'accroche*
la cárcel = la prisión
encarcelar: *emprisonner*
enganchar: *accrocher*

Di lo que entiendes

1. Entresaca la frase que aclara por qué Normando Hernández fue detenido.
2. ¿Verdadero o falso? Justifica con una expresión del texto.
a Normando Hernández fue encarcelado durante 25 años.
b Este periodista es español. c Normando Hernández vive ahora en Madrid.
3. Apunta tres elementos que evidencian la dureza de su detención.
4. ¿Qué te parece la profesión de periodista en Cuba? Da tu punto de vista apoyándote en el texto.

¡Que juzguen a los asesinos!

Si te fijas...

1. Muestra cómo el cartel subraya las dificultades con las que se enfrentan los periodistas.
2. ¿Qué imagen del periodista da la frase de enganche?
3. Fíjate en el lema: ¿cuál es el objetivo del cartel?

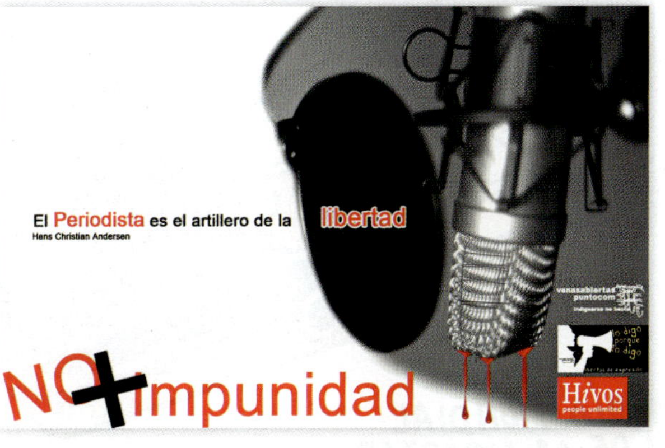

¡No más impunidad!, cartel de venasabiertas.com.

En acción

Elabora un informe sobre la libertad de prensa.

Para la revista de Amnistía Internacional, que dedica este mes un número especial a la libertad de prensa:
> elige un país latinoamericano, como Cuba o México.
> TICE busca en internet datos sobre la libertad de prensa en este país.
> luego, en unas 100 palabras, redacta un informe en el que presentas la situación de los periodistas y los problemas con los que pueden enfrentarse en su país.

Gramática

Les valeurs de *lo*

- Lo + adj. / participe passé = *Lo que es* + adj. / participe passé
- Lo + adj. + que = à quel point, tellement + verbe conjugué + adj.

Lo malo es que no saben por qué estudiar periodismo.
Lo ocurrido fue terrible.

Los medios al servicio del Estado

Los medios manipulan la verdad

CD 2 PISTE 2

Di lo que entiendes

1. Elige la respuesta correcta y justifícala con lo que oyes: Según el locutor, el periodista...
   a no es ético.
   b no puede hacer todo lo que quiere.
   c redacta verdaderas obras.
2. ¿Con qué compara el locutor a los periodistas?
3. ¿Qué se suele preguntar al locutor en la facultad?
4. Di si la afirmación siguiente es verdadera o falsa y justifica tu respuesta con lo que oyes: *Para el locutor, el periodista es el único en encontrarse en este tipo de situación.*
5. ¿Qué es necesario recordar a los periodistas?
6. ¿Qué tienen que hacer los periodistas?

Laura Bozzo es una periodista peruana (vive y trabaja en México) controvertida. Sus métodos y su manera especial de tratar la información han provocado polémicas y escándalos.

Un artículo que daña

Expresiones útiles

la ratonera: *le piège à souris*
la máquina de escribir: *la machine à écrire*
el titular: *le gros titre*
indeleble: *indélébile*
contundente: *percutant*
impactante: *fracassant*
impactar: *choquer, ébranler*
engañar: *tromper*
expresar(se): *(s')exprimer*
dañar: *nuire, faire mal*

Si te fijas...

1. Relaciona el dibujo con el eslogan del documento. ¿Qué denuncia el dibujante?
2. ¿Por qué se puede decir que es un dibujo humorístico?
3. ¿Qué es para ti un "artículo que daña"? Relaciona este título con el documento y aclara el juego de palabras.

Discurso de inicio de campaña de Chávez

CD 2 PISTE 3 PISTE 17

Di lo que entiendes BAC

Primera escucha. Escucha y destaca quién habla, dónde y cuándo tiene lugar la escena (apunta palabras clave).

Segunda escucha. Destaca el tema y las ideas esenciales que se relacionan con el tema (apunta sobre todo palabras clave).

Tercera escucha. Completa los apuntes de tus dos primeras escuchas.

Síntesis en francés. Ahora tienes 10 minutos para sintetizar por escrito en francés lo esencial de lo que has oído y entendido, ayudándote de tus apuntes de las tres escuchas anteriores.

Un discurso indeleble

¿Sabías que...?

Hugo Chávez (1954-2013) fue elegido por **cuarta vez presidente de Venezuela** el 07/10/2012 con el 54,4% de los votos, y con la mayoría en 20 Estados de los 23 que componen la República. Este presidente fue también conocido por las denuncias de Reporteros sin Fronteras, que le acusaron en 2009 de haber cerrado "treinta y cuatro medios audiovisuales sacrificados por capricho gubernamental".

Si te fijas...

1. ¿Quién será el protagonista? ¿Qué está haciendo?
2. Fíjate en los globos: ¿a qué corresponden? Entonces, ¿cuál es el objetivo del protagonista?
3. Explica la paradoja del título del dibujo.
4. ¿Qué denuncia el dibujante a través de este documento?

En acción

Analizad los titulares de la prensa.

En grupos de tres alumnos.

> TICE Conéctaos al sitio web de dos periódicos españoles o latinoamericanos, por ejemplo *Público* y *El Mundo* en España o *Diario Hoy* y la *Nación*, en Argentina.

> Comparad las portadas del mismo día (organización, titulares, información considerada más importante, fotos, publicidades).

> Apuntad en un recuadro las diferencias y los puntos en común. ¿Qué deducís sobre el planteamiento de estos periódicos?

> Presentad el resultado de vuestra búsqueda ante la clase.

Gramática

L'obligation → Précis grammatical p. 207

- L'obligation personnelle : tener que / deber / haber de + infinitif ou hace falta que / es necesario que / es preciso que / es menester que + subjonctif
- L'obligation impersonnelle : hace falta / es necesario / es preciso / hay que / es menester + infinitif

Hace falta que los periodistas sean lo más objetivos posible.
Los periodistas tienen que ser objetivos.
Hay que ser objetivo.

Internet, ¿el quinto poder?

Internet y la censura

Si te fijas...

1. A tu parecer, ¿refleja este documento la realidad?
2. ¿En qué consiste el papel de moderador?
3. ¿Piensas que es fácil ser moderador? ¿Por qué?

Somos el quinto poder: redes sociales

El usuario puede publicar sus propias ideas de manera autónoma, con la ayuda de las herramientas[1] tecnológicas que hay en internet disponibles de manera gratuita y al alcance[2] de todos, ya que solo con registrarse puede ser propietario de un blog de noticias, página de Facebook o canal de vídeos en Youtube, por ejemplo, grabando, hasta con un celular sus mensajes y publicarlos de manera que al momento tenga una audiencia "latente" de millones de usuarios que, con palabras claves y el título del mismo, puedan ser ubicados o relacionados con los ya existentes en línea, para ser vistos y después comentados al pie del vídeo como un foro abierto a la discusión y hasta tener su derecho de réplica al recibir respuestas de su propio autor o de otros usuarios con vídeos, mensajes o una marca de "me gusta" o "no me gusta" a manera de votación a favor o en contra, como un voto de preferencia o rechazo[3].

Se pueden ver como virtudes o como debilidades, los medios electrónicos pueden llegar a tener poca credibilidad en el momento que hay una falsedad o pérdida de identidad. Donde una persona se puede hacer pasar por otra o presentar información engañosa[4] por el simple hecho de que tiene los medios para difundirla como una verdad, pero que también, en el anonimato, son un canal de comunicación viable para quienes pueden ser perseguidos o censurados.

Daniel Wal Durán, dimensiondigital.com, 2012.

1. *outils* – **2.** *à la portée* – **3.** *rejet* – **4.** *mensongère*

Di lo que entiendes

1. Las redes sociales abarcan una gran diversidad de soportes. ¿Cuáles son?
2. ¿Cómo se ve que la información no se considera el monopolio de unos pocos?
3. Enumera las ventajas y los inconvenientes de las redes sociales según el autor. ¿Qué te parece?
4. ¿Piensas que las redes sociales, como por ejemplo Twitter, son una fuente de información más creíble que la prensa clásica? ¿Por qué?

Expresiones útiles

el sitio web: *le site internet*
el peligro: *le danger*
la estafa: *l'arnaque*
la privacidad: *la vie privée*
peligroso(a): *dangereux(euse)*
arriesgar = tomar riesgos: *risquer = prendre des risques*
abarcar: *englober*
navegar en la red: *surfer sur le web*
suavizar: *adoucir*

¿Hay que censurar internet?

Si te fijas...

1. Para ti, ¿qué significa censurar internet?
2. ¿De qué se vale el dibujante para hacer pasar su mensaje?
3. En tu opinión, ¿son necesarias las restricciones legales al uso de internet?

¿Qué fuente de información elegir?

"Ahora podemos elegir; y entre leer un periódico en el que no se informa de la realidad o ésta se maquilla porque choca con los intereses empresariales de los accionistas, y poder estar informado de lo que ocurre sin intermediarios, por ejemplo, a través de Twitter, el público elige Twitter."

El periodismo está en crisis, demos las gracias, cnpven.org, Beriodismo, 10/05/2012.

Di lo que entiendes

1. ¿Qué le reprocha el autor de la cita a la prensa actual?
2. ¿Cómo se informa? ¿Por qué prefiere enterarse de lo que pasa por sí solo?
3. Comenta la influencia de las redes sociales. Para ayudarte, puedes leer el recuadro ¿Sabías que...?

¿Sabías que...?

La mayor integración lingüística que experimentará la DRAE (Diccionario de la Real Academia Española) respecto a redes sociales como Twitter será la de introducir **nuevos términos** como: **tuitear**, **tuiteo**, **tuit** y **tuitero**. Todo ello, "en reconocimiento a una actividad que ejercen millones de personas, a título particular o como representantes de instituciones", según José Manuel Blecua.
Existe una red social española: **tuenti** (tú y ti) que fue creada en 2006 y que cuenta con más de 14 millones de usuarios.

En acción

Debatid sobre las redes sociales.

En grupos de tres alumnos, hablad entre vosotros para determinar diez normas del buen uso de las redes sociales.

> Preparad argumentos para defender estas normas.

> Luego, todos los alumnos de la clase deberán debatir para elaborar normas comunes y consensuales.

Gramática

Gustar et verbes à tournure affective

Le pronom (me, te, le, nos, os, les) qui rappelle la personne qui ressent l'émotion est obligatoire et se place avant le verbe.
Le verbe gustar est presque toujours à la 3e pers. du singulier ou à la 3e pers. du pluriel en fonction de ce qui suit :

me		*leer una prensa libre*	(un infinitif)
te	gusta	*esta caricatura*	(nom au singulier)
le		*leer y escribir en este blog*	(plusieurs infinitifs)
nos		*las caricaturas*	(nom au pluriel)
os	gustan	*este periódico y esta revista*	(deux noms)
les			

Si tu précises quelle est la personne qui ressent l'émotion, n'oublie pas de placer la préposition a devant.

A nosotros nos gusta tuitear.

Disgustar, encantar, molar, chiflar se construisent comme *gustar*.

¿Se puede reír de todo?

El rey y la prensa

El Confidencial

La agenda del rey ha estado inusualmente vacía[1] esta semana. [...] Don Juan Carlos no ha tenido una sola actividad oficial programada tras las vacaciones de Semana Santa. Y ni siquiera ha visitado en el hospital a su nieto mayor, Felipe Juan Froilán, que probablemente será dado hoy de alta[2] tras el accidente que sufrió el pasado lunes, cuando resultó herido en un pie por un disparo de escopeta.

elconfidencial.com, 13/04/2012.

1. *vide* – 2. *à qui on donnera l'autorisation de sortir*

El Mundo

Editorial

En un gesto insólito que le honra[1], el rey pidió ayer disculpas por su cacería[2] de elefantes en Botsuana. "Lo siento mucho. Me he equivocado y no volverá a ocurrir", afirmó. Era lo que muchos ciudadanos esperaban de él tras lo que calificábamos en estas páginas el pasado domingo como "un viaje irresponsable en el momento más inoportuno".

elmundo.es, 19/04/2012.

1. *honore* – 2. *safari*

¿Sabías que...?

Los periodistas permitieron revelar que, para asistir a un **safari** en **abril de 2012** en Botsuana que pagó un amigo empresario saudí (46 000 dólares), el rey dejó el país sin decir adonde iba y mientras cazaba se rompió la cadera. Además de una costosa repatriación a España, necesitó una compleja operación. En un contexto de grave crisis económica, con recortes importantes en Sanidad y Educación, los españoles consideraron **este safari** como un **símbolo de derroche económico y una traición**.

Di lo que entiendes

1. Se puede decir que la prensa fue muy eficaz. ¿Por qué?
2. Apunta las palabras que muestran que ambos medios no tienen la misma actitud frente a lo ocurrido.
3. A tu parecer, ¿el rey presentó sus disculpas por necesidad o por voluntad propia? Justifica tu respuesta aclarando el papel de la prensa en este asunto.

Una prensa libre y mordaz

Si te fijas...

1. ¿Qué caricaturiza el periódico?
2. Después de leer el recuadro ¿Sabías que...?, di lo que piensas del papel de los periodistas en este caso.

Expresiones útiles

- una tarjeta de socio: *une carte de membre*
- una noticia: *une information*
- cazar: *chasser*
- cuestionar: *remettre en question*
- estar al tanto: *être au courant*

El Jueves, 08/08/2012.

Un telediario fuera de lo común

Di lo que entiendes

1. Este programa es:
   a un telediario. b una sátira. c un reportaje.
2. Apunta las palabras o expresiones que te lo indican.
3. El presentador llama la atención del público sobre lo paradójico de la ministra. ¿En qué consiste?
4. "Ya conocen las noticias, ahora les contaremos la verdad". Apoyándote en el documento, aclara lo que quiso decir el presentador de "El Intermedio" en esta cita.

Expresiones útiles

la reforma laboral: *la réforme du travail*
el vocal: *le membre d'un conseil*
el videojuego: *le jeu vidéo*
saltar: *sauter*
aplastar: *écraser*

¿Sabías que...?

Después de votar un rescate a la banca española de 100 000 millones de euros, muchos políticos expresaron sus opiniones por las redes sociales. La ministra de Empleo y Seguridad Social, **Fátima Bañez**, mandó el tuit siguiente: "¡Obtuve 5 390 puntos en Bubble Shooter Adventures! ¿Puedes mejorarlo?"

Una caricatura incisiva

Si te fijas...

1. Describe brevemente el dibujo y explica a quiénes remiten los diferentes personajes.
2. ¿Qué denuncia el dibujante?
3. ¿Qué te parece esta portada? ¿Logrará su meta la revista?

Portada de *El Jueves* del 15/02/2012.

¿Sabías que...?

Mariano Rajoy, del centroderechista Partido Popular, fue elegido **presidente** del Gobierno español el 20/11/2011 en un contexto de crisis económica.
En **febrero de 2012**, su gobierno aprobó el **real decreto Ley de medidas urgentes para la reforma del mercado laboral**, muy criticado por los trabajadores porque, entre otras medidas, la reforma da más poder a los empresarios, flexibiliza las condiciones laborales así como los procesos de despidos colectivos y recorta las indemnizaciones para los trabajadores indefinidos.

Gramática

La simultanéité des actions

La simultanéité des actions peut se traduire par le gérondif, En cuanto + verbe conjugué, ou Al + infinitif.

En cuanto la prensa se enteró del tuit de la ministra, la prensa lo publicó.
Al enterarse del tuit de la ministra, la prensa lo publicó.

En acción

Redacta un artículo satírico.

A partir de un titular o de una foto de prensa, imagina en unas 100 palabras una noticia caricaturesca.

→ *Précis grammatical (avec exercices) p. 200*

Les valeurs de *lo* (Enfoque 1)

1 Transforme les phrases suivantes en commençant par "*no te imaginas lo* + adjectif + *que*".

Este oficio es muy apasionante → *No te imaginas lo apasionante que es este oficio.*

a. Ser periodista puede resultar muy peligroso.
b. Investigar en este caso es muy difícil.
c. Es muy interesante estar al tanto de lo que pasa.
d. En la web las noticias circulan muy rápido.
e. La vida en las cárceles cubanas es muy precaria.
f. Ejercer esta profesión para él es muy importante.

2 Remplace les structures soulignées par *lo* + adjectif.

a. <u>Las dificultades</u> de este oficio son que a veces los periodistas deben arriesgar su vida por informar.
b. <u>El interés</u> de este artículo radica en que presenta dos puntos de vista.
c. <u>Lo que me chocó</u> fue que lo acusaron de delitos que nunca cometió.
d. <u>Lo que le da vergüenza</u> es que publicaron muchos detalles personales.

L'obligation (Enfoque 2)

3 Transforme les obligations personnelles en impersonnelles et inversement.

Hace falta ser lo más objetivo posible (los periodistas). → *Los periodistas tienen que ser lo más objetivos posible.*

a. Es necesario que te hagan una entrevista para darte a conocer.
b. Hay que verificar los datos que hemos encontrado.
c. Es preciso que no os dejéis manipular.
d. Es menester denunciar estos abusos (la prensa).
e. Hace falta escribir este artículo para que nunca se olvide (nosotros).
f. Tienes que publicar este artículo, cueste lo que cueste.

Gustar et les verbes à tournure affective (Enfoque 3)

4 Reconstruis les phrases suivantes.

Los internautas / no gustar / tu blog → *A los internautas no les gusta tu blog.*

a. Usted / gustar / su oficio.
b. Nosotros / encantar / hacer estas investigaciones.
c. Estos periodistas / no gustar / esta noticia ni esta manipulación de la verdad.
d. Los internautas / disgustar / las restricciones digitales.
e. Este bloguero / molar / poder publicar lo que le dé la gana.
f. Tú / no chiflar / que publiquen tu foto en las redes sociales.

La simultanéité des actions (Enfoque 4)

5 Transforme les phrases suivantes en utilisant une autre expression de la simultanéité.

En cuanto se enteraron de la noticia, los periodistas la publicaron.
→ *<u>Al enterarse</u> de la noticia, los periodistas la publicaron.*

a. Cuando empiezan su carrera, preguntan a los jóvenes periodistas por qué eligieron este oficio.
b. Cuando comprendió que informar a la gente le importaba más que estar informado, decidió estudiar periodismo.
c. Cuando se dio cuenta de su error, decidió disculparse.
d. Cuando se fue de vacaciones, canceló todas sus actividades oficiales.
e. Cuando leyó la prensa, se dio cuenta de su error.

Proyecto final

Participad en un concurso para crear camisetas, anuncios, un corto o una cuña de radio con un mensaje de Amnistía Internacional sobre el tema de la libertad de expresión.

Etapas

1. En grupos de cuatro alumnos, tenéis que elegir un eslogan que os parezca impactante y convincente.
   ¡Ojo!: también tiene que ser corto.
2. Después, un alumno podrá ir buscando imágenes para realizar un fotomontaje o un *collage* que ilustre vuestro eslogan, grabar músicas y sonidos para una cuña de radio o elegir el decorado para un vídeo.
3. TICE Por fin presentaréis y defenderéis vuestro proyecto ante vuestros compañeros, como si fueran el jurado de Amnistía Internacional, o publicaréis vuestro trabajo en el blog de la clase y votaréis por el que mejor os parezca.

Concurso de diseño de camisetas con mensaje, creacionjoven.com.

Ayuda: Gramática p. 95-97. Expresiones útiles, enfoques 1, 3 y 4.

Consejos: para el eslogan, utilizad una frase corta, con palabras contundentes. Durante la presentación del proyecto, mostraos persuasivos y determinados, presentad argumentos, explicad bien vuestra idea, lo que representa y lo que significa para vosotros.

Proyecto alternativo 1

Crea un periódico.

TICE En internet, busca una foto que te parezca lo bastante expresiva sobre un país hispanohablante. Imagina el titular, el subtítulo y el artículo que la puede explicar. (100 palabras)

Proyecto alternativo 2

Sopa de pies y fotos.

En grupos de dos alumnos: un alumno recorta fotos en un periódico mientras otro recorta solamente los pies. Lo mezclan todo. Los otros alumnos deben encontrar qué pie coincide con cada foto justificando su opinión.

Arma de Instrucción Masiva.

Raúl Lemesoff

El artista Raúl Lemesoff transformó un Ford Falcon de 1979 (que pertenecía al ejército argentino) en un distribuidor de libros gratuitos en las calles de Buenos Aires.

Fíjate en el título de la obra y lee la explicación. A tu parecer, ¿qué mensaje quiso transmitir el artista a través de esta obra?

Calle 13

Calle13 es un grupo puertorriqueño muy comprometido en la lucha contra los abusos de poder de los dirigentes estatales o de las multinacionales.

Una voz comprometida

CD 2 PISTE 4

¡Sí, amigos!, durante estos últimos años
Calle 13 ha recibido muchas amenazas de muerte,
12 Grammy's ¡y nos han censurado en la radio!
pero no nos importa, porque…

¡El pueblo nos quiere apoyar!…
¡Ya no nos pueden parar!…
Y si te gusta el disco
por el Internet
¡lo puedes bajar y piratear!

Señoras y señores, sin importar
lo que religiosos, ateos, izquierdistas,
derechistas, entretenidos y aburridos piensen
la Calle 13 siempre va a…
decir lo que pensamos
aunque seamos sopranos.
¡Que entren los que quieran
entrar!

Intro, *Entren los que quieran,* Calle 13, 2010.

Destaca los elementos que subrayan la determinación del grupo Calle 13 a denunciar e informar.

Es cosa de todos

Grafiti realizado el 01/05/2008 durante una manifestación de Amnistía Internacional en Madrid (artistas: el Alonso y el Evil y otros dos colegas suyos).

▶ Describe el grafiti. A tu parecer, ¿qué simbolizan los dos lápices?

La Paloma.

Anibal Miras Cidad

Anibal Miras Cidad estudió fotografía y diseño gráfico en la Escuela de Arte de Almería. *La paloma* es un fotomontaje que ganó el primer premio en el certamen organizado por la escuela para el día de la Libertad de Expresión en apoyo a los periodistas encarcelados, el 01.12.2009.

▶ ¿Qué denuncia el artista con el contraste entre la paloma y la bola metálica?

Texte 1 ¡Cuánto ha cambiado este oficio!

–Eché los dientes profesionales[1] al principio de los setenta, dando tumbos[2] entre lugares revueltos y un periódico de los de antes; cuando no existían gabinetes de comunicación, correo electrónico ni ruedas de prensa[3] sin preguntas. En aquel periódico, los reporteros buscaban noticias como lobos hambrientos, y se rompían los cuernos[4] por firmar en primera página. [...] Era una pintoresca peña de tipos resabiados[5], sin escrúpulos, capaces de matar a su madre o prostituir a su hermana por una exclusiva, sin que les temblara el pulso. Y que a pesar de eso –o tal vez por eso– eran los mejores periodistas del mundo.

[...] Algo que no olvidé nunca es que los periodistas –los buenos reporteros, sobre todo– corren juntos la carrera, ayudándose entre sí, y solo se fastidian unos a otros en el esprint. [...] Cada cual tenía sus ideas particulares, por supuesto; pero estamos hablando de periodismo. De pan de cada día y de reglas básicas. Éstas incluían aportar hechos y no opiniones, no respetar en el fondo nada ni a nadie, y ser sobornables solo con información exclusiva, mujeres guapas –o el equivalente para reporteras intrépidas– y gloriosas firmas en primera. En el peor de los casos, los jefes compraban tu trabajo, no tu alma.

Arturo Pérez-Reverte, *Cuando éramos honrados mercenarios*, 2011.

---

1. empecé a trabajar – **2.** *des hauts et des bas* – **3.** *conférences de presse* – **4.** se peleaban – **5.** *une bande de types qui la ramènent*

Texte 2 ¿Dónde empieza la privacidad?

"En una sociedad libre la acción de los gobiernos está fiscalizada por el Congreso, el Poder Judicial, la prensa independiente y de oposición, los partidos políticos, instituciones que, desde luego, tienen todo el derecho del mundo de denunciar los engaños y mentiras[1] a los que a veces recurren ciertas autoridades para encubrir[2] acciones y tráficos ilegales. Pero lo que ha hecho Wikileaks no es nada de esto, sino destruir brutalmente la privacidad de las comunicaciones en las que los diplomáticos y agregados[3] informan a sus superiores sobre las intimidades políticas, económicas, culturales y sociales de los países donde sirven. Gran parte de ese material está conformado por datos y comentarios cuya difusión, [...] [sirve] para dañar[4] las relaciones entre países aliados y desprestigiar a sus gobiernos. No se trata, pues, de combatir una "mentira", sino, en efecto, de satisfacer esa curiosidad morbosa[5] y malsana de la civilización del espectáculo, que es la de nuestro tiempo, donde el periodismo (como la cultura en general) parece desarrollarse guiado por el designio[6] único de entretener. El señor Julian Assange más que un gran luchador libertario es un exitoso entertainer o animador, el Oprah Winfrey de la información".

Mario Vargas Llosa, *Lo privado y lo público* en *El País*, 16/01/2011.

---

1. *les supercheries et mensonges* – **2.** ocultar – **3.** *adjoints* – **4.** *nuire à* – **5.** *morbide* – **6.** objetivo

I. Comprensión (Texte 1)

1. Entresaca la expresión del primer párrafo que muestra que el oficio de periodista ha evolucionado.
2. ¿Verdadero o falso? Justifica tu respuesta con el texto.
   a. Los periodistas nunca se peleaban con sus colegas.
   b. Para los periodistas, era necesario ser muy rápido.
   c. Los periodistas no expresaban nunca su propia opinión.
   d. Los periodistas siempre respetaban a los demás.
   e. A veces los directores manipulaban a los periodistas.
3. Apunta la expresión que evidencia el amor del escritor por el oficio de periodista.

II. Comprensión (Texte 2)

1. Apunta la expresión que indica por qué, según Mario Vargas Llosa, algunas instituciones tienen derecho a revelar malas acciones del Gobierno.
2. Según Vargas Llosa, ¿logró Wikileaks crear incidentes diplomáticos? Contesta y justifica tu respuesta con una expresión del texto.
3. Elige una palabra que ilustra bien, según Mario Vargas Llosa, lo que más le gusta a la gente de nuestra sociedad.

En français : fais le lien entre le document iconographique et un des textes, justifie ton choix et relève l'expression de ce texte qui l'illustre le mieux (environ 50 mots).

III. Expresión

1. ¿Es necesario controlar las publicaciones en internet? Contesta en unas 150 palabras matizando tu opinión y apoyándote en el segundo texto.
2. ¿Cómo ilustran estos documentos un aspecto de la noción "lugares y formas del poder? Justifica tu respuesta en unas 150 palabras.

Conseils BAC

Comprensión

Lis au moins deux fois le/les texte(s) puis les questions.

Texte 1

Questions 1 et 3 : réponds sans justifier ton choix car l'énoncé ne te le demande pas. Ne recopie pas une citation trop longue.

Question 2 : surligne les éléments qui te permettront de répondre à ces énoncés. Ne sélectionne que les mots dont tu as besoin.

Texte 2

Question 1 : réponds sans justifier ton choix car l'énoncé ne te le demande pas.

Question 2 : commence par répondre à la question avant de justifier ta réponse par une citation.

→ **La question en français : montre brièvement en quoi la photo peut illustrer un des textes, justifie ce choix, puis donne une citation qui correspond bien à celle-ci.**

Método Fiche méthodologique n° 3.

Expresión

Question 1 : l'énoncé te demande une opinion nuancée. Présente une réflexion personnelle à partir de la question posée. Au moment de rédiger il faudra donc que tu utilises des connecteurs logiques (= mots de liaison) pour articuler ton argumentation, que tu cites le texte chaque fois que tu avances un argument, et que tu donnes ton avis avec les tournures adéquates (*Opino que/pienso que* + indicatif, *no me parece normal que* + subj., *me choca que* + subj., *me indigna que* + subj. etc.). L'énoncé te demande également de t'appuyer sur le deuxième texte. N'oublie pas de le citer.

Question 2 : cette question renvoie à la notion, ici "Lieux et formes de pouvoir". Tu ne dois pas réciter des connaissances mais les insérer et les adapter à ces documents en comparant les deux textes. Dans ce cas précise entre parenthèses (texto 1/ texto 2/foto).

Método Fiche méthodologique n° 4.

Unidad 5 Objetivo bachillerato ORAL

Nociones: espacios e intercambios / lugares y formas del poder

Conseils BAC

→ Fiche méthodologique 2 p. 173

Travail sur la notion

- Choisis une des notions travaillées dans cette unité. Explique en quoi la thématique s'y rattache.
- Problématise ta réflexion, par exemple, sous la forme d'une question.
- Développe cette notion en t'appuyant sur les documents de ton dossier et les connaissances acquises dans l'année.

Espacios e intercambios

Problemática

¿Es importante informar e informarse?

Pistas de reflexión

- **Informar e informarse:** ¿Por qué? ¿De qué manera? ¿Qué cambios y qué evolución? ¿Es fácil informarse? ¿Hay que informar a todos de todo? (Enfoques 1, 3, 4, p. 106 y 109)
- **El tratamiento de la información:** ¿Es necesario poner límites? ¿Se puede reír de todo? (Enfoques 3 y 4)
- **Las redes sociales:** ¿Una nueva fuente de información? ¿Cuáles son las ventajas y los inconvenientes? ¿Una herramienta sin límites? (Enfoque 3)
- **Los periodistas:** ¿Sus objetivos? ¿Cómo obtienen sus informaciones? ¿Existen diferencias entre las noticias dadas por un periodista y las que aparecen en internet? ¿Ha evolucionado su oficio? ¿En qué medida ejercen libremente su oficio? (Enfoque 1, 2, 3, 4, p. 109)
- **La libertad de expresión:** ¿Cómo salvaguardarla y protegerla? ¿Cómo ayudar a los periodistas? (p. 92, 95, Enfoque 3, p. 109)

Lugares y formas del poder

Problemática

¿Qué obstaculiza la circulación de las informaciones hoy día?

Pistas de reflexión

- **El gobierno y la información:** ¿Qué relación de influencia existe entre los dos? ¿Quién tiene poder en quién y en qué medida? ¿En qué la información representa un poder o un contrapoder? ¿Quién censura a quién y en qué contexto? (p. 95, enfoque 2, p. 99, enfoque 4, p. 104, p. 106)
- **Los periodistas:** ¿En qué condiciones ejercen su oficio? ¿Un oficio arriesgado? ¿Cómo y por qué protegerlos? (p. 92, p. 95, Enfoques 2 y 4, p. 106 y 109)
- **La prensa libre y las redes sociales:** ¿Un nuevo contrapoder? (p. 95, Enfoques 2 y 4, p. 106)
- **Las redes sociales:** ¿En qué se puede hablar de revolución para la información? ¿En qué medida esta nueva herramienta permite una mayor libertad de expresión? ¿Hay que poner límites? ¿Cuáles? (Enfoque 3)

Evaluación B1/B2

Je comprends un texte littéraire narrant une enquête

→ *Fiche photocopiable* Evaluación BAC

Una encuesta inesperada

Trabajo seis horas diarias (los días de cierre un poco más) y mi trabajo consiste en escribir inmundos comentarios a las fotos inmundas que me pasa el redactor jefe. [...]

–Buenas tardes, Manolo Ge Urbina. Siéntate si no estás en trance de escribir[1] el reportaje de tu vida y tomemos una copa. [...] Estoy vigilando a un tipo. [...]

Ignoro qué impulso me obligó a seguirle. [...]

El hombrecillo al que seguíamos [...] se detenía con frecuencia a contemplar sucesos tan triviales como un niño deslizándose por un tobogán o un perro tratando de alcanzar una pelota. Después daba un saltito de gorrión[2] y cambiaba de rumbo[3].

–Yo creo que ha notado que le seguimos –dije a Luis Mary.

–No importa –respondió–. Vamos a ponerle un poco nervioso. Entretanto, vete memorizando algunas cosas, aunque no te parezcan de gran utilidad por el momento: el sujeto se llama Campuzano; fue, en tiempos, visitador médico. En la actualidad dirige una revista médica llamada Hipófisis, que está financiada por los laboratorios Bosedow, una multinacional con más ramificaciones que mi árbol genealógico.

–¿Por qué lo seguimos?

–Nos lo dirá él en su momento. [...] Estoy a punto de dar un golpe de mucha pasta[4] y he decidido regalarte la exclusiva periodística, que vale unos cientos. De manera que acepta el regalo o vete, pero no me pongas nervioso, porque este tipo tiene más cerebro que tú y yo juntos.

Juan José Millás, *Papel mojado*, 2000.

1. *sur le point d'écrire* – **2.** *il faisait un petit saut de moineau* – **3.** *il changeait de cap* – **4.** *un gros coup*

1. Apunta tres elementos que aclaran qué trabajo hace el narrador.

2. ¿Le gusta su trabajo al narrador? Contesta y justifica con un elemento del texto.

3. Entresaca tres expresiones que evidencian el nerviosismo del misterioso hombre.

4. Apunta tres elementos que indican a quién seguía el narrador.

5. ¿Sabía bien Luis Mary por qué seguía al hombre? Contesta y justifica con el texto.

Je comprends le témoignage d'un journaliste

CD 2 PISTE 5 PISTE 18

"Me habéis destrozado las manos; no me habéis cortado la lengua. Soy periodista."

→ *Fiche photocopiable* Evaluación BAC

1. Primera escucha. Escucha y destaca quién habla, dónde y cuándo tiene lugar la escena (apunta palabras clave).

2. Segunda escucha. Destaca el tema y las ideas esenciales que se relacionan con el tema (apunta sobre todo palabras clave).

3. Tercera escucha. Completa los apuntes de tus dos primeras escuchas.

4. Síntesis en francés. Ahora tienes 10 minutos para sintetizar por escrito **en francés** lo esencial de lo que has oído y entendido, ayudándote de tus apuntes de las tres escuchas anteriores.

Gorka Landaburu.

Unidad 6 Luchar por sus

Mitos y héroes / Lugares y formas del poder

1 Barcelona, agosto de 1936, foto de Robert Capa. (UHP: Unidos Hermanos Proletarios)

2 Cartel de Rafael Alberti, 1937.

Expresiones útiles

la lucha: *la lutte*
el frente: *le front*
la gorra: *le calot*
el compromiso: *l'engagement*
alistarse: *s'enrôler*
arrebatar: *arracher*
comprometerse: *s'engager*
levantar el puño: *lever le poing*
arriesgarse la vida: *risquer sa vie*
antes... que...: *plutôt ... que...*

convicciones

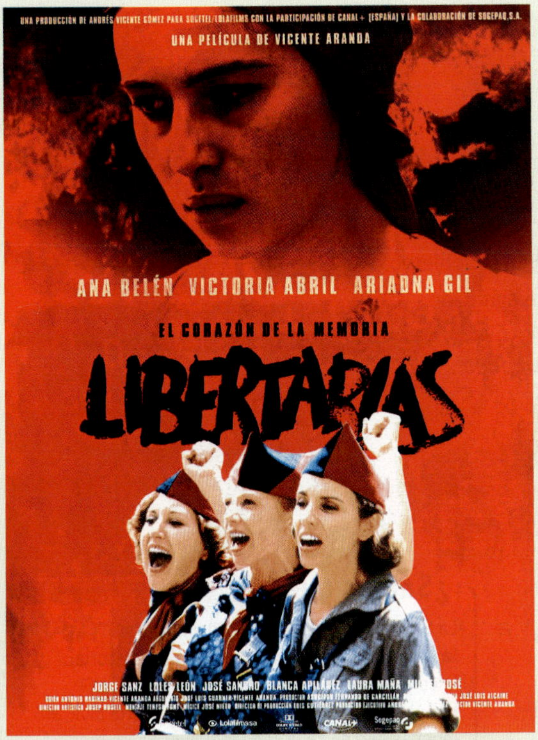

3 Cartel de la película *Libertarias*, de Vicente Aranda, 1996.

Para empezar

1. Describe a los hombres que ves en la foto 1 y basándote en la fecha y en lo que está escrito en el vagón, imagina en qué situación se encuentran.
2. ¿Piensas que es importante que los artistas también se comprometan? (Documento 2)
3. Describe a las mujeres del cartel 3 e imagina por qué estarán sonriendo.
4. A tu parecer, ¿en qué medida ilustran estos documentos la noción de “mitos y héroes”?

Activités langagières

Réception

Comprendre un extrait de film ou un témoignage sur la guerre civile espagnole.
p. 112, 113, 114, 117, 127

Comprendre des extraits d’œuvres littéraires, d’articles de presse, et des lettres sur la guerre civile.
p. 115, 116, 117, 118, 119, 127

Production

Rédiger un texte ou une lettre, parler de témoignages de la guerre civile.
p. 117, 119, 121

Faire à l’oral un compte-rendu d’une visite virtuelle sur le thème de la guerre civile.
p. 113

Créer un dialogue à partir d’un document sur la guerre civile, et imaginer un jugement.
p. 115, 121

Objectifs linguistiques

Lexique

- L’engagement, le dévouement
- La guerre, le conflit
- La mémoire
- L’injustice

Grammaire

- L’emploi de l’imparfait et du passé simple
- Le subjonctif imparfait
- Les traductions de « mais »
- Les emplois du passé simple et du passé composé

Objectifs bac

- Bac écrit p. 124, 125
- Bac oral p. 126

Proyecto final

Rellena los globos de una historieta sobre la guerra civil española.

Del ideal republicano a las esperanzas de la guerra civil

De las elecciones a la sublevación

CD 2 PISTE 6

Di lo que entiendes

1. ¿Cómo califica el locutor el año 1936? ¿Por qué?
2. ¿Quién ganó las elecciones aquel año?
3. Apunta el nombre del presidente de Gobierno.
4. Cita al menos tres medidas de urgencia adoptadas por el nuevo Gobierno.
5. Apunta cuatro expresiones que indican que un ambiente de agitación reinaba en el país.
6. Completa la frase con lo que oyes: ... y ... *formaban un contrapoder.*
7. ¿Quiénes querían desestabilizar el régimen?
8. ¿Qué pasó el 18 de julio?

Expresiones útiles

la sublevación: *le soulèvement*
la huelga: *la grève*
el apoyo: *l'appui*
el Frente Popular: *le Front Populaire*
el golpe de Estado: *le coup d'État*
estallar: *éclater*
festejar: *fêter*
reanudar: *reprendre*
redimir: *libérer*

Cultivarse para alcanzar la libertad

Redimamos del analfabetismo a los campesinos, 1937.

¿Sabías que...?

La **Segunda República** española **reformó la escuela** para que fuera pública, obligatoria, laica y mixta. También creó 27 000 escuelas. Faltaban otras tantas y durante la guerra civil, en muchas partes de la zona republicana, se procuró alfabetizar a los obreros y a los campesinos.

Si te fijas...

1. Observa el documento. ¿Qué es?
2. ¿Quién lo promueve?
3. Comenta el eslogan. ¿Piensas que la instrucción podía tener algún interés para los campesinos en aquella época?
4. ¿Cómo se ve la continuación de los ideales de la Segunda República en este cartel?
5. ¿Piensas que saber leer nos hace libres hoy día?

Expresiones útiles

el campesino: *le paysan*
el campo: *la campagne*
el aprendizaje: *l'apprentissage*
la enseñanza: *l'enseignement*
abrir nuevos horizontes: *ouvrir de nouvelles perspectives*

Un ejército de costureras

Si te fijas...

1. ¿Qué tipo de foto es este documento?
2. ¿Qué sentimientos se desprenden de esta foto?
3. A su manera, estas mujeres se parecen a un ejército. ¿Por qué?
4. Apoyándote en elementos de esta foto, intenta determinar el papel de la mujer en el bando nacional.

Expresiones útiles

la costurera: *la couturière*
la máquina de coser: *la machine à coudre*
el entusiasmo: *l'enthousiasme*

"Margaritas" cosiendo ropas de abrigo para los combatientes franquistas en un taller de costura de la delegación de Frentes y Hospitales.

Libertarias

Di lo que entiendes BAC

Primera escucha. Escucha y destaca quién habla, dónde y cuándo tiene lugar la escena (apunta palabras clave).

Segunda escucha. Destaca el tema y las ideas esenciales que se relacionan con el tema (apunta sobre todo palabras clave).

Tercera escucha. Completa los apuntes de tus dos primeras escuchas.

Síntesis en francés. Ahora tienes 10 minutos para sintetizar por escrito en francés lo esencial de lo que has oído y entendido, ayudándote de tus apuntes de las tres escuchas anteriores.

¿Sabías que...?

Después de las elecciones de **1936** que ganó el Frente Popular, parte del Ejército español se alzó, lo que provocó una guerra civil. Se enfrentaron los españoles fieles a la República, los republicanos, y los nacionales liderados por el general Franco. **Ganaron los nacionales** el **1 de abril de 1939**.

Expresiones útiles

la esperanza: *l'espoir*
sumiso(a): *soumis(e)* ≠ rebelde: *rebelle*
indignarse por: *s'indigner de, se rebeller à cause de*

En acción

Relata una visita virtual.

TICE Conéctate a http://web.upla.cl/revistafaro/n13/art15.htm y fíjate en las partes "La cultura, la educación, el arte, las bibliotecas: las Misiones Pedagógicas".

> Apunta los elementos que te llamaron la atención, y lo que te chocó. Intenta explicar el motivo.

> Luego, ante los demás, relata tu visita virtual.

Gramática

L'emploi de l'imparfait et du passé simple

→ Conjugaisons p. 212

- L'imparfait exprime une action qui dure dans le passé, une habitude ou encore une description.
- Le passé-simple exprime une action ponctuelle révolue et n'ayant aucun lien avec le présent.

Las Misiones Pedagógicas empezaban a despertar anhelos de libertad intelectual cuando estalló la guerra civil.

Una represión despiadada

Un juicio sumario

Fotograma de la película *La voz dormida* dirigida por Benito Zambrano, 2011.

Si te fijas...

1. ¿Qué te parece la situación de Hortensia, la mujer del primer plano?
2. Completa la frase siguiente: *La encarcelaron quizás porque...*
3. ¿Qué expresan las miradas de las presas?
4. Hortensia es la única que se agarra a los barrotes. ¿Por qué?
5. En tu opinión, ¿qué carta habrá dejado a su bebé?

¿Sabías que...?

Durante la guerra civil española hubo muchísimos **juicios sumarios** (unas 50 000 personas en zona republicana, 130 000 en zona nacional).
Estos juicios desembocaban en paseos por la noche, es decir, en **ejecuciones sumarias**.

Di lo que entiendes

1. ¿Cómo se nota el desprecio del juez por las presas?
2. ¿Cómo calificarías este juicio? ¿Por qué?
3. ¿Qué papel desempeña el personaje de la monja?
4. ¿Tienen las presas la misma actitud?
5. ¿Por qué le molesta al juez que algunas presas sepan leer?

Expresiones útiles

el juez: *le juge*
el juicio: *le procès*
los barrotes: *les barreaux*
despiadado(a): *sans pitié*
aterrorizado(a): *paniqué(e)*
estar embarazada: *être enceinte*
golpear: *frapper*
hacerle caso a uno: *prêter attention à quelqu'un*
dar a luz: *accoucher*
encarcelar: *emprisonner*
agarrarse: *s'accrocher, s'agripper à*

Solicitud de indulto

Madrid, 3 de agosto de 1939

Excmo. Sr. Don Francisco Franco Bahamonde, Jefe del Estado Español e Invicto Generalísimo de los Ejércitos Españoles de Tierra, Mar y Aire.

Excelentísimo señor:

La que suscribe, Julia Conesa, de diecinueve años de edad [...], en descargo[1] de las acusaciones que se le imputan manifiesta que perteneció a las llamadas Juventudes Socialistas Unificadas desde finales del año 1937, habiendo ingresado movida tan sólo por[2] seguir los cursos de gimnasia y deportes que en esta organización se daban. Su actuación en dicha organización se ha limitado, por tanto, a ser monitora de cultura física y secretaria deportiva del Sector Oeste durante un mes.

Jamás intervino en ninguna otra actividad que no fuera relacionada con el deporte, y desde primeros del año 1938 abandonó por completo dicha organización [...], a causa de la apurada[3] situación económica de su familia, y por tener que subvenir a las necesidades de su hogar, para mantener a su madre viuda y soportar los gastos[4] de enfermedad de una hermana que falleció estando ya detenida la que suscribe (12-5-39) tras larga y penosa dolencia, trabajó como cobradora[5] en la Sociedad Madrileña de Tranvías, hasta que dicha sociedad prescindió[6] de sus servicios por haber vuelto a cubrir sus vacantes con personal masculino. [...]

Ha sido sorprendida al pedirse para ella la pena de muerte [...]

Suplica a V.E. que una vez más haga gala de la generosidad e hidalguía innata en nuestros antepasados y orgullo de la raza hispana, fiando en el perdón de la misma por la recta justicia del Ilustre Caudillo.

Por Dios, por España y por su Revolución Nacional-Sindicalista.

Julia Conesa

Carlos Fonseca, *Trece Rosas Rojas*, 2004.

1. *décharge* – **2.** *ayant intégré uniquement dans le but de* – **3.** *inquiétante* – **4.** *les frais* – **5.** *receveuse* – **6.** *se passe de*

Portada de la revista *Tiempo*, 11/06/2010.

¿Sabías que...?

Trece rosas: nombre dado a un grupo de trece muchachas inocentes (entre 18 y 29 años), la mitad de ellas pertenecía a las Juventudes Socialistas Unificadas. Fueron fusiladas el 5 de agosto de 1939 en Madrid bajo la dictadura de Franco.

Di lo que entiendes

1. Apunta los detalles que revelan que Julia Conesa escribió esta carta bajo tutela.
2. Entresaca los elementos que permiten determinar el carácter de Julia Conesa.
3. ¿Sabía Julia Conesa por qué fue condenada a muerte?
4. En tu opinión, ¿por qué la condenaron?

En acción

Crea una escena.

Con otro(a) alumno(a) imaginad la escena posterior al fotograma de la película *La voz dormida*, p. 114.

> Inventad el diálogo entre Hortensia y su hermana.

> Luego presentaréis la escena delante de vuestra clase (3 minutos).

Gramática

Le subjonctif imparfait → Conjugaisons p. 212

Formation : **radical de la 3e pers. du pluriel au passé simple** + terminaison.

Il y a deux terminaisons possibles, la forme en -RA et la forme en -SE :

- Tener → Tuviera/ Tuviese, Tuvieras/Tuvieses, Tuviera/ Tuviese, Tuviéramos/Tuviésemos, Tuvierais/Tuvieseis, Tuvieran/Tuviesen
- Pensar → Pensara/Pensase, Pensaras/Pensases, Pensara/Pensase, Pensáramos/Pensásemos, Pensarais/ Pensaseis, Pensaran/Pensasen

La guerra civil vista desde fuera

"¿Somos prisioneros?"

(Aguacero. La escena transcurre bajo los soportales de la escuela del pueblo, de día.)

CARMELA: –Buenas tardes.

PRESOS: –Buenas.

CARMELA: –Oiga, ¿esto es una cárcel[1], verdad?

MUJER: –¿Qué quieres que sea, hija?

CARMELA: –Bueno, pero es que nosotros no hemos hecho nada.

HOMBRE: –Ustedes, ¿no son de aquí?

PAULINO: –No, no señor. Vamos de paso.

CARMELA: –¿Y ésos?

MUJER: –Los han cogido prisioneros… Son de las Brigadas Internacionales.

HOMBRES: –Todos extranjeros. Cada uno de una leche[2].

CARMELA: –Y ustedes, ¿llevan mucho tiempo aquí?

MUJER: –Desde que tomaron el pueblo… Dios sabe qué habrá sido de mis hijos.

PAULINO: –No se apure[3] señora, los que somos inocentes, no tenemos nada que temer.

(En el aula, luz tamizada, alguien canturrea, de noche.) […]

CARMELA: –Tú polaco. Polonia muy lejos, muy lejos de aquí. […] Yo, española, de aquí… de España. A ver, dilo tú… España.

POLACO: –Issss…pan… jaaa… […]

CARMELA: –Yo, Car-me-la.

POLACO: –Carrrr-mel-la.

CARMELA: –Sí hijo, sí, pero más suavecito… más dulce.

POLACO: –Carmela. *(El brigadista tararea[4])* Ay Carmela, ay Carmela…

CACIQUE: –¡Todos en pie! ¡Vamos, vamos! ¡Todo el mundo arriba! Tú… y tú… y tú… Tú también… y tú. *(Un militar coge al brigadista y se lo lleva.)* […]

PAULINO: –Tranquilo, que no pasa nada.

CARMELA: –Que no pasa nada, dices… Y los van a matar, Paulino, ¡los van a matar!

(Todos miran por el ventanuco el fusilamiento, luz cegadora en las futuras víctimas, escena parecida al tres de mayo de Goya.)

Guión de *¡Ay Carmela!*, una película de Carlos Saura, 1990.

1. la prisión – **2.** *chacun d'une patrie différente* – **3.** no se preocupe – **4.** *chantonne*

Cartel de la película de *¡Ay, Carmela!*, 1990.

Di lo que entiendes

1. Distingue a los diferentes grupos de presos. ¿Por qué estarán en la cárcel?
2. Líneas 1 a 5. ¿Qué reflejan las primeras réplicas de Carmela? Explica su reacción.
3. Comenta y analiza la actitud de Paulino a lo largo de la escena.
4. ¿En qué se diferencian los personajes de Carmela y Paulino?

Héroes rechazados

CD 2 PISTE 7 PISTE 19

Di lo que entiendes

1. Apunta los datos a propósito de la guerra civil española así como las palabras que califican este conflicto.
2. Precisa qué eran las Brigadas Internacionales y quiénes las formaban.
3. ¿Cómo se considera a los antiguos brigadistas hoy en Suiza?
4. ¿Cómo fueron tratados a su vuelta de la contienda? ¿Qué te parece?
5. Apunta qué consecuencias tuvo la guerra civil española en estos combatientes.

Un compromiso fuera de los combates

Uno de los aspectos a menudo desconocidos dentro de la participación de las Brigadas Internacionales en la guerra civil española es su dimensión social, es decir, no sólo su ayuda en el campo militar, sino también su contribución a la causa republicana colaborando en la construcción de múltiples hospitales y centros de reposo, colonias infantiles y guarderías –sufragadas[1] en muchos casos por los propios brigadistas–, y en la creación de emisoras de radio, periódicos... Incluso en algunos momentos de paz y relajo[2] los voluntarios no escatimaron[3] esfuerzos en arrimar[4] su hombro al del campesino español para ayudarle en las labores del campo. Todos estos aspectos ayudaban a ahondar[5] en la confraternización con un pueblo y una causa, que ya entonces eran hermanas.

Jesús González de Miguel, *Voluntarios de la libertad las brigadas internacionales*, 1999.

1. pagadas – **2.** descanso – **3.** *ménagèrent* – **4.** *approcher* – **5.** reforzar

Espectáculo de danzas realizado por los brigadistas, 1937.

Di lo que entiendes

1. ¿Cómo ayudaron las Brigadas Internacionales a España? ¿Te parece importante? Justifica tu respuesta apoyándote en ejemplos precisos del texto o en la foto.
2. ¿Piensas que es importante el compromiso de los brigadistas? ¿Por qué?
3. A tu parecer, ¿qué motivó el compromiso de los brigadistas?

Expresiones útiles

el compromiso: *l'engagement*
la dedicación: *le dévouement*
el destierro: *l'exil*
alistarse: *s'enrôler*

En acción

Da tu opinión a propósito del compromiso.

¿Piensas que hoy la gente puede comprometerse de forma voluntaria y autónoma en una guerra que no tiene lugar en su país, como lo hicieron los brigadistas?

> Explica por qué en unas 120 palabras.

Gramática

Les traductions de « mais » → Précis grammatical p. 202

Il existe trois cas différents:

- pas d'opposition: **pero** (phrase affirmative ou négative):
  Llueve ***pero*** *voy a salir.*
- opposition dans une phrase négative: entre deux noms, adjectifs, adverbes, verbes à l'infinitif: **sino**
  No eran republicanos ***sino*** *franquistas.*
- opposition entre deux verbes conjugués: **sino que**
  No se quedó en España ***sino que*** *huyó a Francia.*

Una reconciliación ardua

Contra la desmemoria

¡Cuántos hombres que han desaparecido para siempre, de los que
ninguna huella[1] queda del sacrificio, involuntario, que hicieron de
su vida! [...]
Hombres que se los tragó la tierra[2] para siempre.

Hombres de los que no queda traza en ningún arco de triunfo,
en ningún libro de historia,
en nuestras memorias.
Hombres que, en su mayoría, murieron gritando "Viva la libertad"...
y de los que ya nadie nunca jamás hablará.
Cuyo "martirio" fue escondido por sus familias durante años...
por temor a la represión hasta desaparecer del recuerdo. [...]
Sí, todo esto hay que olvidarlo, como ahora se dice, y yo lo olvido.

Hay que mirar hacia el porvenir y no podemos anclar[3] nuestra vida en
el rencor. [...]
Todo esto, se dice y se repite, se puede y se debe olvidar,
con una condición:

que ese combate no sea considerado como una cruzada[4]; sus seguidores,
como héroes o mártires; y los republicanos, como bandidos.

Que se olvide todo: Sí: tras condenar esa guerra (nuestra lacra[5]).
Que Ud. reconozca, pública y solemnemente, que fueron inmensos los
crímenes que se cometieron y se cometen en su nombre.
El idealismo de muchos de los combatientes está reconocido... la
barbarie que utilizan debe, así mismo, reconocerse y proscribirse para
siempre.

Carta al General Franco que mandó Arrabal
el 18 de marzo de 1971 desde París.

1. *trace* – **2.** *que la terre a avalés* – **3.** *ancrer* – **4.** *croisade* – **5.** *fléau*

Fernando Arrabal.

¿Sabías que...?

Fernando Arrabal (Melilla 1932) es un escritor, dramaturgo y poeta español. En 1967 fue condenado a muerte por el régimen franquista por sus actividades intelectuales. Gracias a la movilización de intelectuales famosos, como Beckett o Mauriac, su pena fue conmutada a varios años de cárcel. Pasó a integrar la lista de los cinco españoles considerados como más peligrosos y cuando salió de España tuvo que exiliarse, principalmente a Francia.

Di lo que entiendes

1. ¿Qué expresión indica que para Arrabal la guerra civil causó demasiadas muertes?
2. Apunta cuatro elementos que muestran que Arrabal reprochaba que no se reconociera a las víctimas del conflicto como héroes.
3. ¿Qué palabra indica cómo consideraba Arrabal a las víctimas de la lucha?
4. Entresaca la expresión que explica por qué no se hablaba de los que murieron durante la guerra civil.
5. Di si las afirmaciones siguientes son verdaderas o falsas y justifícalas con el texto. Arrabal quiere que...
- a nadie olvide lo que pasó durante la guerra civil.
- b se condenen los crímenes cometidos durante la guerra civil.
- c Franco pida disculpas por los crímenes cometidos en su nombre.

Expresiones útiles

la investigación: *l'enquête, la recherche*
el mártir: *le martyr*
el martirio: *les supplices infligés au martyr*
recordar [ue] ≠ olvidar: *rappeler ≠ oublier*
acordarse [ue] de: *se souvenir de*
ocultar la verdad: *cacher la vérité*
investigar: *enquêter, faire des recherches*

Los "niños robados[1]" del franquismo piden justicia

Con 39 años, Antonio Barroso se enteró de que sus padres no eran sus padres biológicos. [...] Barroso califica su vida de "mentira". "No sé ni el día en que nací", dice. [...]

Casos como el suyo ocurridos en España desde el comienzo de la dictadura franquista (1939-1975) podrían superar los 300 000. Así lo estima la Asociación Nacional de Afectados por Adopciones Irregulares (Anadir), que preside Barroso y que creó junto a su amigo Juan Luis para luchar por saber la verdad sobre uno de los asuntos más opacos de la reciente historia española.[...]

El robo de niños comenzó en España como una "depuración política" tras la Guerra Civil: hasta 30.000 madres vieron cómo les arrebataban[3] a sus hijos por ser republicanas con el objetivo de que los niños fueran educados en la afección al régimen franquista, unos hechos a los que ya apuntó el juez[4] Baltasar Garzón durante su fracasada investigación del franquismo. [...]

Matrimonios que no podían tener hijos se ponían en contacto con personas que les podían "facilitar" un bebé. Después les avisaban de dónde tenían que recogerlo y cuánto tenían que pagar por él, un dinero que en muchos casos ellos pensaban que era para papeleo y gastos médicos. [...]

Los afectados han instado[5] al gobierno de José Luis Rodríguez Zapatero a crear un banco de ADN en el que se puedan cruzar los datos de los denunciantes. No lo han conseguido, pero han llegado a un acuerdo con una entidad privada para que por un precio módico, quienes lo deseen puedan registrarlo.

Sara Barderas, vanguardia.mx, 27/01/2011.

1. *volés* – **2.** *naissante* – **3.** *on leur arrachait* – **4.** *le juge* – **5.** *ont prié*

¿Sabías que...?

La **Ley de Memoria Histórica de 2007** "quiere contribuir a cerrar heridas todavía abiertas en los españoles y a dar satisfacción a los ciudadanos que sufrieron, directamente o en la persona de sus familiares, las consecuencias de la tragedia de la guerra civil o de la represión de la Dictadura." (BOE n°310).

Padres buscando a sus hijos robados durante el franquismo.

Di lo que entiendes

1. Entresaca dos expresiones que explican por qué Antonio Barroso califica su vida de "mentira".
2. ¿Qué hizo Barroso para tratar de encontrar la verdad? Contesta apoyándote en el texto.
3. ¿Por qué los franquistas robaban a los niños? Contesta con dos elementos del texto.
4. Entresaca tres elementos que muestran que los padres no sabían que compraban a niños robados.
5. Para las víctimas de robos, ¿en qué consistiría una solución para encontrar a su familia biológica? Apunta el elemento del texto que lo indica.

En acción

Reacciona al enterarte de lo ocurrido.

TICE Conéctate a:

> http://www.rbacoleccionables.com/pdf/es/436159_4_1.pdf.

> http://www.foroporlamemoria.info/documentos/granada_testimonios_enero2004.htm

> Elige un testimonio y, en unas 120 palabras, justifica tu elección, precisando tus sentimientos al descubrirlo.

Gramática

L'emploi du passé simple et du passé composé

→ Conjugaisons p. 212

- **Le passé composé** s'emploie lorsque l'action commencée dans le passé n'est pas encore tout à fait terminée, ou lorsque l'on veut mettre en évidence son lien avec le présent et ses conséquences.
- **Le passé simple** s'emploie au contraire pour exprimer une action révolue, n'ayant aucun lien avec le présent.

*No lo **han conseguido**.*
*Se **enteró** de que no eran sus padres biológicos.*

Unidad 6 Gramática

→ *Précis grammatical (avec exercices) p. 200*

L'emploi de l'imparfait et du passé simple dans le récit *(Enfoque 1)*

1 Conjugue les verbes entre parenthèses au passé-simple ou à l'imparfait selon le cas.

a. Cuando el Frente Popular (ganar) las elecciones, nadie se lo (esperar).
b. Las mujeres no (soler) ir a la escuela porque (considerarse) que no (servir) sino en casa.
c. Para acabar con esta mentalidad, el Gobierno (decidir) que la escuela (tener) que ser obligatoria para todos.
d. Muchos campesinos (aprender) a leer pero (ser) difícil encontrar el tiempo necesario.
e. (haber) muchos muertos aunque los contendientes (ser) del mismo país.
f. Las mujeres también (participar) en el esfuerzo de la guerra: unas (luchar) en el frente junto a los hombres y otras (trabajar) en talleres o en fábricas.

Le subjonctif imparfait *(Enfoque 2)*

2 Conjugue les verbes entre parenthèses au subjonctif imparfait.

a. Quizá los asesinos (ser) gente del mismo pueblo.
b. Si (ser) verdad, no lo confesaría.
c. Fue una vergüenza que el juez no (escuchar) el testimonio de los acusados.
d. Le sorprendió que esta mujer (saber) leer.
e. La acusada le pidió que le (enseñar) el papel para que lo (leer) antes de firmarlo.
f. Le molestaba que ellos no le (explicar) más precisamente por qué la arrestaron.
g. Ellas querían que las (dejar) hablar con el abogado antes del juicio.

Les traductions de « mais » *(Enfoque 3)*

3 Complète les phrases suivantes avec *pero*, *sino*, ou *sino que* selon le cas.

a. No creo que nos quieran torturar ... nos van a matar.
b. Este preso no habla español ... polaco.
c. Estos brigadistas no son españoles ... vinieron para ayudar a los republicanos.
d. No solo ayudaron en la lucha, ... también en acciones sociales.
e. No fueron acogidos como héroes ... fueron condenados al destierro.
f. No sabía que estaban encarcelados, ... me lo ha contado un compañero.
g. Este hombre decidió alistarse en las Brigadas ... no sabía explicar por qué.

Les emplois du passé simple et du passé composé *(Enfoque 4)*

4 Complète les phrases suivantes en conjuguant les verbes entre parenthèses au passé composé ou au passé simple selon le cas.

a. Me (contar) lo que acaba de pasar, y no me lo creo.
b. Ellos (falsificar) el día en que yo (nacer) en el certificado, por eso no conozco mi fecha de nacimiento.
c. Los franquistas (robar) a muchos niños que hoy no saben quiénes son sus padres biológicos.
d. Querían encontrar el cuerpo de sus familiares, por eso (pedir) que se abrieran fosas.
e. El juez (querer) investigar la desaparición de víctimas del franquismo, pero no tiene derecho a hacerlo.
f. Julia Conesa (escribir) a Franco para pedir indulto.

Proyecto final

Imagina una historieta sobre la guerra civil española.

Aquí tienes una historieta con globos vacíos: te toca rellenarlos.

Etapas

1. Describe el contexto.
2. Imagina lo que pueden decir los personajes en sus diálogos.

Ten cuidado con el uso de los tiempos: en la parte alta de las viñetas, tienes que usar tiempos del pasado.

Ayuda: Gramática p. 113, 115, 119. Expresiones útiles, p. 113, 115, 117, 118.

Consejos: para respetar lo mejor posible la historia, observa bien los dibujos para no confundir a los personajes.

Antonio Altarriba y Kim, *El arte de volar*, 2010.

Proyecto alternativo 1

Escribe una carta.

Imagina en unas 120 palabras la carta que un republicano escribió durante la guerra civil a su novia o a su familia.

Proyecto alternativo 2

Representad la escena de un juicio bajo la dictadura.

En grupo de tres alumnos: uno hace de juez, y otros dos de acusados. Imaginad el desarrollo de un juicio bajo la dictadura de Franco. Podéis dedicar 10 minutos para decidir la(s) acusaciones, y después representaréis la escena ante la clase.

Robert Capa

Robert Capa (seudónimo de Endre Friedmann, Budapest 1913 – Indochina 1954) era reportero gráfico. Entre 1936 y 1937 cubrió la guerra civil española. El 25 de octubre de 1938 fotografió la ceremonia de despedida de las Brigadas Internacionales.

En tu opinión, ¿Qué quiso subrayar Robert Capa al enfocar en el rostro del brigadista?

Robert Capa, Montblanch (cerca de Barcelona), 25/10/1938.

Ismael Serrano

En Rivas Vaciamadrid, en 2004, se celebró un concierto en homenaje a los republicanos que sufrieron la guerra civil española. Ismael Serrano interpretó la canción *Al bando vencido*, y como introducción, pronunció estas palabras: "Buenas noches a todos, luchadores y luchadoras por la libertad, hijos e hijas de la República, gracias de corazón, por portar mi bandera tricolor, por ser nuestra reserva moral, por enseñarnos a ser hombres y mujeres decentes, por enseñarnos que la única lucha que se pierde es la que se abandona, por mantener viva la llama de la memoria. La memoria de esta tercera república que está por venir."

¿Qué mensaje quiere dar el cantante a través de esta canción?

Al bando vencido

CD 2 PISTE 8

Se van llevando la memoria,
queda en la historia una mancha,
un borrón.
Mientras el resto sufre amnesia,
un viejo recuerda una canción,
de aquella lejana batalla
donde pudo morir,
en una guerra no ganada,
a veces me pregunta por ti.

Se cree aún en la trinchera,
otra bandera, de otro color,
solemne en su viento ondea,
sobre la cima y en su salón.

A veces habla con fantasmas
de cuyo nombre se olvidó.
Vencidos, nunca regresaron
de su exilio interior.

[...] Tratan de convencerle,
abuelo,
las explosiones han terminado.
Pero cuando sale a la calle,
Madrid parece bombardeado.

[...] Y un día, sin darnos cuenta,
el viejo, con sus historias, se
consumió.
Y en la memoria de su nieto
sólo una huella, un leve borrón,
de aquella lejana batalla,
donde pudo morir,
en una guerra no ganada
donde luchó por ti.

Donde luchó por ti.

Ismael Serrano,
La memoria de los peces, 2007.

Horacio Ferrer

Horacio Ferrer de Morgado (Córdoba 1894 - Madrid 1978) había confeccionado por encargo de la República esta obra que fue expuesta en el pabellón de la República Española en la Exposición Internacional de las Artes y las Técnicas en la Vida Moderna de París de 1937, no lejos del *Guernica* de Pablo Picasso y junto a otras obras de artistas republicanos.

¿Cómo logra el pintor plasmar todo el dramatismo del pueblo republicano ante el horror de la guerra?

Horacio Ferrer, *Madrid 1937 (Aviones negros)*, 1937.

Francisco Ibera

¿Cómo pone de manifiesto el pintor la victoria del general Franco?

¿Cómo el pintor muestra que Franco deseaba ser el líder de España?

Ciberencuesta

TICE → Conéctate a la página internet http://pares.mcu.es/cartelesGC/

→ Haz clic en la pestaña "Catálogo". Elige uno de los carteles presentados. Luego, explica brevemente por qué lo elegiste, trata de decir a qué bando pertenecía y qué elementos lo indican, y luego precisa si piensas que este cartel alcanza su objetivo o no y por qué.

Francisco Ibera, *La guerra ha terminado*, 1939.

Texte 1

Servicio de noche

Noche del 19 de noviembre de 1936, Lolita trabaja en una centralita[1] de Telefónica. Acaba de llegar la chica que debe relevarla. Estalla[2] la alarma.

La muchacha entrante[3] se desprendió rápidamente de sus auriculares; abandonó la silla y salió corriendo. Se abrió una de las ventanitas[4]:
París.[...]
Explosiones muy cercanas al edificio, hacían vibrar su armadura gigante de acero y sus paredes ligeras de cemento. [...]
Lolita, al volver a uno de los descansillos[5], vio en un tramo superior la cara, fugazmente iluminada, de su relevo. Una cara desorbitada por el miedo. [...] Como un gato rabioso, a manotazos, a empujones[6], subió Lolita los dos pisos, luchando contra la corriente humana. Atravesó corriendo la sala de periodistas, donde en efecto esperaba sólo el corresponsal. Escribía rápido algo así: "En estos momentos se desata sobre Madrid el bombardeo aéreo más violento..."
–Un momentito, le pongo[7] enseguida –le gritó Lolita al pasar. [...]
Lolita estalló en gritos de llamada a la central parisina, gritos estridentes, con los ojos llenos de lágrimas. Apretaba[8] con sus manos los auriculares puestos. Pensaba que era preciso que el mundo supiera en el acto lo que pasaba en Madrid. Temblaba de miedo. Se reanudó la conferencia con la *Internacional News Service.*

Arturo Barea, *Cuentos completos,* 2006.

1. *Un standard* – **2.** *ici, retentit* – **3.** relevo de Lolita – **4.** *l'un des voyants s'alluma* – **5.** *paliers* – **6.**v*se frayant un chemin à coups d'épaule* – **7.** *je vous le passe* – **8.** *elle serrait*

Texte 2

Proeza

El 20 de enero de 1937, aproximadamente a las once de la mañana, volaba sobre Vallecas una escuadrilla de trimotores fascistas. Bombardearon el pueblo al pasar. [...] De una [casita] salió una mujer con un niño de pecho[1] en brazos, llamando a sus hijos. En aquel momento el avión vació su carga[2] sobre la explanada y las casitas.
Tomó nuevamente altura y desapareció en el horizonte.
Quedaron en la explanada veintitrés cadáveres y tres heridos.
La mujer cayó muerta en la puerta de su casa. [...] Uno de los niños, de seis años, quedó tendido en el suelo, vivo, falto de un pie y la espalda abierta. Otro de diez años, ileso[3], pero echando sangre por sus orejas, reventados sus oídos[4] por las explosiones, salió corriendo, llevando a través del campo el cuerpo de la hermanita menor de cuatro años. Lo llevó él mismo hasta la casa de socorro: había recibido el polvo de la metralla y tenía más de cien heridas diminutas en su cuerpecito. [...]
La madre se llamaba: Librada García del Pozo. [...]
El avión era un trimotor junker alemán.
Los asesinos no tienen nombre.

Arturo Barea, *Cuentos completos,* 2006.

1. un bebé – **2.** *déversa ses munitions* – **3.** *sain et sauf* – **4.** *les tympans crevés*

I. Comprensión (Texte 1)

1. Apunta dos elementos que precisan el contexto de la escena.
2. Entresaca la frase que muestra la confusión que vivían las personas del edificio de Telefónica.
3. El bombardeo fue tremendo. Apunta la frase que lo evidencia.
4. ¿Verdadero o falso? Justifica tu respuesta con elementos del texto.
   a. La muchacha del relevo dominó su pánico.
   b. Lolita decidió quedarse para evacuar a los heridos.
   c. Lolita decidió volver a su puesto de trabajo para transmitir la información.
   d. Al final pudo establecer una conferencia con la *Internacional News Service.*
5. Busca dos elementos que subrayan el valor de Lolita.

II. Comprensión (Texte 2)

1. Apunta cuatro palabras o expresiones que evidencian el horror de la escena descrita.
2. ¿Cómo aparece el niño de diez años?
   a. como una víctima b. como un héroe
   c. perdido d. miedoso
   Elige la(s) respuestas correcta(s) y justifícala(s) con un elemento del texto.

En français : en une cinquantaine de mots et en t'appuyant sur des exemples précis des textes 1 et 2, montre que les héros peuvent être aussi des personnes du quotidien.

III. Expresión

1. Analiza y comenta la actitud de Lolita. (Unas 120 palabras.)
2. Imagina y redacta en unas 120 palabras el artículo que el corresponsal dictó a la *Internacional News Service.*
3. ¿Cómo ilustran estos textos un aspecto de la noción de "mitos y héroes"? (Unas 120 palabras.)

Conseils BAC

Comprensión

Lis au moins deux fois le/les textes puis les questions.

Texte 1

- Question 1 : Le contexte de la narration est important. Il te permettra de mieux saisir l'atmosphère et l'attitude des personnages et de répondre à toutes les questions du texte 1.
- Questions 2 et 3 : Sélectionne toute la phrase dont tu as besoin et recopie-la entièrement.
- Question 4 : En cherchant les justifications de *¿verdadero o falso?* tu trouveras des pistes pour répondre en partie à la question 1 de l'expression.

Texte 2

- Question 1 : Réponds à ces questions sans justifier ton choix car l'énoncé ne te le demande pas. Ne cite pas plus d'éléments que le nombre demandé.
- Question 2 : Cette question renvoie à la deuxième partie du texte.

Método Réfère-toi à la fiche méthodologique n° 3 sur la compréhension de l'écrit, p. 174.

Expresión

- Question 1 : La question 1 est une question d'analyse, tu dois donc citer le texte, mais c'est aussi une question personnelle, tu dois exprimer ton opinion avec le lexique qui concerne les qualités humaines, l'attitude.
- Question 2 : La question 2 est une question d'invention. Outre la rédaction de l'article pour laquelle tu t'appuieras sur les textes, tu devras donner ton avis ou terminer par une question d'ouverture. Des éléments de la notion dominante pourront être exprimés en guise de réflexion personnelle.
- Question 3 : La question 3 renvoie à la notion. Tu dois te servir des repérages que tu as réalisés dans la partie "comprensión".

Método Pour le travail d'invention et pour argumenter, tu peux te référer à la fiche méthodologique n° 4 « Organiser sa pensée à l'écrit et à l'oral », p. 175.

Nociones: mitos y héroes / lugares y formas del poder

Conseils BAC

→ Fiche méthodologique 2 p. 173

Travail sur la notion

- Choisis une des notions travaillées dans cette unité. Explique en quoi la thématique s'y rattache.
- Problématise ta réflexion, par exemple, sous la forme d'une question.
- Développe cette notion en t'appuyant sur les documents de ton dossier et les connaissances acquises dans l'année.

Mitos y héroes

Problemática

¿Todos los que participaron en la guerra civil española fueron españoles y reconocidos como héroes?

Pistas de reflexión

- **¿Quién intervino en el conflicto?** ¿Cuáles fueron las consecuencias para ellos? Las Brigadas Internacionales: una ayuda exterior, los luchadores extranjeros vinieron para ayudar a los republicanos españoles, p. 110, enfoque 3, p. 122. Los brigadistas suizos que se comprometieron en la lucha a pesar de la neutralidad de su país fueron condenados al destierro, p. 117. La dedicación de unos anónimos, españoles o no, que contribuyeron como pudieron, a su manera, a pesar del peligro, arriesgando su vida, p. 124, 127. El compromiso de las mujeres que participaron en el esfuerzo de guerra y que a veces hasta tomaron las armas para luchar en el frente, el ejemplo de la película *Libertarias,* p. 111, 113.
- **¿Cómo se comprometieron?** Las Brigadas Internacionales no solo tuvieron un papel de combatiente sino que se comprometieron también en causas sociales, p. 117. El papel de los periodistas y de los reporteros de guerra como por ejemplo Robert Capa, que gracias a sus testimonios dieron a conocer la situación española al mundo entero a pesar de lo arriesgado de la situación, p. 110, 122.
- **¿Qué consecuencias hoy para los familiares de las personas implicadas?** La dedicación actual de los que quieren que se investiguen y que se juzguen los crímenes franquistas, por ejemplo el juez Garzón, véanse también los testimonios de familiares que quieren que se investiguen, enfoque 4.

Lugares y formas del poder

Problemática

¿Qué formas de poder se expresaron a través de la guerra civil española y el franquismo?

Pistas de reflexión

- **¿Qué influencia en la movilización tuvo la propaganda en los dos bandos?** El ejemplo de las Margaritas, las campañas de alfabetización: un arma más para los republicanos (cartel p. 112 y película *La voz dormida* p. 114). El poder de la prensa y de los periodistas que pudieron dar a conocer la situación española al mundo entero y casi en tiempo real, p. 124.
- **¿Qué poder tuvo la ayuda exterior al país?** Por ejemplo la de las Brigadas Internacionales para los republicanos o la de Hitler y Mussolini para los nacionales p. 110, enfoque 3, p. 122.
- **¿Qué poder otorgó la victoria a los franquistas?** Los vencedores impusieron 36 años de silencio después de la dictadura de Franco (1939-1975). Hubo muchos juicios arbitrarios: el ejemplo de Julia Conesa y de la película *La voz dormida*. Actualmente la Ley de Memoria Histórica y su preámbulo impide toda investigación de gran amplitud en cuanto a los crímenes franquistas, enfoque 4.

Je comprends un extrait de récit sur la guerre civile

→ *Fiche photocopiable* Evaluación BAC

Un general en primera línea

El teniente coronel Rojo y el ayudante de Miaja consiguen que el General se ponga a salvo.

Miaja duda todavía antes de retirarse a su despacho del Ministerio. Su puesto en el momento crítico era aquél. De nada hubiesen servido las más previsoras órdenes dictadas desde su despacho. Había que estar allí. Su presencia física, esa sugestión imponderable que en un momento dado ejerce sobre una masa de combatientes un hecho, tan insignificante, al parecer, para la realidad de la lucha, como la acción de un hombre solo, ha sido, sin embargo, lo que ha salvado Madrid. El enemigo no llegó hasta aquella plaza de la Moncloa en la que se plantó Miaja con una pistola en la mano. Ni llegará nunca.

Miaja, que tiene las ropas empapadas[1], va a cambiarse en el domicilio del teniente.

[...] Cuando llega a su despacho, siente la necesidad imperiosa de dar rienda suelta a[2] la cólera que los acontecimientos le producen y apenas cierra tras él la puerta prorrumpe[3] en una sonora interjección y arroja[4] con furia su bastón de mando, que va a rebotar estrepitosamente[5] contra los mármoles de la chimenea.

Un personaje que discretamente disimulado en la penumbra de uno de los ángulos del salón ha podido presenciar la elocuente escena se adelanta para saludarle al mismo tiempo que comenta sonriente:

–Con un hombre que a su edad tiene tales energías no se puede perder Madrid. Me permito felicitarle, general.

Es el embajador de su Majestad británica.

Manuel Chaves Nogales, *La defensa de Madrid*, 2011.

1. *trempés* – **2.** *laisser libre cours à* – **3.** *il éclate* – **4.** *il jette* – **5.** *rebondir bruyamment*

1. ¿Dónde prefería estar Miaja? Contesta y justifica con dos elementos del texto.
2. Apunta la frase que subraya el valor del general.
3. Según Miaja, ¿qué ha salvado Madrid? Contesta con una expresión del texto.
4. Cita tres elementos que subrayan la rabia de Miaja.
5. Al ver la rabia del general, el embajador británico: **a.** tuvo miedo **b.** quedó admirado **c.** expresó su sorpresa. Elige la respuesta correcta y justifícala citando el texto.

Je comprends un témoignage sur la guerre civile espagnole

CD 2 PISTE 9 PISTE 20

Discurso de Ana María Matute

→ *Fiche photocopiable* Evaluación BAC

1. **Primera escucha.** Escucha globalmente y destaca quién habla, dónde y cuándo tiene lugar la escena (apunta palabras clave).
2. **Segunda escucha.** Destaca el tema y las ideas esenciales que se relacionan con el tema (apunta sobre todo palabras clave).
3. **Tercera escucha.** Completa los apuntes de tus dos primeras escuchas.
4. **Síntesis en francés.** Ahora tienes 10 minutos para sintetizar por escrito **en francés** lo esencial de lo que has oído y entendido, ayudándote de tus apuntes de las tres escuchas anteriores.

Literatura

Littérature étrangère en langue étrangère
L'écrivain dans son siècle
• roman social, roman policier, la littérature de guerre et d'après guerre, l'essai, le pamphlet, la satire ;

En las *Cartas marruecas*, José Cadalso retoma el modelo de muchos autores extranjeros del Siglo de las Luces que usaban el recurso de un supuesto viajero dotado de un gran sentido común, el cual observaba y contaba a un amigo, fingiendo ingenuidad, la realidad del país que visitaba. Aprovechó así Cadalso para dar, con ironía y crueldad a veces, su visión crítica de los males de España, la decadencia, la vida ociosa de los nobles, tal como lo hizo Montesquieu en *Les Lettres persanes*.

Grabado de *Los Caprichos*, «¡Qué sacrificio!», Francisco de Goya, 1799.

Carta LXXV, Gazel a Ben Beley

CD 2
PISTE 10 PISTE 21

Al entrar anoche en mi posada[1], me hallé con una carta cuya copia te remito. Es de una cristiana a quien apenas conozco. Te parecerá muy extraño su contenido, que dice así:

Acabo de cumplir veinticuatro años, y de enterrar mi último esposo de seis que he tenido [...] El primero fue un mozo de poca más edad que la mía, bella presencia, buen mayorazgo[2], gran nacimiento, pero ninguna salud. Había vivido tanto en sus pocos años, que cuando llegó a mis brazos ya era cadáver. [...] El segundo fue un viejo que había observado siempre el más rígido celibatísimo: pero heredando por muertes y pleitos unos bienes copiosos y honoríficos, su abogado le aconsejó que se casase; su médico hubiera sido de otro dictamen[3]. Murió de allí a poco, llamándome hija suya, y juro que como a tal me trató desde el primer día hasta el último. [...] El cuarto fue un hombre ilustre y rico, robusto y joven, pero jugador tan de corazón, que ni aún la noche de la boda durmió conmigo porque la pasó en un partido de banca. Diome esta primera noche tan mala idea de las otras, que lo miré siempre como huésped en mi casa [...] Pagóme en la misma moneda, y murió de allí a poco de haberle pegado un amigo suyo un candelero a la cabeza [...]

El quinto que me llamó suya era de tan corto entendimiento, que nunca me habló sino de una prima que él tenía y que quería mucho. La prima se murió de viruelas[4] a pocos días de mi casamiento, y el primo se fue tras ella. Mi sexto y último marido fue un sabio. [...] Quiso mi mala suerte que en la noche de mi casamiento se apareciese un cometa, o especie de cometa. [...] Mi esposo calculó que el dormir con su esposa sería cosa periódica de veinticuatro horas, pero que si el cometa volvía, tardaría tanto en dar la vuelta, que él no lo podría observar; y así, dejó esto por aquello, y se salió al campo a hacer sus observaciones. La noche era fría, y lo bastante para darle un dolor de costado del que murió.

Todo eso hubiera remediado si yo me hubiera casado una vez a mi gusto, en lugar de sujetarlo seis veces al de un padre que cree la voluntad de la hija una cosa que no debe entrar en cuenta para el casamiento.

José Cadalso, *Cartas marruecas,* 1ª ed. 1789.

1. auberge - 2. ici, héritier - 3. ici, avis - 4. ici, petite vérole

José Cadalso
(1741-1782)

José Cadalso fue oficial del Ejército español hasta conseguir el grado de coronel. Vivió en muchas ciudades españolas y viajó por toda Europa de forma que se contagió del espíritu de la Ilustración. Entre sus obras mayores destaca: *Noches lúgubres*, que se publicó primero en el diario *El correo de Madrid* entre 1789 y 1790. En esta obra desarrolla una temática –melancolía, desesperanza– que hace de él un precursor del Romanticismo español. Su obra mayor es *Cartas Marruecas* (1788-1798).

1. ¿Cuáles son los puntos comunes entre los varios casamientos de esta cristiana?
2. ¿Por qué fueron posibles tales casamientos?
3. Cita expresiones que ilustran el humor de la narradora.
4. ¿Qué quiere denunciar Cadalso con la supuesta carta de la cristiana?

• le débat d'idées, l'engagement et la résistance, la transgression, la dérision, l'humour.

Con otros poetas o novelistas, Jaime Gil de Biedma forma parte de lo que se suele llamar la "generación de 1950" o, simplemente, la corriente de la poesía social. Buena parte de su poesía corresponde a la frase del poeta Antonio Machado "estar a la altura de las circunstancias" y de la poética de su contemporáneo, el poeta Gabriel Celaya, quien había afirmado que "la poesía es un arma cargada de futuro". Tanto Machado como Celaya querían afirmar así la responsabilidad del intelectual que tiene que comprometerse. Se apartó de la poesía social a partir de 1966, volviéndose un poeta de la experiencia personal, del dolor interior.

Jaime Gil de Biedma.

Lágrima

CD 2 PISTE 11 PISTE 22

No veían la lágrima. Inmóvil
en el centro de la visión, brillando,
demasiado pesada para rodar por mejilla de hombre,
inmensa,
decían que una nube, pretendían, querían
no verla
sobre la tierra oscurecida,
brillar sobre la tierra oscurecida.
[…]Así es el mundo
y así los hombres. Ved
nuestra historia, ese mar,
ese inmenso depósito de sufrimiento anónimo,
ved cómo se recoge
todo en él: injusticias
calladamente devoradas, humillaciones, puños
[…]
y llantos, conmovedores llantos inaudibles
de los que nada esperan ya de nadie…
Todo, todo aquí se recoge, se atesora, se suma
bajo el silencio oscuramente,
germina
para brotar adelgazado en lágrima,
lágrima transparente igual que un símbolo,
pero reconcentrada, dura, diminuta
como gota explosiva, como estrella
libre, terrible por los aires, fulgurante, fija,
único pensamiento de los que la contemplan
desde la tierra oscurecida,
desde esta tierra todavía oscurecida.

Jaime Gil de Biedma (1956).

1. Fijándote en los versos 1-8, di en qué se oponen dos universos. ¿Por qué?
2. Según tu opinión, ¿qué sentimientos expresa el poeta a través de los versos "Así es el mundo/y así los hombres"?
3. ¿Qué valor tendrá el imperativo "ved"? Justifica.
4. ¿Será la "lágrima" símbolo de dolor o de esperanza? Justifica tu respuesta.
5. ¿En qué estriba la denuncia en este poema?

Jaime Gil de Biedma
(1929 – 1990)

Nació en una familia castellana acomodada afincada en Barcelona. Cursó estudios de Derecho y trabajó en el negocio tabacalero de su familia. Llevó pues una doble o triple vida, según decía: hombre de negocios, intelectual marxista y una vida personal marcada por su homosexualidad. Así que vivió entre la crisis personal, la amargura frente a la situación política y el pesimismo autodestructivo. Escribe en su autorretrato "Contra Jaime Gil de Biedma": "Te acompañan las barras de los bares / últimos de la noche, ...las calles muertas de la madrugada / y los ascensores de luz amarilla / cuando llegas, borracho, / y te paras a verte en el espejo / la cara destruida..."

Francesc Catalá Roca, 1960.

1953: el Madrid de la posguerra surge a través de la vida cotidiana de los huéspedes de la pensión de doña Amelia, vencidos acallados por la victoria franquista. Distinta de la corriente de la "novela social" de los años cincuenta, la novela de Gómez Rufo no da solo una visión maniquea de la realidad política y social sino que matiza o potencia la aspereza del impacto de la dictadura con la dimensión individual de los hombres: sus sentimientos, su ternura, su debilidad.

Una España en blanco y negro

CD 2 PISTE 12 PISTE 23

Vuelve a Madrid el anarquista Ernesto Bacigalupe.

Ernesto Bacigalupe miró las afueras de una ciudad en la que aparentemente todo era normalidad en un día a día sin sobresaltos. [...]

Pero de repente se dio cuenta de que la ciudad no era lo que veía a través de los cristales sino precisamente lo que se reflejaba en ellos [...]. España viajaba en el autobús, junto a él, y allí se encontró con ojos de hielo, silencio y luto, hombres que no se atrevían a mirar y mujeres que murmuraban, como si rezaran o recordasen sus muertos. Los miró, uno a uno, pero nadie fue capaz de sostenerle la mirada. Las arrugas de la frente guardaban duelos y resignación; los dedos de las manos padecían de artrosis, como si la especie de los vencidos hubiese evolucionado hasta la cobardía[1] de esconderse para evidenciar que no eran capaces de apretar un gatillo[2], ellos no, nunca pudieron, con esos dedos no es posible sostener un arma; además, llevaban las cabezas cubiertas con boinas viejas y pañuelos negros para negar que tuviesen ideas propias, o impedir, si las llegaban a tener, que saliesen de allí; [...] España viajaba en aquel autobús destartalado[3] y asmático a donde quiera que el conductor decidiese llevarlo, no habría ninguna protesta si decidía cambiar el trayecto sin advertirlo [...].

Ernesto Bacigalupe descendió de la camioneta y vio llegar el tranvía que le había indicado aquel hombre, pero no se fijó en el coche negro que le había estado siguiendo y que ahora también se había detenido cerca para continuar la vigilancia. [...]

Pensó que Madrid no era un lugar para quedarse; más bien parecía un presidio[4] que intentaba atrapar a la gente por sus instintos: la avaricia, la lujuria o la soberbia. [...] Un foro de funcionarios, [...] orgullosos del poder minúsculo que les proporcionaba el uniforme prestado que se ponían cada mañana para, amparados en él, ordenar, permitir o prohibir detrás de una mesa [...]. Una ciudad de mentiras, apariencias engañosas y alegrías falsas [...]. Madrid mentía, no era difícil saberlo porque los esfuerzos por ocultarlo tampoco eran denodados[5], sobre todo porque a todo el mundo le convenía fingir que era ciego.

Antonio Gómez Rufo, *Balada triste en Madrid,* 2006.

1. lâcheté - 2. appuyer sur la gachette - 3. déglingué - 4. prison - 5. courageux

Antonio Gómez Rufo
(Madrid, 1954)

Antonio Gómez Rufo estudió Derecho en la Universidad Complutense de Madrid y fue funcionario en el Ayuntamiento de Madrid como director del área de cultura, y asesor de asuntos culturales en el Parlamento. Permaneció a lo largo de aquellos años, colaborador de periódicos como *El Independiente, El Sol* o *El País*. Hoy en día no solo se dedica a la literatura sino que también se ha convertido en director de cine: acaba de rodar un docudrama (mayo de 2012), después de haber participado en numerosos guiones, como el de la última película de Luis García Berlanga (1999). Más informaciones: http://www.gomezrufo.net/bienvenida.htm

1. ¿Con qué palabras expresa Bacigalupe lo que experimenta frente a la visión que tiene de Madrid?
2. ¿Por qué, según el narrador, la gente se contenta con la vida que lleva?
3. ¿Cómo se nota la presencia de la dictadura a lo largo del texto?
4. ¿Cómo se explica el desprecio que experimenta Bacigalupe hacia la sociedad madrileña?

1977, Buenos Aires en plena dictadura. Tres cadáveres: dos fusilados ¿subversivos? y otro que no presenta las mismas similitudes... El inspector Lascano apodado "El perro", investiga llevándonos por la ciudad a descubrir distintas capas de la sociedad. Como en muchas novelas negras, la crítica política de la sociedad es subyacente dado también el trágico contexto de la dictadura de los militares (1976-1983). La investigación nos sumerge en los entresijos de un universo despiadado. Esta novela fue publicada en Argentina en 2007 bajo el título *La aguja en el pajar.*

Lascano encuentra la aguja en el pajar

CD 2 PISTE 13 PISTE 24

Lascano arroja un sobre [...] encima del expediente que está leyendo [el juez].
–El caso Biterman. Está resuelto.
–Bueno, qué eficiencia. Si todos los policías fueran como usted... Cuénteme. [...]
–El cadáver fue plantado [...] junto a dos pibes[1] que fusiló el grupo de Giribaldi. [...] El mayor Giribaldi le dio el dato a Amancio, luego su gente lo haría desaparecer como NN[2] junto con los otros dos. [...] Toda la información la tiene en el sobre. [...]
El pinche[3] del juzgado está ordenando los expedientes que Marraco acaba de firmar. [...] El juez está terminando de hablar por téléfono. [...]
–Che, pibe. [...] Deja todo lo que estás haciendo y lleva este sobre. Ahí tenés la dirección. Apúrate, lo están esperando.
[...] Suena el timbre. Giribaldi se levanta y va hasta la puerta. [...]
El [dedo] mayor rasga el sobre. Allí está la foto de Elías Biterman muerto, los informes del forense[4], de balística, del laboratorio, y un largo escrito firmado por Lascano, en el que describe los pasos y resultados de su investigación. Giribaldi piensa que es una lástima que ese tipo, tan brillante para investigar, no hubiera estado del lado de los justos. Pero bueno, muchas veces las mentes brillantes son las que se extravían con mayor facilidad. La gente, cuando piensa demasiado, termina yéndose a la mierda. Comienza a arrojar al fuego todos estos documentos. [...]
No muy lejos de allí, Marcelo, el pinche de Tribunales, se ha encerrado en su habitación en la casa de sus padres. [...] En la falda tiene un sobre lleno de fotocopias que ha pagado de su propio bolsillo. Saca una de ellas y se pone a leer. De: comisario Venancio Ismael Lascano. A: Doctor Humberto Marraco, juez. Causa: Elías Biterman, homicidio...
[...] Marcelo termina de leer el informe de Lascano. Ha analizado las pruebas, los documentos, con la meticulosidad de un estudiante aplicado. Luego, pensando que en algún momento estos documentos podrán hacerse valer, los coloca en la biblioteca.

Ernesto Mallo, *Crimen en el Barrio del Once,* 2011.

1. *jeunes (Argentine)* - 2. sigla latina nomen nescio (desconozco el nombre) - 3. *ici, greffier* - 4. *médecin légiste*

Ernesto Mallo
(La Plata, 1948)
Ernesto Mallo es guionista, dramaturgo y periodista independiente argentino. Ganó el Premio de la Semana Negra de Gijón (2007) con esta primera novela protagonizada por el comisario Lascano, punto de partida de una saga de tres novelas. Con mucho humor, Mallo se retrata en su sitio www.ernestomallo.com.ar/

1. Muestra cómo Ernesto Mallo consigue subrayar la violencia de la dictadura.
2. ¿Por qué se beneficiaba la dictadura de una total impunidad?
3. ¿En qué medida se puede afirmar que Lascano y el pinche Marcelo son "resistentes"?

Pistes pour préparer/compléter ton dossier

España

- Teatro. José Sanchis Sinisterra, *¡Ay, Carmela!* (1986)
- Cine. Juan Antonio Bardem, *Muerte de un ciclista* (1955); Marco Ferreri, *El pisito* (1959); Luis García Berlanga, *¡Bienvenido Mister Marshall!* (1952); *El verdugo* (1693)
- Novela. Juan Goytisolo, *Juegos de mano* (1954); Rafael Sánchez Ferlosio, *El Jarama* (1955)
- Poesía. Leopoldo de Luis, *Poesía social española contemporánea, antología* (1939-1968), 1968, nueva edición 2000.

América Latina

- Novela. Ramón Díaz-Eterovic (Chile), *La Ciudad está triste* (1987); Ernesto Mallo (Argentina), *Los hombres te han hecho mal* (2012).
- Poesía. Nicolás Guillén (Cuba), *Sóngoro cosongo* (1931); *West Indies Ltd* (1934), *La paloma de vuelo popular* (1958); *Tengo* (1964); *El gran zoo* (1967)
- Cine. Miguel Littín, *¡Viva el presidente!* (1978) (basada en *El recurso del método* de Alejo Carpentier), Miguel Littín, *Dawson, isla 10* (2010) (basada en *Isla 10* de Sergio Bitar)

Unidad 7 Piensa en lo

Espacios e intercambios / La idea de progreso

1 ¡Que te vamos a matar! (*Traición*, Mario Sánchez Nevado).

2 El euro se viste de verde.

Expresiones útiles

la pistola: *le pistolet*
el gatillo: *la gâchette*
los llantos: *les pleurs*
los desechos: *les déchets*
la basura: *les ordures*
la pantalla: *l'écran*
amenazar con: *menacer de*
podar: *tailler*
corre prisa: *c'est urgent*
recoger: *ramasser*

que haces

3 Corre prisa.

Para empezar

1. Después de describir el documento 1, di si compartes o no el pesimismo que se desprende. Justifica tu respuesta.
2. ¿Qué sugiere el dibujante del documento 2 al transformar el arbusto en dinero?
3. Tras observar el documento 3, explica qué cambios de comportamientos quisiera generar.
4. A través de estas tres iconografías, subraya los desafíos que tiene que enfrentar el hombre y las soluciones posibles.

Activités langagières

Réception

Comprendre des enregistrements portant sur le commerce équitable et le forum social mondial.
p. 138, 139, 141, 149

Comprendre le lien de l'homme et la nature.
p. 134, 135, 136, 137, 140, 141, 149

Production

Présenter oralement un projet afin de sensibiliser les concitoyens.
p. 141

Réaliser une mini-enquête sur les inégalités pays pauvres - pays riches.
p. 139

Rédiger un tract afin de sensibiliser les élèves sur les dangers qui menacent la planète.
p. 135, 137

Objectifs linguistiques

Lexique

- L'homme, son lien avec la terre-mère
- L'exploitation de la nature
- La répartition des richesses
- L'économie verte
- L'engagement envers les autres

Grammaire

- *Por* + infinitif
- La traduction de « devenir »
- *Cuanto más... más, Cuanto menos... menos*
- L'enclise
- La traduction de « dont »
- Les adjectifs démonstratifs

Objectifs bac

BAC

- Bac écrit p. 146-147
- Bac oral p. 148

Proyecto final

Creas una asociación para sensibilizar a la población sobre la necesidad de preservar los parques nacionales y, más precisamente el parque de Iguazú.

Fusiónate con la tierra

¿De dónde venimos?

El hombre tierra fue, vasija[1], párpado
del barro[2] trémulo, forma de la arcilla[3],
fue cántaro[4] caribe[5], piedra chibcha,
copa imperial o sílice araucana[5].

Pablo Neruda, *Canto general,* 1950.

1. *pot* – 2. *ici, terre glaise* – 3. *argile* – 4. *cruche* – 5. *peuples de l'Amérique précolombienne*

Urna antropomorfa (Monte Albán-México).

Si te fijas...

¿En qué medida la urna funeraria antropomorfa ilustra los versos de P. Neruda "El hombre tierra fue, vasija..."?

Formación de los hombres de maíz

[Los dioses] Se juntaron y vinieron todos en grupo y celebraron consejo en la oscuridad de la noche, y discutieron y dieron su opinión, preguntaron, y luego se entristecieron porque no encontraron dónde estaba la materia para hacer la carne[1] del hombre. [...] Y de esta reunión, con toda claridad, salió a luz su sabiduría, y hallaron[2] lo que buscaban para hacer la carne del hombre. [...] Cuatro animales son los que trajeron y dieron a conocer las mazorcas de maíz[3] amarillo y blanco. Este maíz amarillo y blanco fue lo que hallaron los Creadores como lo apropiado para comida del hombre y de esto se hizo su carne cuando el hombre fue formado, y asimismo[4] de este alimento se hizo la sangre del hombre. Y todos se alegraron[5] por haber hallado una hermosa tierra llena de dulzura, donde había muchas mazorcas amarillas y blancas, y muchos árboles de cacao, y eran innumerables los árboles [...]. Aquel lugar de delicias estaba lleno de sabrosos alimentos. [...] Y los hombres, cuando fueron hechos [...] empezaron a mirar y llegó su vista a ver todo el mundo, y supieron cuánto existe; y no tenían necesidad de andar ni de correr, ni siquiera de cambiar de sitio, para que pudieran ver todo lo que hay en el Cielo, y desde un solo lugar lo veían todo.

Popol Vuh, Tercera narración, cuarta edad.

1. *ici, la chair* – 2. *ils trouvèrent* – 3. *épis de maïs* – 4. *ainsi* – 5. *ils se réjouirent*

¿Sabías que...?

El Popol Vuh: textos-testimonios de la concepción de los mayas-quiché del universo y de su creación.

Di lo que entiendes

1. ¿Para qué se juntaron los dioses?
2. ¿Lograron los dioses encontrar lo que buscaban?
3. ¿Para qué sirvió el maíz?
4. Apunta las palabras o expresiones que sugieren la abundancia, la idea de paraíso.
5. ¿Qué vínculos entre el hombre y la tierra pone de realce el Popol Vuh?

Expresiones útiles

la creencia: *la croyance*
el anhelo: *l'aspiration*
el origen: *l'origine*
la semejanza: *la ressemblance*
los antepasados: *les ancêtres*
las raíces: *les racines*
alimentar / nutrir: *nourrir*
ponerse de acuerdo: *se mettre d'accord*
reflexionar: *réfléchir*
crear: *créer*

¿Adónde vamos a parar?

Se mueren los glaciares de muerte lenta.
El glaciar nació altivo[1] y era agua pura
pero muy pronto el hombre
puso la soga[2] al cuello del agua clara
y era como si fuera una cuchara de hiel[3] artera,
de hiel artera.

Arde el aire del mundo, el calentamiento
y los glaciares sufren ancho tormento.
El calor los golpea sin miramientos[4]
y a ojos vista se esfuman[5] con descontento,
con descontento.

El agua es para el hombre fuente de vida.
Nadie vive si el agua termina herida.
Nadie vive si el agua se hunde en el suelo.
El agua es para el hombre vida y consuelo,
regalo y cielo.

Paren la alevosía[6], busquen más lejos,
que Pascua Lama existe como un espejo
de luces aurorales bruñido y viejo
sobre el desierto pardo[7] y el negro puerto[8],
negro reflejo.

El agua es para el hombre
la bienamada,
pero podría hacerse copa vaciada
si no alzamos el puño[9] contra el abuso
de cambiar los glaciares por oro sucio,
por oro sucio.

Patricio Manns, *De Pascua Lama*, 2011.

1. *fier* – **2.** *corde* – **3.** *fiel* – **4.** *ici, considération* – **5.** *ici, fondent* – **6.** *traîtrise* – **7.** *gris* – **8.** *ici, col* – **9.** *lever le poing*

Defiende tu tierra.

¿Sabías que...?

La canción de **Patricio Manns** – premio "Gaviota de Plata" del Festival Internacional de la Canción de Viña del Mar (Chile) en febrero de 2011 – defiende el **glaciar de Pascua Lama** en la Cordillera de los Andes contra su explotación minera por la empresa canadiense Barrick Gold.

Di lo que entiendes

1. ¿Qué es "Pascua Lama"?
2. ¿Cómo se explica la muerte de los glaciares?
3. Apunta las palabras asociadas al agua y di por qué es "fuente de vida".
4. ¿Qué pide en la cuarta y quinta estrofa el cantante Patricio Manns?
5. ¿Qué te sugiere la expresión "el oro sucio"?
6. ¿Te parece que el paisaje del cartel potencia el eslogan "No a Pascua Lama, defiende tu tierra"? Justifica tu respuesta.

Expresiones útiles

los destrozos: *les dégâts*
la codicia: *la cupidité*
la sequía: *la sécheresse*
el deterioro: *la détérioration*
explotar: *exploiter*

En acción

Participa con tu instituto en una campaña de prevención contra el deterioro del planeta.

> Redacta una octavilla *(un tract)* con el logotipo de tu instituto.
> Enumera los peligros que corre el planeta y expresa tu indignación respecto a los comportamientos irresponsables de los hombres, usando frases cortas.
> Añade una foto o un dibujo que pueda ilustrar tus ideas.

Gramática

Por + infinitif

Por + infinitif peut se substituer à *porque* + indicatif.

Se alegraron por haber hallado una hermosa tierra [...]
→ *Se alegraron porque habían hallado una hermosa tierra.*

La traduction de « devenir » → Précis grammatical p. 203

Hacerse traduit « devenir » dans le cas d'un changement durable, volontaire et souvent progressif.

[...] pero podría hacerse copa vaciada.

Economía verde, ¿un remedio a la crisis?

"Verde, que te quiero verde..."

Pasión, especialización y conciencia social. Con esta idea, cada vez más jóvenes y directivos[1] se lanzan a montar un negocio relacionado con energías renovables, gestión de residuos, agricultura ecológica o transporte sostenible. Un nombre les describe bien: ecoemprendedores. Son todavía una minoría, pero el sector de la economía verde ya da empleo a medio millón de personas en España, un 2,6% de la población ocupada, cifra que, según varios estudios, no dejará de[2] crecer en la próxima década. «Se ha superado[3] el cliché de que la economía verde es cosa de cuatro chiflados[4]. Ahora supone una excelente salida laboral, las empresas no tienen más remedio que ser sostenibles, y el consumidor está abierto a nuevas propuestas», explica Josep Ballesté, fundador de Vertical Farming. La idea de Ballesté puede parecer descabellada[5], pero firmas de Estados Unidos y Canadá ya la aplican con éxito: plantar huertos[6] urbanos en el tejado de los edificios. Ballesté negocia ahora con dos grandes cadenas de supermercados de Madrid y Londres para instalar un huerto en la azotea[7] de sus sedes pero son proyectos intensivos en capital y de maduración muy lenta. El perfil ideal de un ecoemprendedor sería el de un técnico, un ingeniero, rodeado de un sólido equipo, con experiencia previa en el sector ambiental y sobrado de motivación.

Miguel Ángel Méndez, "Cuánto más empresas 'verdes', mejor", *El País*, 8/04/2012.

1. *cadres* – **2.** *cessera de* – **3.** *a dépassé* – **4.** *cinglés* – **5.** *farfelue* – **6.** *jardins potagers* – **7.** *terrasse*

sostenible.cat
(realización de Josep Ballesté, "Vertical Farming").

Di lo que entiendes

1. Da una definición del ecoemprendedor.
2. Cita las cualidades que debe tener.
3. Apunta la frase que revela que la noción de "economía verde" se está abriendo paso en la sociedad.
4. ¿En qué consiste el "vertical farming"?
5. Cita dos lugares donde se realizó el "vertical farming".
6. Según el texto, los proyectos de economía verde son:
a costosos. b rápidamente rentables. c fáciles de realizar.
7. Estos proyectos, ¿te parecen serios o descabellados? Justifica tu opinión.

Expresiones útiles

la economía sostenible: *l'économie durable*
el segmento: *le créneau*
innovador(a): *innovant(e)*
esperanzador(a): *prometteur(se)*
invertir (ie): *investir*
fomentar: *encourager*
emprender: *entreprendre*

¡A cambiar nuestras costumbres!

Los impulsores[1] del Plan de Energías Renovables (2011-2020) aprobado en España quieren que al final de este periodo se incremente[2] su abastecimiento[3] con estos sistemas ecológicos a un 20,8% y reduzca así su gran dependencia de los combustibles fósiles del exterior. La eólica representará la mayor aportación, seguida del grupo de biomasa, biogás y residuos. La hidráulica, los biocarburantes "sostenibles" y las solares tendrán participaciones "importantes". Se impulsarán también las tecnologías más inmaduras pero prometedoras, como los biocarburantes de nueva generación, los sistemas de acumulación de energía, la geotermia, la energía de las olas.

A pesar de ello, las críticas entre los diversos protagonistas del sector energético no se han hecho esperar. Entre ellas, la que asegura que el consumidor pagará por ellas unos 400 euros anuales, 150 euros más que ahora, dado que se trata de un desarrollo muy relevante de las tecnologías más caras, como son la termosolar y la fotovoltaica. En cualquier caso, el gobierno sostiene que los consumidores deben ver las renovables no como un derroche[4], sino como una inversión[5] que ayudará a garantizar el suministro[3] con una energía "propia, limpia e inagotable[6]". El ministro asegura además que «cuanto menos petróleo, gas o carbón tengamos que importar, más se aliviará nuestra factura eléctrica». De todas formas, a medio y largo plazo el petróleo, gas y carbón costarán al consumidor español diez veces más que las renovables. Por otra parte, otros como los responsables de *Greenpeace* España opinan que España podría satisfacer todas sus necesidades energéticas con renovables.

Alex Fernández Muerza, consumer.es, 24/11/2011.

1. *les promoteurs* – **2.** *on augmente* – **3.** *approvisionnement* – **4.** *gaspillage* – **5.** *un investissement* – **6.** *inépuisable*

Di lo que entiendes

1. ¿Cuál es la meta del Plan de Energías Renovables?
2. Cita las tres energías de mayor aportación.
3. Apunta una energía prometedora.
4. Cita un argumento dado por los que están en contra de este Plan.
5. Enumera los argumentos presentados por los que están a favor de este Plan.
6. En tu opinión, ¿este Plan sería un derroche o una inversión esperanzadora?

Expresiones útiles

los avances: *les progrès*
el medio ambiente: *l'environnement*
largo, medio, corto plazo: *long, moyen, court terme*
aplazar: *ajourner*
encarecer: *renchérir*

En acción

Redacta una carta convincente.

Motivado por los temas medioambientales, mandas una carta, o un correo electrónico, a tus vecinos.
> Enumera las energías renovables y otros proyectos innovadores.
> Convéncelos de la necesidad de adoptarlos.
Utiliza el verbo "hacerse".

Gramática

Cuanto más... más, cuanto menos... menos

→ Précis grammatical p. 201

Pour traduire « plus... plus ; plus... moins », on utilise cuanto más... más, cuanto más... menos.

Si la comparaison porte sur un verbe, on emploie : cuanto más (menos) + verbe + más (menos).

Si la comparaison porte sur un nom : on accorde cuanto avec le nom : cuanto (a + s) más (menos) + nom + más (menos) + suite de la phrase.

Cuanto menos petróleo, [...] tengamos que importar, más se aliviará nuestra factura eléctrica.

¿Hacia un mundo mejor?

¿Poderoso caballero, don Dinero?

¡Ay del planeta!

Expresiones útiles
el planeta: *la planète*
el barreño: *la bassine*
la picadora: *le hachoir*
convertirse en: *devenir, se transformer en*
triturar: *broyer*

Si te fijas...

1. Di lo que le ocurre al planeta.
2. ¿Qué quiere denunciar el autor a través de su dibujo?
3. ¿Estás de acuerdo con la visión del mundo que nos propone el dibujante?

Comercio justo

CD 2 PISTE 14

Di lo que entiendes

1. Cita tres sectores afectados por las grandes marcas que reivindican el comercio justo.
2. Completa las frases siguientes:
   a. El comercio justo representa el ...% de la cifra de negocios.
   b. Su progresión es del ...%.
3. Entresaca cinco palabras que subrayan que se puede conciliar la economía y la moral.
4. Al principio, ¿qué se podía encontrar en las tiendas solidarias?
5. ¿Qué tipo de consumidores entraban en estas tiendas?
6. ¿Qué tipo de productos no se encontraba?
7. ¿Qué hicieron las asociaciones a partir de 1998 para promover el consumo justo? ¿Por qué?
8. Cita dos expresiones que recalcan la evolución del comercio justo.

Mundo injusto

Si te fijas...

1. Describe a los dos tipos de personas comparándolos.
2. ¿Qué impresión se desprende de la cara del hombre sentado y de las actitudes de todos?
3. ¿Qué simbolizan estas personas?
4. ¿Qué visión nos da el dibujante de las relaciones entre los países ricos y los pobres?

¡A repartir las riquezas!

Expresiones útiles

la desproporción: *la disproportion*
las migajas: *les miettes*
las desigualdades: *les inégalités*
el desprecio: *le mépris*
recoger: *ramasser*
someterse: *se soumettre*
chupar(se) los dedos: *(se) lécher les babines*
atiborrarse: *se goinfrer*

Otro mundo es posible

CD 2 PISTE 15 PISTE 25

Di lo que entiendes BAC

Primera escucha. Escucha globalmente y destaca, dónde y cuándo tiene lugar el evento (apunta palabras clave).

Segunda escucha. Destaca el tema y las 5 ideas esenciales que se relacionan con el tema (apunta sobre todo palabras clave).

Tercera escucha. Completa los apuntes de tus dos primeras escuchas.

Síntesis en francés. Ahora tienes 10 minutos para sintetizar por escrito en francés lo esencial de lo que has oído y entendido, ayudándote de tus apuntes de las tres escuchas anteriores.

Gramática

L'enclise → Précis grammatical p. 204

Les pronoms personnels compléments et réfléchis se placent après le verbe et se soudent à lui lorsque le verbe se trouve à l'impératif, à l'infinitif et au gérondif.

Attention ! Pour les verbes pronominaux :
> perte du « s » à la 1re personne du pluriel de l'impératif
> perte du « d » à la 2e personne du pluriel

~~acerquémosnos~~ → *acerquémonos*
~~sentados~~ → *sentaos*

En acción

Haz una encuesta y coméntala.

Imagina cinco preguntas para saber lo que la gente piensa de las desigualdades entre países ricos y países pobres.
> Haz las preguntas a tres alumnos de tu clase.
> Presenta los resultados de tu mini entrevista y coméntalos dando tu opinión acerca del tema durante 2 minutos.

Atiende a los hombres

Donde veas

La mano tendida.

Donde veas
que un muro con trabajo se levanta
para quitar al hombre frío y miedo,
acércate y coloca unos ladrillos[1]
calientes con el roce[2] de tus manos.

Donde veas
que un hombre marcha solo, acaso ciego,
acaso extraviado[3] y sin cayado[4],
acércate y camina a su costado,
dale tu luz y canta por su boca.

Donde veas
que un niño llora a solas o una madre
vacila bajo el peso de los hijos,
acude con la fuerza de tus brazos,
parte su pan y cuida de su lumbre[5].

Donde veas
que el látigo[6] o la espada se levantan,
que la prisión redobla sus cerrojos[7],
que los fusiles amenazan muerte,
acércate y a pecho descubierto,
lanza un tremendo NO que salve al mundo.

Ángela Figuera, *Belleza cruel*, 1958.

1. *briques* – **2.** *frôlement* – **3.** *perdu* – **4.** *bâton* – **5.** *ici, foyer* – **6.** *fouet* – **7.** *verrous*

Expresiones útiles

- el desamparo: *le désarroi*
- ayudar al prójimo: *aider son prochain*
- tender la mano [ie]: *tendre la main*
- respaldar: *soutenir*
- rechazar: *rejeter*
- remover las conciencias: *faire prendre conscience*

Si te fijas...

1. Fíjate en el promotor (necesitodetodos.org) y en el enganche del cartel y explica el objetivo de la campaña.

2. ¿En qué medida la iconografía traduce muy bien el mensaje de la campaña?

Di lo que entiendes

1. Lista las palabras que evocan el desamparo del hombre en las tres primeras estrofas.

2. Apunta los imperativos y las repeticiones. ¿Para qué sirven?

3. Entresaca en la última estrofa los elementos que subrayan la violencia y la represión.

4. Explica lo que da a entender Ángela Figuera con esa negación en mayúsculas en el último verso: "Lanza un tremendo NO..."

5. ¿Contra qué lucha Ángela Figuera y a qué nos incita a través de su poema?

Famosos al servicio de los demás

El reconocido publicista español Alejandro Toledo se cruzó un día con un antiguo compañero de trabajo y, al acercarse a él para saludarlo, se dio cuenta de que se dirigía a un comedor social. Aquel incidente marcó un antes y un después en la vida de Toledo, que se acercó a Cáritas Madrid y se ofreció a grabar un vídeo completamente gratis para que la sociedad tomara conciencia de la realidad que viven muchas familias en tiempos de crisis. [...] El cortometraje, que se rodó en Madrid, será emitido en televisión y cuenta con la música original de otro publicista, José Bataglio, que también trabajó gratis para la organización benéfica. Y es que ninguno de los profesionales que intervinieron en el anuncio, que Toledo valora en unos 40 000 euros, cobró[1] por los servicios prestados para su realización. Empezando por él, que hizo[2] a veces de director, pero tampoco los actores. De hecho, la pequeña que da vida a la protagonista de la producción audiovisual es nada menos que su hija. [...] "En los comedores y albergues", explica el publicista, "te esperas encontrar a gente *homeless* y cosas así. Pero la realidad es la que hemos conocido rodando. Las personas van vestidas con sus trajes del Corte Inglés[3]. La imagen que teníamos de los necesitados[4] ha cambiado radicalmente. Y eso es lo más impactante. Es algo que me puede ocurrir a mí[5], por ejemplo, a personas con hijos pequeños. Eso es lo que más me chocó".

El País, 11/04/2012.

1. *n'a pas reçu d'argent* – **2.** *ici, occupa le poste* – **3.** *nom d'un grand magasin espagnol* – **4.** *nécessiteux* – **5.** *qui peut m'arriver*

Di lo que entiendes

1. ¿Qué incidente generó la decisión que tomó el publicista?
2. ¿Qué decidió este publicista para que la sociedad tomara conciencia de la realidad?
3. ¿Por qué se puede decir que los que intervinieron eran desinteresados?
4. ¿Quiénes son los nuevos pobres, según Alejandro Toledo? ¿Por qué?

Expresiones útiles

el mendigo: *le mendiant*
pedir limosna: *faire l'aumône*
comprometerse: *s'engager*
involucrarse: *s'impliquer*
denunciar: *dénoncer*

Fotograma del clip de Alejandro Toledo para Cáritas.

Sin techo

Si te fijas...

1. ¿En qué condiciones viven la niña y su padre?
2. ¿Cómo consigue el realizador de este clip conmovernos?
3. Según tu opinión, ¿podrían ser estas personas tus vecinos de casa?

Gramática

La traduction de « dont » → Précis grammatical p. 210

« Dont » se traduit par **cuyo** s'il est complément d'un nom. Attention à sa construction : pas d'article après **cuyo** mais accord avec le nom auquel il se rapporte.

*[...] había niños **cuya** única **comida** [...]*

Les adjectifs démonstratifs → Précis grammatical p. 203

Aquel exprime l'éloignement dans le temps ou dans l'espace.

***Aquel** incidente marcó un antes y un después [...]*

En acción

Haces de representante de una ONG.

> Delante de los demás alumnos, presenta tu asociación con el fin de obtener más ayuda.

> TICE Busca argumentos convincentes en http://www.caritasmadrid.org/colabora y http://www.infanciaconfuturo.org/blog/

Unidad 7 Gramática

→ *Précis grammatical (avec exercices) p. 200*

Por + infinitif *(Enfoque 1)*

1 Remplacer « *porque* + verbe conjugué » par « *por* + infinitif ».

a. Los glaciares mueren porque no nos preocupamos por el entorno.

b. Los dioses se reunieron varias veces porque no encontraban soluciones.

c. Porque habían hallado el maíz, se alegraron.

d. Explotamos demasiado la naturaleza porque somos codiciosos.

La traduction de « devenir » *(Enfoque 1)*

2 Complète les phrases suivantes avec : *volverse, convertirse en, llegar a ser* ou *hacerse*.

a. El calentamiento del planeta ... un problema serio.

b. Después de reflexionar mucho, los dioses ... creadores.

c. El color de los glaciares ... gris.

d. Los países del Norte quieren ... ricos, dominando los del Sur.

Cuanto más... más, cuanto más... menos, cuanto menos... menos *(Enfoque 2)*

3 Complète ces phrases en utilisant des conjonctions exprimant la comparaison.

a. ... se reduce el uso de los combustibles fósiles ... se preserva el planeta.

b. ... el gas se explote ... reservas habrá.

c. ... se utilice petróleo ... seremos dependientes de los países productores.

d. ... se promueven esas nuevas energías ... se adoptan.

L'enclise *(Enfoque 3)*

4 Remplace les mots en caractères gras par les pronoms enclitiques nécessaires.

a. Consumidores, ¡prestemos atención **al comercio justo**!

b. Los grandes de la distribución pretenden que deben aumentar **el precio de los productos justos**.

c. Las tiendas asociativas se pasan el tiempo promoviendo **las marcas pioneras**.

d. Pues, ¡celebren **la economía y la moral**!

La traduction de « dont » *(Enfoque 4)*

5 Emploie le pronom relatif *cuyo/a/os/as* dans les phrases suivantes.

a. Este comedor social ... nombre no conozco está cerrado.

b. Los nuevos pobres ... condiciones de vida empeoran aumentan.

c. Las medicinas ... precios se disparan no las pueden comprar.

d. El publicista ... actividad no disminuye es famoso.

Les adjectifs démonstratifs *(Enfoque 4)*

6 Complète les phrases suivantes en utilisant *aquel* accordé en genre et en nombre.

a. ... niños necesitados que están lejos de nosotros, los ignoramos.

b. ... pobreza del siglo pasado era muy diferente.

c. Los pobres de hoy día son muy diferentes de ... mendigos que pedían limosna.

Proyecto final

Creas una asociación para sensibilizar a la población sobre la necesidad de preservar los parques nacionales y, más precisamente, el parque de Iguazú.

Etapas

1. Inventa un nombre y un lema para esta nueva asociación. Precisa lo que defiendes y cúales son tus motivaciones para crear esta asociación.
2. Haz un balance de los logros y fracasos de un parque famoso: el Parque Nacional de Iguazú en Argentina.
3. Redacta una presentación en un folleto. La portada de tu folleto será un mapa que sitúa el Parque Nacional de Iguazú.
4. TICE Resume lo que hicieron para que se preservara lo más posible la naturaleza alrededor de las cataratas (plantas, árboles, animales...). Puedes crear un *PowerPoint* que publicarás en el blog de tu instituto.
5. Busca en internet datos sobre el «Tren ecológico de la selva» del Parque Nacional de Iguazú y destaca el interés de este tren en este lugar.
6. http://www.parquesnacionales.gov.ar (Parque Nacional de Iguazú) → (hacer clic en "información para el visitante"). Destaca lo que está prohibido y lo que conviene hacer dentro del parque para preservarlo.
7. Subraya lo que, a tu parecer, serían aspectos negativos. Hacer clic en http://rainforest.iguazuargentina.com/
8. Haz un cartel para anunciar la creación de esta asociación de sensibilización.

Ayuda: Gramática p. 135, 137 y 141. Expresiones útiles Enfoques 1 a 4.

Consejos: utiliza "*les aconsejamos que* + subjuntivo", "*está probihido* + infinitivo", "*no* + subjuntivo".

Proyecto alternativo

Los indios guaraníes se convertirán en los primeros guías aborígenes en el Parque Nacional de Iguazú*. Lo que ofrecen es muy distinto del negocio tradicional que proponían los blancos. "¡Ahora, queremos que nos visiten, no que vengan a mirarnos!" dicen. http://www.lineacapital.com.ar/?nota=162

TICE Apoyándote en este breve texto y en esta página de Internet, explica en unas 150 palabras cómo los encargados del Parque Nacional de Iguazú toman en consideración ahora a los guaraníes, antiguos dueños de este lugar.

*Iguazú: "aguas grandes" en lengua guaraní

Edificio Consorcio - Santiago de Chile

Edificio Consorcio - Santiago de Chile.

El Edificio Consorcio - Santiago (1991-1993) es obra de los arquitectos chilenos Enrique Browne y Borja Huidobro. Para reducir la molesta radiación del sol en verano utilizaron una fachada interior con termopaneles y otra exterior de vegetación para la absorción solar. La fachada vegetal se transforma en un jardín vertical de la misma superficie que el terreno en el que se construyó el edificio. La vegetación con plantas trepadoras caducas va cambiando su colorido con el paso de las estaciones del año.

A tu parecer, ¿han logrado los arquitectos conciliar estética y criterios medioambientales?

TICE Conéctate en http://www.plataformaarquitectura.cl/2009/01/15/edificio-consorcio-sede-concepcion-enrique-browne/#more-14137

Oda a la solidaridad

¿Y allí qué hicieron?
¿Sabes?
¿Estás de acuerdo?
¿Quiénes?
Algo pasa y es tu culpa.
Pero tú no sabrás.
Ahora
yo te advierto.
No puedes
dejar así las cosas.
¿Dónde
tienes el corazón?
Tú tienes boca.
Me estás mirando
de manera extraña.
Parece
que de repente
sabes
que te falta una mano,
los dos ojos,
la lengua,
o la esperanza. [...]

Pablo Neruda,
Odas elementales, 1954.

Pablo Neruda

Neruda (1904-1973) fue poeta, diplomático y político chileno. Recibió el Premio Nobel de Literatura en 1973 por su extensa obra, de la que se destacan *Veinte poemas de amor y una canción desesperada* (1924), *Residencia en la Tierra* (1933) y *España en el corazón* (1937), sobre la guerra civil española, la cual fue el punto de partida de su toma de conciencia política. A pesar de su poesía comprometida, como su obra maestra *Canto general* (1950), sigue siendo poeta del amor, con obras como *Los versos del capitán* (1952), *Cien sonetos de amor* (1959). Las *Odas elementales* (1954-1959) son un elogio a la naturaleza, a los sentimientos humanos, a la vida cotidiana y sencilla de los hombres.

¿Cómo denuncia Pablo Neruda la falta de solidaridad? ¿Consigue su meta el poeta? Justifica tu respuesta.

Cecilia Herrera

Nació Cecilia Herrera en 1952 en Cartagena de las Indias (Colombia). El pintor y escultor francés Jean Pierre Accault fue su profesor en la Escuela de Bellas Artes de Cartagena. En los años 2000, estudió cerámica en México.

¿Te parece que se puede aplicar a esta pintura esta opinión de Rafael Vergara: "Cecilia pinta con luz del Caribe, pinta con el dolor de la naturaleza herida..."?

Nacimiento de un río, 2009, acrílico sobre lienzo.

Ciberencuesta

TICE → Mediante un motor de búsqueda, intenta encontrar archivos almacenados en servidores web que se relacionen con el arte publicitario concientizador.

– Después de escoger un tema que te guste como "ayudar a los demás", "cambiar tu comportamiento social o ecológico"...

– Descarga carteles y/o mp3 y/o vídeos que puedan ilustrar tu tema. Grábalos en tu memoria USB. Apoyándote en ellos, contesta delante de tus compañeros de clase la pregunta siguiente: ¿cómo el arte publicitario contribuye a la formación ciudadana?

Fernando Vallejo

Fernando Vallejo es un artista que vive en Tenerife (Islas Canarias). Su pintura, aunque figurativa, tiene un tono surrealista. Ha expuesto en numerosas salas de arte de España.

¿Compartes la opinión de la crítica según la cual esta obra "transporta una denuncia ecológica humorística"?

Fernando Vallejo, *Paso de cebras*, 2012, Exposición Zoo-ilógico, Santa Cruz de Tenerife.

Texte 1

Todo pasa…

Estallaba la primavera aquella mañana en aquel pueblo de Andalucía […]. El pueblo de estrechas calles […] y plazas llenos de limoneros, algunas de ellas también con fuente, denotaba su antigüedad, así como su decadencia. Tanto el castillo como la iglesia, a cual más fuerte y amenazante, indicaba su importancia en otros tiempos, pero su soledad denunciaba la pérdida de aquélla en beneficio de los nuevos pueblos y de la capital del valle. […] El alcalde[1] […] nos recomendó visitar antes de irnos las obras que estaban llevando a cabo[2] en un antiguo convento con el fin de convertirlo en un hotel […] un final triste para un convento que en el año 2024 habría cumplido los cinco siglos y para el propio pueblo, que veía así cómo desaparecía uno de los pocos signos de relevancia[3] histórica. […] Ya a la entrada del convento (un bello patio empedrado al que se accedía desde la calle por un portón fabuloso) pudimos ver las obras[4] que se estaban realizando en él. […] Las voces y los sonidos que llegaban desde dentro indicaban que la demolición avanzaba a toda velocidad. Porque se trataba de una demolición. […] La impresión que daba el viejo convento, ahora roto[5] y desventrado por las mazas como si fuera un animal caído (los antiguos objetos conventuales, incluidos los religiosos permanecían entre los escombros[6]), era de una gran ruina, pero no la provocada por el tiempo, sino por los propios hombres, que es la peor ruina que se conoce. […] La huerta[7], ahora un solar[8], […] ocupaba toda la parte trasera del monasterio y concluía en el cementerio. […] Varias tumbas cavadas en la tierra sin ninguna identificación visible eran todo lo que permanecía de la vetusta comunidad de monjas. […]

–Se las llevaron– nos dijo una mujer, señalando las sepulturas mientras arrancaba ramos de lilas del espléndido lilar[9] que florecía en un rincón emborrachando el aire de la mañana. […] La construcción del hotel que sustituiría al convento seguramente no respetaría aquel sitio en el que durante cinco siglos encontraron sepultura y su destino las monjas que lo habitaron.

Julio Llamazares, *El lilar de las monjas*, 2011.

1. *maire* – **2.** *se réalisaient* – **3.** *ici, intérêt* – **4.** *travaux* – **5.** *brisé* – **6.** *gravats, décombres* – **7.** *verger* – **8.** *terrain vague* – **9.** *lilas*

Texte 2

Los tiempos cambian

El narrador, ya famoso escritor, vuelve con Televisión española al pueblo de Asturias donde fue maestro de escuela cincuenta años antes…

Por lo que me habían contado al llegar, Primout llevaba abandonado veinte años, si bien algunos después un grupo de jóvenes *hippies* que buscaban una nueva vida en el contacto con la naturaleza se habían instalado en él protagonizando diversos incidentes con los propietarios y contribuyendo, más que a recuperar el pueblo, a deteriorarlo todavía más. Aún se veían las huellas[1] de su presencia, tales como bidones de gasolina, vehículos abandonados y ya oxidados y plásticos de todo tipo. Todo lo cual contribuía a darle a la aldea[2], desprovista por la presencia de estos modernos objetos de la belleza de las ruinas que se mantienen sin profanar, el aspecto de un lugar, mitad campamento *hippie*, mitad escenario bélico.

Julio Llamazares, *A Primout no vuelve nadie*, 2011.

1. *ici, les marques* – **2.** *hameau*

I. Comprensión (Texte 1)

1. Apunta un elemento del texto que revela que este pueblo fue importante.
2. Los protagonistas se enteraron de que se realizaban obras en el convento:
   a. por la prensa.
   b. porque hablaron con las monjas.
   c. porque el alcalde se lo dijo.

   Elige la respuesta correcta y justifícala con un elemento del texto.
3. Entresaca tres palabras o expresiones que muestran la sensación de desolación que se desprende de este pueblo.
4. ¿Verdadero o falso? Justifica tus respuestas con elementos del texto.
   a. Se trata de un convento de un pueblo andaluz.
   b. Este convento iban a transformarlo en museo.
   c. En la parte trasera del convento había sepulturas.
   d. Las monjas seguían viviendo en este convento.
   e. Cortaron el lilar de la huerta.
5. Apunta dos palabras que muestran que el convento se compara con un ser vivo.
6. Busca dos palabras o expresiones que subrayan la falta de respeto de los promotores.
7. Apunta dos palabras o expresiones que revelan que el convento fue un edificio significativo.

II. Comprensión (Texte 2)

1. Apunta dos elementos que ilustran las consecuencias de la presencia de los *hippies* en el pueblo.
2. ¿Por qué se habían instalado ahí los jóvenes *hippies*?

En français : par quels moyens les habitants de ces villages (texte 1 et texte 2) pensent ou ont pensé échapper à la désertification ? (environ 50 mots)

III. Expresión

1. ¿Te conmueve la nostalgia que se desprende de los dos textos y que experimentan los narradores? Desarrolla y argumenta tus ideas en unas 150 palabras.
2. ¿En qué medida se puede decir que estos dos textos ilustran un aspecto de la noción "La idea de progreso"? (unas 150 palabras)

Conseils BAC

Comprensión

Lis au moins deux fois le/les textes puis les questions.

Texto 1

- Question 1 : identifie le lieu de la narration. Les questions 1 et 3 t'aideront car elles confirment le lieu.
- Questions 1 et 3 : observe que les temps des verbes et les caractérisations de ce lieu ont changé.
- Question 2 : la question 2 te permet aussi de repérer cette évolution.
- Questions 5 et 6 : ces questions conduisent à affirmer si l'évolution est positive ou non.
- Question 7 : il en est de même dans cette question 7 à propos d'un édifice.

Texto 2

- Question 1 : les pistes ci-dessus doivent être appliquées au texte 2.
- Question 2 : pour la question 2, tu dois avoir quelques connaissances, même fragmentaires sur le mouvement *hippie* (vie à la campagne, en communauté, refus de la ville et de ses contraintes, refus de la consommation...).

Método

Réfère-toi à la fiche méthodologique n° 3 sur la compréhension de l'écrit.

Expresión

- Question 1 : cette question est une question d'analyse : utilise le lexique des sentiments et des sensations. On te demande de donner ton avis ; réponds donc à la 1re personne du singulier et varie les formules pour donner ton opinion.
- Question 2 : cette question renvoie de façon très explicite à la notion. Fais un choix dans tes connaissances.

Método

Pour le travail d'invention et pour argumenter, tu peux te référer à la fiche méthodologique n° 4.

Unidad 7 Objetivo bachillerato ORAL

Nociones: espacios e intercambios / la idea de progreso

Conseils BAC

→ Fiche méthodologique 2 p. 173

Travail sur la notion

- Cite la notion travaillée. Explique en quoi la thématique s'y rattache.
- Problématise ta réflexion, par exemple, sous la forme d'une question.
- Développe cette notion en t'appuyant sur les documents de ton dossier et les connaissances acquises dans l'année.

Espacios e intercambios

Problemática

¿Cuáles son nuestros vínculos con el entorno físico y humano, si los hay?

Pistas de reflexión

- **La Tierra: nuestro origen, nuestra madre.** (p. 134-135, 145)
  Fíjate en el papel y el poder de "Pachamama" en América Latina. Los indios precolombinos: busca cuál era su vida cotidiana y los ciclos de la naturaleza.
- **¿Se puede conquistar cualquier territorio, incluso el más remoto y virgen?** (p. 135)
  En estos periodos de crisis, podemos interrogarnos sobre las prioridades. ¿Tiene que primar la creación de empleos, la industrialización sobre la preservación del medio ambiente?
- **El poder del consumidor:** puede influir en la economía verde, en el comercio justo. (p. 138-139)
- **El papel del ciudadano:** su concienciación, se compromete en asociaciones no gubernamentales. (p. 136-137, 140, 144)
- **Ejemplo de los famosos que se involucran.** (p. 141)
  Compara con las acciones llevadas a cabo en Francia (conciertos de cantantes para los "Restos du cœur", spots televisivos de famosos para ONG, participaciones en programas como el Téléthon).

La idea de progreso

Problemática

¿En qué medida se puede afirmar que la modernidad es sinónimo de progreso?

Pistas de reflexión

- **Explotación de riquezas minerales y destrucción del patrimonio natural.** (p. 135)
  Tanto en Francia como en España o Argentina, el debate en torno al gas de esquisto o gas pizarra:
  – http://www.lavanguardia.com/vida/20120314/54267681405/pais-vasco-exploracio-yacimientos-gas-natural.html
  – http://www.elmundo.es/elmundo/2012/04/24/economia/1335249194.html
- **Crecimiento económico, financiero y desigualdades Norte-Sur.** (p. 138-139)
  Tema siempre candente de las relaciones Norte-Sur. Fíjate en las conclusiones del Foro Social Mundial de Porto Alegre en mayo 2012. http://www.forumsocialmundial.org.br (hacer clic en «castellano»).
- **Nuevos pobres en la sociedad occidental.** (p. 141, 145)
  Busca más informaciones en los sitios internet de ONG a través del sitio:
  – http://www.coordinadoraongd.org/index.php/listadoorganizaciones/listadoongd
- **Los avances tecnológicos al servicio del planeta y del hombre.** (p. 136-137)
  Completa los documentos de esta unidad con los temas siguientes: tecnología para mejorar la vida de los discapacitados, la productividad agrícola. Luchar contra el hambre, disminuir los gastos energéticos de nuestras viviendas.

Evaluación B1/B2

Je comprends un texte sur la décoration écologique

→ *Fiche photocopiable* Evaluación BAC

Un modelo alternativo

El interiorismo ecológico, o también llamado ecodiseño, si bien no es un estilo nuevo, comienza a llamar mucho la atención en el mundo del diseño. Una decoración ecológica es aquella que emplea materiales no contaminantes, diseño modular y aparatos respetuosos del medioambiente. En pocas palabras, el diseño ecológico propone un modelo alternativo en el ámbito de la decoración de interiores, que el mercado comienza a saber aprovechar"[1]. Bajo este estilo se aprovechan al máximo los recursos naturales, creando ambientes saludables y cómodos. Pero no basta con seleccionar materiales ecológicos para la decoración, también es esencial la perspectiva de un nuevo uso futuro; hay que tener en cuenta que las piezas modulares ofrecen gran versatilidad, permitiéndonos adecuarlas a nuestras necesidades sin la obligación de desecharlas[2]. Los muebles montables y desmontables son una excelente opción. Podemos recurrir a piezas sueltas[3] que se reutilizarán una y otra vez". La idea básica del interiorismo ecológico determina que el residuo de uno es igual al recurso del otro. Es por esto que alguno de los materiales y elementos que se utilizan son: maderas naturales, objetos artesanales, presencia de tonos verdes, azules o terracotas, materiales reciclados, vidrio. El interiorismo ecológico invita a crear conciencia e implantar conocimientos de cómo reducir el impacto de contaminación que tanto afecta globalmente.

noticorp.com, 17/07/2012.

1. *profiter* – **2.** *les jeter* – **3.** *pièces détachées*

¡Se recicla!

1. Da una definición del ecodiseño.
2. Apunta tres palabras o expresiones que subrayan las ventajas del ecodiseño.
3. Entresaca tres expresiones que muestran que los materiales ecológicos se reutilizan.
4. Apunta la frase que relaciona ecodiseño y preservación del medio ambiente.

Je comprends un enregistrement pour soutenir l'action d'une ONG

CD 2 PISTE 16 PISTE 26

Miguel Ríos y "Ayuda en acción".

→ *Fiche photocopiable* Evaluación BAC

1. **Primera escucha.** Escucha globalmente y destaca quién habla, dónde y cuándo tiene lugar la escena (apunta palabras clave).
2. **Segunda escucha.** Destaca el tema y las ideas esenciales que se relacionan con el tema (apunta sobre todo palabras clave).
3. **Tercera escucha.** Completa los apuntes de tus dos primeras escuchas.
4. **Síntesis en francés.** Ahora tienes 10 minutos para sintetizar por escrito **en francés** lo esencial de lo que has oído y entendido, ayudándote de tus apuntes de las tres escuchas anteriores.

Unidad 8 Cuba y España:

Espacios e intercambios / Idea de progreso

1 "Estamos integrados desde que estamos trabajando; lo que pasa es que nuestro corazoncito está en nuestros pueblos, pero también sentimos algo muy especial por esta patria".

2 Portada de *El Jueves* del 29/12/2011.

Expresiones útiles

- la huida: *la fuite*
- la travesía: *la traversée*
- la balsa: *le radeau de fortune*
- la fuga de cerebros: *la fuite des cerveaux*
- el desarraigo: *le déracinement*
- en busca de: *à la recherche de*
- peligroso(a): *dangereux(euse)*
- arriesgado(a): *risqué(e)*
- orgulloso(a): *fier(e)*
- gritar: *crier*
- sufrir un ataque: *avoir une attaque*
- hundirse: *couler*
- ahogarse: *se noyer*

¿irse o no?

3 Cartel de la película *90 millas*, 2005.

Para empezar

1. En la foto 1 y en el pie de la foto, ¿cómo se ve que la identidad de los emigrantes hispanos de Estados Unidos es compleja?
2. ¿Qué denuncia la portada 2?
3. Describe la situación del personaje que está en el cartel 3 y di qué te parece.
4. ¿Qué tipo de intercambios ilustran estos documentos?

Activités langagières

Réception

Comprendre l'enregistrement d'une interview, un témoignage, ou un extrait de film sur le thème de l'émigration cubaine ou espagnole.
p. 152-153, 156-157, 167

Comprendre des articles de presse, des témoignages, des extraits d'œuvres littéraires sur l'émigration.
p. 154-155, 156, 157, 158, 167

Production

Rédiger un texte, une synthèse ou une lettre à partir de documents déclencheurs, de recherches ou de mises en situation sur le thème de l'émigration.
p. 155, 159, 161

S'exprimer à l'oral en continu pour aider un ami à se préparer à émigrer, ou parler des avantages et des inconvénients de l'émigration.
p. 153, 161

S'exprimer à l'oral en interaction pour parler des espoirs et des risques liés à l'émigration.
p. 157, 161

Objectifs linguistiques

Lexique

- Le danger
- L'émigration / L'immigration
- Les problèmes économiques et politiques
- La fuite des cerveaux

Grammaire

- Le futur
- Le conditionnel
- Les pronoms compléments
- Le passé composé

Objectifs bac

BAC

- Bac écrit p. 164, 165
- Bac oral p. 166

Proyecto final

Crea una campaña de ayuda a los refugiados para una ONG.

Irse para poder trabajar

Indignados y emigrantes otra vez...

Letrero del bazar "Té con limón" en Madrid, 01/04/2012.

GRACIAS
a toda la elite
de los poderosos
por hacernos sentir
más libres al dejarnos
¡¡en bolas!!

Si te fijas...

1. ¿Qué denuncia el dueño de esta tienda a través de este letrero?
2. ¿Cómo consiguió impactar a los transeúntes?
3. ¿Te parece una iniciativa eficaz? Justifica tu opinión.

Expresiones útiles

el letrero: *l'enseigne*
la inmigración: *l'immigration*
audaz: *audacieux*
emprendedor: *entreprenant*
valiente: *courageux(se)*
inmigrar: *immigrer*
indignarse por: *s'indigner de*
rebelarse contra: *se rebeller contre*

Expatriados en África

CD 2 PISTE 17

Di lo que entiendes

1. Apunta las palabras que indican dónde se desarrolla la escena.
2. ¿Quién es Felipe?
3. ¿Es la primera vez que reside en otro país? Justifica tu respuesta con lo que oyes.
4. ¿Por qué se fue de España?
5. Apunta la frase que indica que le encantan sus condiciones de trabajo.
6. Elige el adjetivo que mejor califica a Felipe y justifica tu elección:
   a) audaz.
   b) resignado.
   c) egoísta.

Una maleta muy pesada

Si te fijas...

1. ¿Dónde tiene lugar la escena? ¿Quién es el hombre con la camiseta blanca?
2. ¿Cómo contrasta su actitud con la de los agentes?
3. ¿Qué denuncia el dibujante?
4. ¿Te parece eficaz el humor negro para denunciar estas situaciones?

Expresiones útiles

la aduana: *la douane*
el control aduanero: *le contrôle de douane*
el agente de aduana: *le douanier*
la frontera: *la frontière*
tajante: *sec (ton)*
estar desesperado: *être désespéré*
cruzar: *traverser*

Motivos para implantarse en Nueva York

CD 2 PISTE 18 PISTE 27

Di lo que entiendes BAC

Primera escucha. Escucha y destaca quién habla, dónde y cuándo tiene lugar la escena (apunta palabras clave).

Segunda escucha. Destaca el tema y las ideas esenciales que se relacionan con el tema (apunta sobre todo palabras clave).

Tercera escucha. Completa los apuntes de tus dos primeras escuchas.

Síntesis en francés. Ahora tienes 10 minutos para sintetizar por escrito en francés lo esencial de lo que has oído y entendido, ayudándote de tus apuntes de las tres escuchas anteriores.

En acción

Emigrar hacia un mundo mejor.
Un amigo tuyo decide emigrar para encontrar un trabajo correctamente remunerado. Lo ayudas en sus preparativos:
> di lo que tendrá que hacer;
> explícale cómo pasará todo. (3 mn)

Gramática

Le futur → Conjugaisons p. 212

Formation : infinitif + terminaisons du verbe haber au présent de l'indicatif (-é, -ás, -á, -emos, -éis, -án) pour la formation régulière.

Su empresa se implantará en EEUU y le pedirán millones de productos.

Emigrar por motivos políticos

Lo que cuesta oponerse al partido

Mi nombre es Juan Romero Prieres, nacido en Guantánamo, Cuba […].

Para el año 1967, mi abuelo decidió que me fuera a estudiar con una de las becas que proporcionaba[1] el gobierno de Fidel Castro para los hijos de campesinos. Esta beca consistía en trabajo duro y largas faenas de corte de caña. […]

Al reincorporarme a la sociedad normal, comencé a trabajar en educación, como profesor de curso secundario […].

Después de esto, inicié una nueva etapa como profesor, contraje matrimonio con Isabel Maleta y continué estudiando. Dios nos bendijo con el nacimiento de mi hija Adalid, debido a esta responsabilidad me vi en la necesidad de estudiar y trabajar. Gracias a este esfuerzo, alcancé el título de Maestro de Niveles, Profesor de Curso Secundario en Matemáticas, Profesor de Secundaria Básica en Ciencias e Ingeniero Agrónomo, asumiendo el cargo de Director, en los cursos dirigidos del partido. […]

Cabe el interrogante[2]: por qué dejé todo esto y me vine a fregar platos[3] y abrir zanjas[4] en Estados Unidos. Ya verán por qué. […]

Llegó un momento en el que no concordaron mis ideas con la dirección del partido y esto no es bueno en mi país. A raíz de esto, se agudizaron los enfrentamientos[5] […].

En los próximos días, me trasladaron a otra empresa, diciendo que iba ascendiendo, pero con 35 pesos menos de salario, sin carro, sin un solo técnico que me ayudara y sin equipos para trabajar. Traté de enfrentar el trabajo así, pero me fue muy difícil. Dada esta situación, me enfrenté al director y le pedí la baja[6] de su empresa. […]

Al suceder esto, dije: ahora sí me tengo que ir; ya que desde jovencito siempre quise abandonar el país, pero no lo hice, primero por mis abuelos y luego, porque me casé.

Juan Evelio Romero, *Poemas de un Balsero*, 2012.

1. *les bourses qu'accordait* – 2. *ici, la question est* – 3. *faire la plonge* – 4. *creuser des tranchées* – 5. *les affrontements s'intensifièrent* – 6. *le licenciement*

¿Sabías que...?

1898, Cuba se independiza de España con la intervención de los Estados Unidos. Dicho intervencionismo se traduce por varias dictaduras y dura hasta **1959**, año en que **Fidel Castro**, joven abogado, después de largos años luchando en la Sierra Maestra y apoyándose en la Revolución que lidera, toma el poder. En represalia ante la negación de Fidel Castro a aceptar la intromisión de los Estados Unidos en los asuntos cubanos, los Estados Unidos imponen un **bloqueo** férreo.

Así es como, en 1960, F. Castro acepta el apoyo de la URSS. Este embargo que sigue vigente, castiga severamente a cualquier ciudadano, estadounidense o no, que se atreva a importar mercancías a la isla sin previo permiso, incluso mercancías culturales como conferencias universitarias.

Di lo que entiendes

1. Entresaca los elementos que muestran que al principio el narrador era partidario de las ideas del régimen.
2. ¿Qué cambió el rumbo de su vida?
3. ¿Cómo denuncia la hipocresía del régimen?
4. ¿Qué te parece su decisión de emigrar a los Estados Unidos?

Expresiones útiles

un partidario: *un partisan*
un opositor: *un opposant*
la libertad de opinión: *la liberté de pensée*
huir de: *fuir quelque chose*

El exilio, ¿un viaje a ninguna parte?

Si te fijas...

1. Observa el cartel. ¿Qué simboliza la maleta?
2. ¿Qué impresión dan los colores?
3. ¿Te parece acertado este fotomontaje?

Expresiones útiles

la maleta: *la valise*
la tristeza: *la tristesse*
el entorno: *le milieu social*
acosar: *persécuter*
irse volando: *partir en courant*
hacer la maleta: *faire sa valise*

necesitodetodos.org
por el Día del Refugiado.

Los fantasmas del exiliado

Mariana es rumana y se exilió a España. Toca el violín ante sus amigos.

Dentro de una balada cabe[1] la celda[2] de una cárcel, qué bien toca Mariana, [...] las persecuciones de un dictador y la melancolía de una abuela que pierde a su padre, es expulsada de la universidad y es destinada a Sibiu[3], y se aferra[4] a la mano de una nieta para seguir caminando. [...] Dentro de una balada cabe la infancia de Mariana, la adolescencia de Mariana, qué bien toca, el escepticismo de un padre, los sueños de una abuela que quiere buscar un lugar de resistencia junto a su nieta. Dentro de una balada caben las ilusiones de una abuela que nunca habría sospechado, nunca, pese a[5] todo su conocimiento del mundo, pese a sus artículos sobre Balzac y su tesis sobre Flaubert, que cuando la dictadura se desmoronase[6], cuando el régimen que le había amargado la vida[7] se hundiese[8], su nieta Mariana abandonara el país para buscar trabajo en el servicio doméstico de España.

Luis García Montero, *No me cuentes tu vida*, 2012.

1. *entre* – **2.** *cellule* – **3.** ciudad de Rumania – **4.** *se raccroche* – **5.** *malgré* – **6.** *ici, s'effondrerait* – **7.** *empoisonné sa vie* – **8.** *coulerait*

Di lo que entiendes

1. ¿Qué papel desempeña la música en este texto? Justifica citando el texto.
2. Entresaca tres elementos que revelan el entorno del que procedía Mariana.
3. ¿A qué se dedicaba la protagonista?
4. Analiza y comenta la actitud de la abuela.

En acción

Redacta una síntesis.

> TICE Busca en la red testimonios de personas que tuvieron que exiliarse por motivos políticos por ejemplo, Rafael Alberti, Juan Ramón Jiménez, Miguel Ángel Gayalo Godínez, Andy García.
> Redacta en unas 120 palabras una síntesis sobre los motivos por los que se fueron y sobre su nueva vida.

Gramática

Le conditionnel → Conjugaisons p. 212

Formation: radical du verbe au futur + terminaisons du second groupe à l'imparfait de l'indicatif.

Tener → Tendr- + -ía, -ías, -ía, -íamos, -íais, -ían

¿Cuánto cuesta irse?

De la desesperanza a la esperanza.

Una balsa llamada Esperanza

Si te fijas...

1. Comenta el nombre de este barco.
2. ¿Qué simbolizan los rescacielos en el trasfondo para los emigrantes?
3. ¿Qué te parece cruzar el mar Caribe en tales condiciones?

¿Sabías que...?
La distancia entre Cuba y Miami es de 90 millas = 144 kms

Zarpar hacia lo desconocido

CD 2 PISTE 19

[…] Embarcación confusión,
orientación acecha[1].
Un objetivo sólo en la cabeza
aquí la huida al paraíso
comentado por todos
los cubanos emigrados […]

Cae la noche en el manglar[2],
el silencio cubre todo
menos las olas del mar.
Cuatro jóvenes y un niño
que no para de llorar
con temor pero aferrados[3]
se disponen a zarpar[4].
Piden al Cielo, fe y piedad[5],
que Dios ponga ya su mano
contra el furor del mar.
El océano endiablado
no descansa, pide más,
tragó[6] sus cuerpos cansados,
es la triste realidad […]

¿Qué le pasó a ese pobre,
balserito que anda
jugando su suerte? ¡Óyelo!
En las fauces[7] de Neptuno
su voz se quedó.
Dios, en la aventura
has fallado[8]
y aquí mi voz en
lo profundo se ha quedado
enjaulado[9], sueño frustrado;
el plan del otro día
ha fracasado[10].

Los Orishas,
Gladiadores, Emigrante, 2002.

1. *guette* – **2.** *la mangrove (éco-système des régions tropicales littorales)* – **3.** *obstinés* – **4.** *lever l'ancre* – **5.** *foi et pitié* – **6.** *il a avalé* – **7.** *les mâchoires* – **8.** *tu as échoué* – **9.** *mise en cage* – **10.** *a échoué*

Di lo que entiendes

1. Apoyándote en la primera estrofa, di si la yuxtaposición "Embarcación confusión" te parece acertada y explica por qué.
2. Segunda estrofa: comenta las condiciones de la travesía y la actitud de los balseros.
3. Entresaca las expresiones que evidencian las dificultades de la travesía.
4. Fijándote en las estrofas 2, 3 y 4 explica el desenlace de la epopeya de los balseros.

Expresiones útiles
la travesía: *la traversée*
la balsa: *le radeau de fortune*
el balsero: *le passager d'une* balsa
el desfase: *le décalage*
el sueño: *le rêve*
la pesadilla: *le cauchemar*
arriesgar su vida: *risquer sa vie*
soñar [ue] con: *rêver de*
cruzar: *traverser*
rumbo a: *en direction de*

Los días del éxodo

Pero [...] llegaron dos amigos, muy jóvenes, a preguntarme si sería buena idea tirar una balsa al mar por el cabo[1] de San Antonio y llegar a cabo Catoche, o si es mejor salir por el norte directo a Miami. Eran los días del éxodo, en el verano del 94. Una amiga me había dicho el día antes por teléfono: "Se van todos los hombres y los jóvenes. Oh será un problema para nosotras." No será así totalmente. Se quedaba mucha gente incapaz de vivir demasiado lejos, a pesar de todo[2].
Bueno, he navegado un poco el Golfo y sé que es una trampa[3]. Los convencí con el mapa en la mano para que no escaparan[4] a México. Y bajé con ellos a ver su gran balsa para seis personas. Era un tinglado de madera y sogas[5] sobre tres neumáticos de avión. Llevarían linterna, brújula y luces de bengala[6]. Les deseé suerte y salí con mi bicicleta a dar una vuelta.

Pedro Juan Gutiérrez, *Trilogía sucia de la Habana*, 2006.

1. *le cap* – **2.** *malgré tout* – **3.** *un piège* – **4.** *pour qu'ils ne fuient pas* – **5.** *une estrade en bois et en corde* – **6.** *boussole et des fusées de détresse*

¿Sabías que...?

El **13 de agosto de 1994** Fidel Castro anunció que todos los que lo deseaban podían irse libremente de Cuba. Unos 36 000 cubanos se fueron en balsas a EE UU. Pero no se sabe cuántos consiguieron alcanzar las costas norteamericanas.

Di lo que entiendes

1. A tu parecer, ¿dónde transcurre la acción? ¿Cómo lo adivinas?
2. ¿Cuándo tiene lugar la escena? ¿Qué implica la expresión "eran los días del éxodo"?
3. Explica y comenta la expresión siguiente: "Se quedaba mucha gente incapaz de vivir demasiado lejos".
4. Analiza al personaje del narrador y comenta su papel.

¡Yo me quedo aquí!

Di lo que entiendes BAC

Primera escucha. Escucha y destaca quién habla, dónde y cuándo tiene lugar la escena (apunta palabras clave).

Segunda escucha. Destaca el tema y las ideas esenciales que se relacionan con el tema (apunta sobre todo palabras clave).

Tercera escucha. Completa los apuntes de tus dos primeras escuchas.

Síntesis en francés.
Ahora tienes 10 minutos para sintetizar por escrito en francés lo esencial de lo que has oído y entendido, ayudándote de tus apuntes de las tres escuchas anteriores.

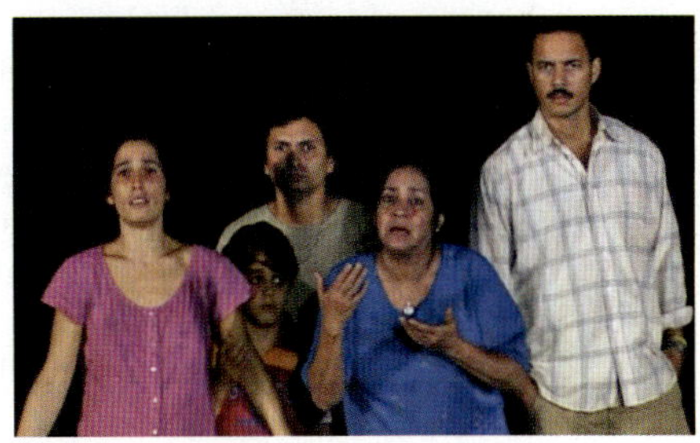

En acción

Presenta tu punto de vista.
Vacilas en salir de tu país en busca de una vida mejor.
> En unos 3 minutos, explica a tus compañeros por un lado por qué quieres irte, y por otro lado por qué tienes dudas.

Gramática

Les pronoms compléments → Précis grammatical p. 209

	1re p. sing.	2e p. sing	3e p. sing	1re p. plur	2e p. plur	3e p. plur
pronom COD	me	te	lo, la	nos	os	los, las
pronom COI	me	te	le	nos	os	les

¡Oye al balsero! → *¡óyelo!*   *Convencí a mis amigos* → *los convencí*

Un desafío: la integración

Obtener la nacionalidad: ¿el fin de los problemas?

El doctor Otto Leal, ciudadano estadounidense de origen cubano, reside en Suecia[1] y vuelve a Miami. En el control de inmigración del aeropuerto lo arrestan dos oficiales.

–Usted se graduó de médico en el Colegio de Medicina de la Universidad de la Florida, en Gainesville, en 1982 –dijo el pecoso[2]. [...]

–Además sacó un Master of Science degree en biomedical research en el College of Medicine de la Universidad de la Florida –dijo alguno de los dos mezclando sin ton ni son[3] los dos idiomas.

–Sí, sí. [...]

Otto Leal no sabía a cuál de los dos dirigir alguna especie de respuesta que lo explicara todo.

–Esto está en mi CV –contestó y oyó el eco de sus palabras rebotando en el techo y en el piso–; también se puede leer en el sitio web del Hospital Académico de Uppsala.

–Pero lo que no está en su CV ni en ninguna parte son sus viajes a Cuba en repetidas ocasiones.

La frase *viajes a Cuba*, pronunciada entre aquellas cuatro paredes del aeropuerto de Miami, lo hizo reaccionar con fuerza.

–¿Y qué? –preguntó como emergiendo de una zambullida[4]–; yo también he ido "repetidas veces" a las islas de Rodas, Fuerteventura, Sicilia, Gotland, Ibiza, Madeira, Menorca, Córcega, Öland, Zanzíbar y muchas más. ¿Eso es un delito?

–Eso es turismo –respondió el agente de los garabatos–; a ninguna de esas islas se le aplica la Ley de Comercio con el enemigo, *Trade with the Enemy Act* –enfatizó– según la cual el Departamento del Tesoro de Estados Unidos prohíbe a los nacionales, o a las entidades bajo la jurisdicción norteamericana, realizar *todo tipo* de transacciones financieras con el Gobierno Cubano, o con personas jurídicas o *individuos* de esta nacionalidad, a no ser[5] mediante una licencia especial que usted, Dr Leal, en ningún momento ha solicitado y por lo tanto no se le ha otorgado[6].

–Lo siento, lo siento [...]. Nada de eso se me puede aplicar a mí –adujo[7]–; yo no compro ni vendo nada, ni me dedico a las transacciones financieras, ni tengo acciones en empresa alguna ni jamás he hecho negocios de ningún tipo, ni los haré, con el gobierno cubano ni con nadie.

René Vázquez Díaz, *De Pronto el Doctor Leal*, 2008.

1. *Suède* – **2.** *celui qui avait des tâches de rousseur* – **3.** *de manière inattendue* – **4.** *un plongeon* – **5** *sauf* – **6.** *on ne vous l'a pas accordée* – **7.** *alléga-t-il*

Un visado para el sueño.

Di lo que entiendes

1. Presenta al protagonista citando cuatro elementos del documento.
2. Entresaca la frase que indica que la entrevista cambia de tono.
3. Apunta tres expresiones que muestran que el protagonista no comprende lo que le reprochan.
4. Completa con el texto: *Reprochan al protagonista... porque... prohíbe a los estadounidenses...*

La Habana en el Hudson

Si te fijas...

1. ¿Cómo se nota el mestizaje cultural en esta foto?
2. ¿Por qué muchos cubanos exiliados abrieron comercios?
3. ¿Te parece necesario renunciar a su cultura para integrarse en un nuevo país?

Expresiones útiles

la bandera: *le drapeau*
la mezcla: *le mélange*
el mestizaje: *le métissage*
la empresa privada: *l'entreprise privée*
alabar: *vanter les mérites*

Avenida principal de Union City (New Jersey) con comercios, muchos de los cuales son propiedad de estadounidenses de origen cubano.

Una estrella con mérito

Sé que estás comenzando una nueva etapa en tu carrera y en tu vida, quizás una de las más importantes. Ese sueño por el que siempre has luchado y que añorabas[1] desde pequeño mientras mirabas el cielo en las playas de Cuba.

Poco a poco has ido logrando todos tus objetivos y has llegado a ser parte de la vida de millones de personas, a las que con tu trabajo les regalas[2] día a día una sonrisa, una esperanza. [...]

Pero nunca te rindas ni te sientas solo porque desde los 5 continentes hay personas que día a día te apoyan[3] incondicionalmente y le pedimos a Dios por ti.

Además, tienes una familia y amigos maravillosos, tienes demasiada gente que te ama porque eres un gran HOMBRE, el que merece[4] lo mejor de esta vida. No dejes de[5] soñar ni de luchar porque hay una estrella que te espera y cuando logras lo que deseas no solo tú eres feliz. Son miles de corazones que palpitan al compás de tu sonrisa.

¡Vamos Willy!

Twitt dirigido a William Levy, publicado por su compañera Elizabeth Gutiérrez el 29/10/2012.

1. *auquel tu pensais avec nostalgie* – **2.** *tu leur offres* – **3.** *te soutiennent* – **4.** *mérite* – **5.** *ne cesse pas de*

Di lo que entiendes

1. Apunta las dos expresiones que revelan el origen de William y por qué se fue a Estados Unidos.
2. ¿Ha tenido éxito profesional William? Contesta y justifica con cuatro expresiones del texto.

¿Sabías que...?

William Levy nació en **1980** en La Habana y creció en Cuba. Cuando era adolescente, Estados Unidos concedió a su padrastro el asilo político, lo que le permitió emigrar legalmente. Al finalizar sus estudios, obtuvo un contrato como modelo y participó en programas de telerrealidad.

En acción

Escribe un mensaje a tu familia que se quedó en Cuba.

> Eres cubano y acabas de instalarte en Estados Unidos.

> Mandas un mensaje a tus familiares que se quedaron en la isla para darles noticias y contarles tu nueva vida y tus esperanzas, en unas 120 palabras.

Gramática

Le passé composé → Conjugaisons p. 212

Utilisation : pour une action passée qui a une répercussion sur le présent immédiat.

Formation : haber au présent (he, has, ha, hemos, habéis, han), + participe passé du verbe (radical + ado pour les verbes en -ar, + ido pour les verbes en -er et -ir).

Has luchado.

Unidad 8 Gramática

→ *Précis grammatical (avec exercices) p. 200*

Le futur *(Enfoque 1)*

1 Conjugue les verbes entre parenthèses au futur.

a. Los "cerebros" españoles esperan que (poder) volver a España.
b. Felipe (tener) que encontrar un compromiso con su mujer.
c. Muchas empresas españolas (querer) invertir en los Estados Unidos.
d. ¿(irse/vosotros) a Australia para encontrar un trabajo correctamente remunerado?
e. (Tú/volver) a España en cuanto la situación mejore.
f. (usted/decir): ¿cómo (ser) posible que tantos jóvenes se marchen otra vez del país?
g. Muchos países (estar) encantados de acoger a gente emprendedora.
h. Gracias a su voluntad, el hombre le (dar) una vida mejor a su familia.
i. Si la crisis sigue, muchos (huir) a otro país.

Le conditionnel *(Enfoque 2)*

2 Conjugue les verbes entre parenthèses au conditionnel.

a. Si pudiera, Mariana (tocar) en la Orquesta Nacional de España.
b. La abuela no (saber) decir por qué se fue Mariana.
c. Las autoridades cubanas (deber) escuchar a todos sus conciudadanos.
d. Los balseros (tener) que llevarse un salvavidas.
e. Sin el bloqueo, (haber) menos problemas.
f. Lo lógico (ser) que te exiliaras a un país en el que hablan el mismo idioma.
g. Esta operación (salir) mejor con más preparación.

Les pronoms compléments *(Enfoque 3)*

3 Remplace les éléments soulignés par le pronom qui convient.

a. Acabo de construir <u>una balsa</u>.
b. Expliqué <u>a mis hermanos</u> cómo construir <u>una embarcación resistente</u>.
c. Desde Miami, ¿mandaréis noticias <u>a vuestra familia y a mí</u>?
d. Está observando <u>las olas y la marea</u> para saber <u>cuándo zarpar</u>.
e. Preparamos <u>el equipaje</u> para poder llevar <u>a nuestra familia</u> con nosotros.
f. Javier indicó el camino <u>a muchos balseros</u>.
g. La tripulación está pidiendo el camino a <u>pescadores</u>.
h. Dieron la brújula <u>al padre</u> para que se ocupara de la navegación.
i. Quieres <u>otra oportunidad</u>, por eso te vas del país.

Le passé composé *(Enfoque 4)*

4 Conjugue les verbes entre parenthèses au passé composé.

a. Mi vecino (decidir) irse esta mañana a Estados Unidos, pero los demás (preferir) quedarse.
b. (Tú/dejar) de soñar cuando mi balsa (estar) a punto de hundirse.
c. María y tú (ir) varias veces a este país, pero no (daros) ganas de vivir aquí.
d. Las autoridades no les (otorgar) el permiso de viajar a Cuba porque no lo (pedir).
e. (Tú/escribir) una carta para animar a tus familiares.
f. (Nosotros/hacer) esta balsa y (preparar) el equipaje para la travesía.

Proyecto final

Realizad un vídeo para una campaña de la ONU de ayuda a los refugiados.

Por grupos de tres alumnos, tenéis que realizar un corto para la campaña de la agencia de la ONU para ayudar a los refugiados.

Etapas

TICE 1. Primero, conectaos a la página http://www.ensuszapatos.org/ y elegid un testimonio haciendo clic en un par de zapatos. Leedlo atentamente y tomad apuntes.
2. Luego, mirad vídeos de la página http://ensuszapatos.es/videos en la sección "campaña" para inspiraros y tener ideas para vuestro proyecto.
3. A continuación, tenéis que organizaros para saber quién hablará o grabará primero, puesto que todos tenéis que hablar en el vídeo. Cada uno definirá su papel y su momento de intervención.
4. Ahora, realizad el vídeo en el que hablaréis del testimonio elegido. Sed originales. Podéis insertar fotos sacadas de internet para ilustrar lo que decís, o también realizar un decorado con carteles.

Ayuda: Gramática p. 153, 155, 157, 159. Expresiones útiles, p. 150, 153, 156.

Consejos: Cuando estás grabando, no leas tus apuntes, sé lo más natural y espontáneo posible.

Proyecto alternativo 1

Imaginad un diálogo entre dos cubanos.
Dos alumnos: desempeñáis el papel de cubanos o de españoles. Uno de los dos quiere emigrar, por razones económicas o políticas, y el otro trata de disuadirlo. Uno desarrolla argumentos para convencer al otro de que irse es la mejor elección, el otro tratará de disuadirlo explicándole las dificultades que le esperan.

Proyecto alternativo 2

Escribe una carta a una embajada para pedir un visado.
Primero presenta tu situación, explica dónde vives y por qué quieres emigrar. Puede ser por razones políticas o económicas.
Luego, elige un país de acogida y justifica tu elección.
Desarrolla argumentos para conmover al destinatario de tu carta, a fin de que te otorgue el visado esperado.

Artes y artistas

Tania Dearriba Romanidy

Tania Dearriba, nacida en 1963 en Santiago de Cuba, estudió en la Universidad Politécnica de Cataluña antes de dedicarse al arte. Esta pintora autodidacta y arquitecta cubana expuso sus obras en la India, Venezuela y Brasil. A partir de los años 1990, sus cuadros representan paisajes oníricos. El año 2005 marca una ruptura en la obra de la artista ya que empiezan a aparecer personajes, lo que le permite dirigirse al público más fácilmente al transmitir emociones y sentimientos.

▶ **¿Te parece que la artista logró recalcar la tragedia que viven los balseros? ¿Por qué?**

La tragedia de los emigrantes cubanos, Tania Dearriba Romanidy, 2009.

Willy Castellanos

Willy Castellanos (nacido en Cuba en 1960) hizo, en agosto de 1994, 70 fotografías en blanco y negro del éxodo de cubanos hacia Estados Unidos. Entonces él era estudiante de historia de arte y fotógrafo aficionado. Una serie de 30 de estas instantáneas fue expuesta en Miami en marzo de 2012, en la feria Arteaméricas, bajo el título de *Exodus*.

▶ **¿Cómo relacionas la foto con la cita de Willy Castellanos?**

Willy Castellanos, Cuba, 1994.

> **Estas imágenes permanecen en el imaginario de la gente que las vivieron, pero han estado fuera del archivo de la historia porque el gobierno cubano ostenta el control de la historia y su divulgación a nivel de imagen.**
>
> Willy Castellanos hablando de la serie de fotos de balseros que hizo en 1994.

La madre del emigrante

Esta obra fue encargada por el Ayuntamiento de Gijón a Ramón Muriedas escultor español que nació en Cantabria en 1938, y cuyo trabajo fue galardonado en varias ocasiones. El objetivo de esta escultura es recordar la emigración asturiana de principios del siglo XX a América, y de rendir homenaje a las familias separadas, y más precisamente a las madres que se vieron separadas para siempre de sus hijos.

¿Qué sentimientos se desprenden de esta escultura?

La madre del emigrante, Ramón Muriedas, 1970.

Gloria Estefan

Mi tierra

CD 2 PISTE 20

¡De mi tierra bella, de mi tierra santa!
Oigo ese grito de los tambores
y los timbales al cumbanchar[1],
y ese pregón[2] que canta un hermano
que de su tierra vive lejano
y que el recuerdo le hace llorar,
una canción que vive entonando
de su dolor de su propio llanto
y se le escucha penar.
La tierra te duele, la tierra te da
en medio del alma, cuando tú no estás.

La tierra te empuja[3] de raíz[4] y cal[5],
la tierra suspira si no te ve más…
La tierra donde naciste no
la puedes olvidar, porque tiene tus raíces
y lo que dejas atrás.

[…] La llevo por dentro, ¡como no!
Canto de mi tierra bella y santa,
sufro ese dolor que hay en su alma,
aunque estoy lejos yo la siento
y un día regreso, ¡yo lo sé!

Mi tierra, Gloria Estefan, 1993.

1. andar de fiesta – 2. *prière* – 3. *pousser* – 4. *racine* – 5. *chaux*

Gloria Estefan llegó a los Estados Unidos con 16 meses con sus padres que huían de la dictadura de Fidel Castro. Considerada como la "madre del pop latino", ha ganado siete premios Grammy, además de poseer una estrella en el Paseo de la Fama en Hollywood.
Está muy comprometida en la recuperación del derecho a regresar honradamente a Cuba para todos los hijos de exiliados. Su música fue vetada en su propia isla hasta 2012.

¿Por qué se puede decir que de esta canción se desprende una impresión paradójica?

Texte 1 La carta de liberación

El narrador es cubano. Explica a sus amigos su decisión de exiliarse a Miami.

... una mañana me levanté sin deseos de ir al trabajo, ni de vestir a los niños. [...] si no rompía mi propia rutina los estaba condenando a vivir como yo, enseñándolos a obedecer y a ser unos mandados[1] por el resto de sus vidas, a convertirse en la segunda promoción de la generación escondida[2]. [...] Y ese mismo día tomé la decisión de que debía irme, para cualquier parte, pero junto con ellos, y cuando regresé del hospital por la tarde se lo dije a mi mujer, [...] eso fue hace un año y medio, durante este tiempo he estado haciendo las gestiones para salir, sin que nadie se enterara[3] hasta que no fuera algo seguro. [...] Hoy, cuando fui a ver al director del hospital, uno que fue compañero mío de la facultad, el hombre no me podía creer y hasta trató de convencerme, pero cuando yo le dije que era una decisión sin marcha atrás y hasta tenía ya las cartas de reclamación para la salida, se puso las manos en la cabeza y me dijo: Andrés, tú sabes que esto tengo que elevarlo[4], y hasta miró hacia arriba, cuando en realidad debió mirar hacia abajo, pues sé que ahora debo ir a un policlínico de barrio hasta que me den la carta de liberación, así como suena, la carta de liberación y me permitan salir, y eso va a demorar como uno o dos años, no sé cuántos, pero no me importa: [...] por primera vez me siento dueño de mis decisiones, mis locuras, mis culpas...

Leonardo Padura Fuentes, *Paisaje de otoño,* 1998.

1. *des êtres sans initiative* – **2.** *génération née dans les années 60 qui s'est massivement exilée* – **3.** *ne l'apprenne* – **4.** *en référer à ma hiérarchie*

Texte 2 Una travesía incierta

A la medianoche, nos tiramos a la mar por Rateritas, una playa de Guantánamo, un amiguito de mi hermano y yo, con el objetivo de alcanzar la Base Naval. [...]

Al despertar, completamente desorientados, sin saber dónde estaba la base, ya no teníamos ni remos[1] [...]. Así pasamos ese día y la otra noche, ya habían pasado tres noches y, al día siguiente, ya sin fuerzas, sólo hacíamos señales a los aviones, yo creí que íbamos a morir en el mar, no se veía otra posibilidad.

[...] y luego [unos latinos] se acercaron a nosotros en una lancha motorizada [...].

[...] Nos llevaron al barco y al subir no podíamos caminar. Allí nos suministraron[2] alimentos hasta que nos sentimos mejor. Esa noche llegamos a la ansiada[3] Base. [...]

[Mi hermano] estaba enfermo, había tenido un fuerte accidente en mi país, en la Base vieron que era de cuidado el asunto[4] y decidieron mandarlo a Miami. [...]

Estuvimos una semana en Miami. Dieron de alta[5] a mi hermano y las iglesias se encargaron de proporcionarnos pasajes y dinero para que viajáramos a California. Llegamos el 3 de enero de 1994, mi tío nos esperaba y nos llevó a su casa. Arreglamos todo, compré un carrito y comencé a trabajar.

Juan Evelio Romero, *Poemas de un balsero,* 2012.

1. *rames* – **2.** nos dieron – **3.** *la base tant espérée* – **4.** *le problème était épineux* – **5.** *ils donnèrent l'autorisation de quitter l'hopital*

I. Comprensión (Texte 1)

1. Apunta dos razones por las cuales el narrador tomó la decisión de exiliarse.

2. ¿Tenía el narrador una situación "privilegiada" en Cuba? Justifica con el texto.

3. Elige la(s) afirmación(es) verdadera(s) y justifícala(s) con un elemento del texto.
- **a.** El director del hospital trató de convencerle de que renunciara a su proyecto.
- **b.** El director del hospital le dijo que lo denunciaría.
- **c.** El director del hospital trató de convencerle de que se lo llevara con él.
- **d.** Las autoridades le dieron un trabajo peor pagado.

4. Entresaca tres elementos que indican que el narrador quería salir legalmente de la isla.

5. Busca en el texto la frase que muestra la determinación del narrador.

II. Comprensión (Texte 2)

1. Apunta las palabras que muestran que las condiciones de travesía fueron duras.

2. ¿Verdadero o falso? Justifica con el texto.
- **a.** Consiguieron cruzar el golfo pero uno se murió.
- **b.** Consiguieron cruzar el golfo con la ayuda de otro barco.
- **c.** Salieron de apuros gracias a la solidaridad.

En français : énumère les différences et les points communs entre les deux textes. (environ 50 mots).

III. Expresión

1. En unas 120 palabras, comenta la afirmación del narrador en el texto 1: "por primera vez me siento dueño de mis decisiones, mis locuras, mis culpas..."

2. ¿Cómo ilustran estos dos textos la dificultad de salir de Cuba para vivir en otro país? ¿En qué medida ilustran estos textos un aspecto de la noción "Espacios e intercambios"? (unas 120 palabras)

Conseils BAC

Comprensión

Lis au moins deux fois le/les textes puis les questions.

Texte 1

• Question 1 : Ne sélectionne que les mots dont tu as besoin, sans oublier les guillemets et les numéros de ligne. Ne donne pas plus d'éléments que le nombre demandé.

• Question 2 : Ne sélectionne que les mots dont tu as besoin, sans oublier les guillemets et les numéros de ligne. Réponds simplement.

• Question 3 : En cherchant les justifications de *¿verdadero o falso?* tu trouveras des pistes pour répondre en partie à la question 1 de l'expression.

• Question 4 : Ne sélectionne que les mots dont tu as besoin, sans oublier les guillemets et les numéros de ligne. Ne donne pas plus d'éléments que le nombre demandé.

• Question 5 : Sélectionne la phrase qui te servira de réponse et recopie-la entièrement.

Texte 2

• Question 1 : la question 1 implique un repérage dans presque tout le texte.

• Question 2 : Cette question renvoie à la deuxième partie du texte.

Método

Réfère-toi à la fiche méthodologique n° 3 sur la compréhension de l'écrit.

Expresión

• Question 1 : La 1re question est un sujet d'écriture. *"Comenta"* implique que tu donnes ton avis. Pense donc à employer et à varier les expressions adéquates.

• Question 2 : La 1re partie de cette question est une question d'analyse, tu dois te servir des repérages effectués dans la partie *Comprensión*. La deuxième partie de la question demande un travail de synthèse puisqu'elle renvoie à la notion, ici "Espaces et échanges". Tu ne dois pas réciter des connaissances mais les insérer et les adapter à ces documents en comparant les deux textes. Dans ce cas précise entre parenthèses (texto 1/ texto 2).

Método

Pour le travail d'invention et pour argumenter, tu peux te référer à la fiche méthodologique n° 4 p. 175.

Unidad 8 Objetivo bachillerato ORAL

Nociones: espacios e intercambios / idea de progreso

Conseils BAC

→ Fiche méthodologique 2 p. 173

Travail sur la notion

- Choisis une des notions travaillées dans cette unité. Explique en quoi la thématique s'y rattache.
- Problématise ta réflexion, par exemple, sous la forme d'une question.
- Développe cette notion en t'appuyant sur les documents de ton dossier et les connaissances acquises dans l'année.

Espacios e intercambios

Problemática ¿Emigrar significa renegar de su país? / ¿Es fácil dejar su país de origen?

Pistas de reflexión

- ¿Por qué irse?
  Las razones económicas, por ejemplo la crisis española que acarrea la expatriación de muchas personas, la fuga de cerebros que buscan empleo en otros países (p. 150, enfoque 2, p. 167).
  Las razones políticas: el caso de una rumana que se exilió a España (p. 153); el caso de Cuba (p. 152, 156, 158, 164, 167). El sueño de una vida mejor (p. 153, enfoque 2, enfoque 3, p. 159, 167)
- **¿Qué dificultades encuentran los que quieren emigrar? ¿Emigrar es una decisión fácil?**
  Las dificultades de la travesía de los cubanos que arriesgan sus vidas por ejemplo (p. 151, enfoque 3, p. 162, p. 164). Lo que puede costar dejar su vida en espera de empezar una nueva, dejar a sus amigos y familiares, sus pertenencias para ir hacia lo desconocido (p. 153, enfoques 2 y 3, p. 163, p. 167).
  Las dificultades para poder emigrar legalmente, la obtención de una nueva nacionalidad (p. 158, 159, 164).
- **¿Es fácil integrarse en el país de acogida?** Los problemas encontrados, la mezcla de culturas, la nostalgia del país de origen, pero también ejemplos de integración lograda (p. 150,153, enfoques 3 y 4, p. 163).

La idea de progreso

Problemática ¿Emigrar siempre es sinónimo de avance?

Pistas de reflexión

- **¿Por qué emigrar?** Por la situación en el país de origen que empuja a los ciudadanos hacia otro país (p. 154, 159, 153). Por el sueño de una situación mejor que a veces explica los riesgos que corren algunos emigrantes como por ejemplo los balseros (p. 151, 156, 162).
- **Las consecuencias de la emigración para el país de origen**: el ejemplo de la fuga de cerebros españoles (p. 150, 167). Lo difícil que puede ser dejar a sus familiares (p. 157, 159, 163, 167) o su vida pasada.
- **¿Cómo integrarse?** ¿borrando sus raíces? (p. 150, 153, enfoque 2, p. 159). ¿Fusionándolas con la cultura del país de acogida? (p. 158, p. 159, p. 163)

Evaluación B1/B2

Je comprends un article sur la fuite des cerveaux

→ *Fiche photocopiable* Evaluación BAC

Volvemos a emigrar

País de inmigrantes éramos hace nada y somos de hecho hoy: España ocupa el puesto número ocho en el *top ten* de países con mayor número de inmigrantes internacionales según el MPI (Migration Policy Institute) en 2010. La población extranjera suma 5,7 millones de personas, en un continente, Europa, que, según advertencia de la Comisión Europea, tendrá en 2050 un déficit de 100 millones de trabajadores y que necesitará alrededor de 20 millones altamente cualificados en las próximas dos décadas. [...]

Partir. A Mónica y su familia, los Bezanilla, y al resto de elegidos para este reportaje, les cuesta la decisión. ¿Las razones para salir? En su caso: paro[1] de ambos, precariedad en las pocas ofertas que encuentran, políticas educativas que consideran nefastas y afectan a sus dos hijas, recortes[2] sociales [...]. Se quieren ir porque la decepción, una u otra, planea sobre el horizonte cotidiano y sobre su futuro. No hay trabajo, cinco millones de desempleados[3] en las últimas cifras; ninguna perspectiva de encontrar un puesto digno en un universo de mileuristas[4] que se fue instalando como natural en época de vacas gordas y que ahora, que son escuálidas[5], amenaza con convertirse en moneda común. España tiene los jóvenes más preparados, peor pagados y más parados de Europa.

[...] "Aparentemente nadie se escandaliza por esta fuga de cerebros[6], lenta pero inexorable... No son, como dicen, una generación perdida para ellos mismos. No son los socorridos *ni-ni* que sirven para culpar a la juventud de su falta de empleo. Son una generación perdida para nuestro país y para nuestro futuro. Un tremendo[7] error que pagaremos muy caro en forma de atraso[8], de empobrecimiento intelectual y técnico. Aunque todavía no lo sepamos".

Lola Huete Machado y Virginia Collera, elpais.com, 11/12/2011.

1. *chômage* – **2.** *réductions* – **3.** personas sin empleo – **4.** personas que ganan mil euros – **5.** flacas, delgadas –**6.** *la fuite des cerveaux* – **7.** terrible – **8.** *retard*

1. Apunta la expresión que muestra que España ya se encontró en la situación actual.
2. Entresaca la expresión que evidencia un problema que tendrá Europa en el futuro.
3. ¿Es fácil para los españoles dejar su país? Contesta y justifica con una expresión del texto.
4. Cita tres motivos que animan a los españoles a irse de España.
5. ¿Qué expresión indica que España conoció un periodo de fasto?
6. Apunta la frase que evidencia lo preocupante de la situación económica española para Europa.
7. Busca dos expresiones que muestran qué impacto tendrá este problema en el futuro de España.

Je comprends un témoignage sur l'émigration cubaine

CD 2 PISTE 21 PISTE 28

Testimonio sobre la operación Pedro Pan

→ *Fiche photocopiable* Evaluación BAC

1. **Primera escucha.** Escucha globalmente y destaca quién habla, dónde y cuándo tiene lugar la escena (apunta palabras clave).
2. **Segunda escucha.** Destaca el tema y las ideas esenciales que se relacionan con el tema (apunta sobre todo palabras clave).
3. **Tercera escucha.** Completa los apuntes de tus dos primeras escuchas.
4. **Síntesis en francés.** Ahora tienes 10 minutos para sintetizar por escrito **en francés** lo esencial de lo que has oído y entendido, ayudándote de tus apuntes de las tres escuchas anteriores.

Literatura

Littérature étrangère en langue étrangère

L'imaginaire

- l'étrange et le merveilleux, le fantastique, la science-fiction ;
- l'absurde, l'onirisme, la folie, la métamorphose.

Susana Rosique, *Caballito soñado.*

En Baeza, ya muy famoso y respetado poeta, en la soledad del recuerdo de Leonor, Antonio Machado emprende estudios de Filosofía. En París, de estudiante, había cursado en la Sorbona las clases de Henri Bergson, el filósofo del Tiempo. Entre sus poemas filosóficos, destacamos aquí uno de los que remiten a la temática de la ilusión y del sueño, difíciles de separar para el autor de la realidad circundante.

Antonio Machado
(Sevilla 1875 - Colliure 1939)

Después de escribir *Soledades* (1903), inspirado en el movimiento simbolista, se instala en Soria (1907). Recién nombrado profesor de francés, se casa con Leonor y va empapándose de lo más hondo de la naturaleza castellana, de su fuerza y también de su violencia. *Campos de Castilla* (1912-1917) recogerá los poemas de aquella época, entre los cuales destacan los que denuncian los motivos de la decadencia de España. Al morir su joven esposa, un año después de su casamiento, pide su traslado a Baeza (Andalucía), a Segovia (1919) y después a Madrid (1932). Republicano empedernido, se exilia, con su madre, en Francia en 1939. Muere en el pueblo marítimo de Colliure en abril de 1939.

CD 2 PISTE 22 PISTE 29

Parábolas

Era un niño que soñaba
un caballo de cartón.
Abrió los ojos el niño
y el caballito no vio.
Con un caballito blanco
el niño volvió a soñar;
y por la crin lo cogía...
¡Ahora no te escaparás!
Apenas lo hubo cogido,
el niño se despertó.
Tenía el puño cerrado.
¡El caballito voló!
Quedóse el niño muy serio
pensando que no es verdad
un caballito soñado.
Y ya no volvió a soñar.
Pero el niño se hizo mozo
y el mozo tuvo un amor,
y a su amada le decía:
¿Tú eres de verdad o no?
Cuando el mozo se hizo viejo
pensaba: Todo es soñar,
el caballito soñado
y el caballo de verdad.
Y cuando vino la muerte,
el viejo a su corazón
preguntaba: ¿Tú eres sueño?
¡Quién sabe si despertó!

Antonio Machado, Parábolas,
Campos de Castilla, (1912-1917).

1. ¿En qué medida se diferencian los "sueños" del niño, los del mozo y los del viejo?
2. ¿Qué sugiere el último verso?
3. Busca la definición de la palabra "parábola" y di si se justifica el título del poema.
4. ¿Cuál es tu análisis de la idea de que "Todo es soñar"?

Horacio Quiroga está considerado por los críticos como el mayor cuentista de Latinoamérica y precursor del realismo mágico. La etapa más decisiva de su carrera literaria se inicia en 1917 con *Cuentos de Amor, de Locura y de Muerte*, quince relatos dominados por la tragedia, la locura y hombres aplastados por un destino que les aniquila. En 1918 publica *Cuentos de la Selva*, ocho cuentos fantásticos en los que la naturaleza enreda al hombre y los animales cobran personalidad humana. Se agregaron a estos cuentos *Anaconda* (1921) y *El Regreso de Anaconda* (1926).

Ilustración de *Anaconda* por Ángel Dominguez.

CD 2 PISTE 23 PISTE 30

Víboras fatales

Lanceolada, una víbora de la selva, se entera de la presencia del Hombre en su territorio...

Al día siguiente la primera preocupación de Lanceolada fue el peligro que con la llegada del Hombre se cernía sobre la Familia entera. Hombre y Devastación son sinónimos desde el tiempo inmemorial en el Pueblo entero de los Animales. [...] Tornábase, pues, urgente prevenir aquello. Lanceolada esperó la nueva noche para ponerse en campaña. Sin gran trabajo halló a dos compañeras, que lanzaron la voz de alarma. [...] A las dos de la mañana el Congreso se hallaba, si no en pleno, por lo menos con mayoría de especies para decidir qué se haría.

[...] Estaban allí fuera de Lanceolada y Terrífica, las demás yararás[1] del país: la pequeña Coatiarita, benjamín de la Familia, con la línea rojiza[2] [...] bien visible y su cabeza particularmente afilada. Estaba allí, negligentemente tendida como si se tratara de todo menos de hacer admirar las curvas blancas y café de su lomo[3] sobre largas bandas salmón[4], la esbelta Neuwied, dechado[5] de belleza [...]. Estaba Cruzada, [...] potente y audaz rival de Neuwied en punto a belleza de dibujo. Estaba Atroz, de nombre suficientemente fatídico; y por último, Urutú Dorado, la yararacusú[1], disimulando discretamente en el fondo de la caverna sus ciento setenta centímetros de terciopelo[6] negro cruzado oblicuamente por bandas de oro.

[...] El Congreso estaba, pues, en mayoría, y Terrífica abrió la sesión.

–¡Compañeras! –dijo–. Hemos sido todas enteradas por Lanceolada de la presencia nefasta del Hombre. Creo interpretar el anhelo de todas nosotras, al tratar de salvar nuestro Imperio de la invasión enemiga. Sólo un medio cabe, pues la experiencia nos dice que el abandono del terreno no remedia nada. Este medio, ustedes lo saben bien, es la guerra al Hombre, sin tregua ni cuartel[7], desde esta noche misma, a la cual cada especie aportará sus virtudes. [...] soy una yarará como ustedes. Las yararás, que tienen a la Muerte por negro pabellón. ¡Nosotras somos la Muerte, compañeras!

Horacio Quiroga, *Anaconda*, 1921.

1. reptil muy venenoso que puede medir hasta 1,5 m. La yararacusú forma parte de la misma familia, se la considera la reina de las víboras - 2. *rougeâtre* - 3. *dos, ici, partie supérieure* - 4. *saumon* - 5. *modèle* - 6. *velours* - 7. *ici, quartier*

1. ¿Qué peligros supone para las víboras la llegada del hombre?
2. Cita las expresiones que revelan que la organización de las víboras es similar a la de los hombres.
3. Explica cómo Horacio Quiroga consigue expresar la belleza de las víboras.
4. Según tu opinión, ¿es compatible la belleza de las víboras con la expresión "¡Nosotras somos la Muerte...!"?
5. ¿En qué estriba lo fantástico de este fragmento?

Horacio Quiroga
(Salto, Uruguay, 1878 – Buenos Aires, 1937)

Después de llevar una vida de joven ocioso, al regresar de un viaje a París participa como fotógrafo en 1902 en una expedición por la selva de Misiones (zona situada entre Paraguay, Brasil y Argentina). Este viaje lo marcará para siempre ya que decidirá vivir largos años allá. Así fue como encontró el escenario y los personajes de sus cuentos. La desgracia permanente dominó su vida (suicidio de su primera esposa, muerte accidental de su mejor amigo por culpa suya, abandonado por su segunda esposa, dificultades económicas...). Se suicidó en Buenos Aires al saberse víctima de una enfermedad incurable.

Richard Zela (Perú), *Pedro Páramo*.

Juan Preciado viaja a Comala en busca de su padre Pedro Páramo porque su madre se lo pidió en su lecho de muerte. Se encuentra en un pueblo deshabitado lleno de fantasmas y voces de almas en pena. Apuntan en esta novela rasgos de lo que vino a llamarse "realismo mágico": elementos fantásticos o mágicos percibidos como normales por los personajes, múltiples narradores, un tiempo distorsionado, lo cotidiano transformado en algo sobrenatural, personajes que reviven o locos cuya visión onírica de la vida permite aproximarse a una realidad más honda.

CD 2 PISTE 24 PISTE 31

Sexto sentido

«–Es el caballo de Miguel Páramo. […]

Corre por todas partes buscándolo y siempre regresa a estas horas. Quizá el pobre no puede con su remordimiento[1]. […]

–No entiendo. Ni he oído ningún ruido de ningún caballo. […]

–Entonces es cosa de mi sexto sentido. Un don que Dios me dio; o tal vez sea una maldición. […]

Todo comenzó con Miguel Páramo. Sólo yo supe lo que le había pasado la noche que murió. Estaba ya acostada cuando oí regresar su caballo rumbo a la Media Luna. Me extrañó porque nunca volvía a esas horas. Siempre lo hacía entrada la madrugada. Iba a platicar[2] con su novia a un pueblo llamado Contla, algo lejos de aquí. Salía temprano y tardaba en volver. Pero esa noche no regresó… ¿Lo oyes ahora? Está claro que se oye. Viene de regreso.

«–No oigo nada.

–Entonces es cosa mía. Bueno, como te estaba diciendo, eso de que no regresó es un puro decir. No había acabado de pasar su caballo cuando sentí que me tocaban por la ventana. Vé tú a saber si fue ilusión mía. Lo cierto es que algo me obligó a ir a ver quién era. Y era él, Miguel Páramo. […]

«–¿Qué pasó? –le dije a Miguel Páramo–. […]

«–Lo que sucede es que […] se me perdió el pueblo. […] Si se lo dijera a los demás de Comala dirían que estoy loco, como siempre han dicho que lo estoy.

«–No. Loco no, Miguel. Debes estar muerto. Acuérdate que te dijeron que ese caballo te iba a matar algún día. Acuérdate, Miguel Páramo. Tal vez te pusiste a hacer locuras y eso ya es otra cosa.

«–Sólo brinqué[3] el lienzo de piedra que últimamente mandó poner mi padre. Hice que el Colorado lo brincara para no ir a dar ese rodeo tan largo que hay que hacer ahora para encontrar el camino. Sé que lo brinqué y después seguí corriendo; pero, como te digo, no había más que humo y humo y humo.

«–Mañana tu padre se torcerá de dolor –le dije–. Lo siento por él. Ahora vete y descansa en paz, Miguel. Te agradezco que hayas venido a despedirte de mí.

Y cerré la ventana.

Antes de que amaneciera un mozo de la Media Luna vino a decir:

«–El patrón don Pedro le suplica. El niño Miguel ha muerto. Le suplica su compañía.

«–Ya lo sé –le dije–.

Juan Rulfo, *Pedro Páramo,* 1955.

1. *remords* - 2. *bavarder* - 3. *j'ai sauté*

Juan Rulfo

(Sayula, México, 1918 - México D.F., 1986)

Juan Rulfo pasó su infancia en un pueblo donde dominaban la superstición y el culto a los muertos; sufrió allí la violencia política ya que su padre fue asesinado. Funcionario del Gobierno central, siguió viajando por el país ahondando así en su conocimiento de una realidad en la que cohabita lo real con lo maravilloso. Sus obras más destacadas son *El llano en llamas* (1953), un conjunto de quince cuentos y, sobre todo, *Pedro Páramo* (1955).

1. Identifica la distorsión o el desajuste de los "tiempos" de esta narración.
2. Muestra, apoyándote en el texto, que Miguel Páramo se ha convertido en fantasma.
3. Entresaca los elementos que justifican el "sexto sentido".
4. Destaca en el relato los elementos de lo real y di cómo se asocian con los del "sexto sentido", es decir, con lo "mágico".

En la segunda novela de terror de Manel Loureiro, *Apocalipsis Z, Los días oscuros*, a consecuencia de la galopada mortal de un virus desconocido, los protagonistas se enfrentan a un infierno tanto en Madrid, poblado de zombis agresivos o muertos vivientes, como en las islas Canarias donde piensan ponerse a salvo. Si los supervivientes intentan sobrevivir en lucha directa con los No Muertos, paradójicamente, luchan también entre sí por mantener cierto control entre ellos mismos. Así que nos preguntamos cuál es la verdadera amenaza a la que la humanidad se tiene que enfrentar para poder sobrevivir.

Fin del mundo

CD 2 PISTE 25 PISTE 32

El día que [se] vio en televisión al rey de España, ataviado[1] con el uniforme del ejército como en el 23-F declarando el estado de excepción, supo que aquella noticia breve de dos semanas antes había aterrizado en España.
Entonces, de todas las ideas desafortunadas que podían haber tenido los gobiernos, escogieron la peor. Siguiendo una lógica médica aplastante (aislar a los sanos de los enfermos errantes), decidieron concentrar a toda la población sana en unos recintos[2] habilitados a tal efecto por todo el país denominados Puntos Seguros. [...]
En cuestión de días, el mundo empezó a derrumbarse[3] de verdad. La energía y las comunicaciones empezaron a fallar a medida que los empleados encargados del mantenimiento no se presentaban en sus puestos de trabajo o, simplemente, desaparecían sin dejar rastro. Pronto los canales de televisión de todo el mundo tan sólo emitían películas enlatadas interrumpidas por breves noticiarios en los que de forma casi histérica se ordenaba a toda la población que se concentrase en los Puntos Seguros. [...] Se reconocía abiertamente que los infectados, de alguna manera, volvían a la vida después de haber fallecido[4], animados por algún tipo de impulso que les hacía tremendamente agresivos contra los demás seres vivos. Sonaba a argumento de peli[5] de serie B, y habría sido risible si no hubiera sido verdad. [...]
Los Puntos Seguros demostraron ser una trampa[6] mortal para los refugiados en su interior. El ruido y la presencia de una multitud humana actuaban como un imán para las criaturas No Muertas que ya campaban a sus anchas por todo el mundo. Cuando los puntos comenzaron a verse asediados[7] por hordas de No Muertos, el pánico se desató y [...] la mayor parte de los refugiados acabaron convertidos a su vez en No Muertos. El mensaje oficial por los escasos canales supervivientes [...] pasó a ser que nadie debía acercarse a los Puntos Seguros supervivientes. Pero una vez más, volvía a ser tarde. Demasiado tarde.

Manel Loureiro, *Apocalipsis Z, Los días oscuros*, 2010.

1. paré - 2. enceintes - 3. s'effondrer - 4. après leur décès - 5. film (familier) - 6. piège - 7. assiégés

1. ¿Qué medidas toma el Estado para erradicar o limitar los efectos del virus?
2. ¿Cuáles son las etapas del "derrumbamiento" del mundo?
3. ¿En qué medida se puede decir que este fragmento reúne las características de una novela fantástica de horror?

Manel Loureiro
(Pontevedra, 1975)
Estudió Derecho y fue guionista y presentador de programas de televisión. Actualmente es abogado en Galicia. Su primera novela *Apocalipsis Z, el principio del fin* tuvo un gran éxito muy comentado en internet. Dicen los críticos que es el primer autor de novela de terror ambientada en España.

Pistes pour préparer/compléter ton dossier

España

- Teatro. El mundo es ilusión. Pedro Calderón de la Barca, *La vida es sueño* (1635), *El gran teatro del mundo* (1655).
- El teatro de lo absurdo. Miguel Mihura, *Tres sombreros de copa* (1932), estrenada en 1952.
- Novelas fantásticas o de ciencia ficción. Elia Barceló, *Sagrada* (1989); Eduardo Mendoza, *Sin noticias de Gurb* (1991); José Maria Moreno, *Las visiones de Lucrecia* (2008).

América Latina

- Novela del realismo mágico. Alejo Carpentier (Cuba), *Los pasos perdidos* (1953); Gabriel García Márquez (Colombia), *Cien años de soledad* (1967), *Crónica de una muerte anunciada* (1981).
- Novelas fantásticas o de ciencia ficción. Adolfo Bioy Casares (Argentina), *La invención de Morel* (1940); Mario Levrero (Uruguay), *El lugar* (Prólogo de Julio Llamazares, 2000).

Fiche 1 Comprendre un document audio ou vidéo BAC

La compréhension orale sera testée à partir d'un document audio ou vidéo. Cette évaluation est faite au cours du deuxième trimestre de l'année de terminale. Elle s'appuie sur des documents liés aux notions du programme culturel mais non étudiés précédemment en classe. La synthèse se fait en français. Durée 10 minutes (le temps d'écoute n'est pas inclus).

MODALITÉS DE L'ÉPREUVE

- L'enseignant écrit au tableau le titre de l'enregistrement audio ou vidéo.
- Tu écoutes (et regardes s'il s'agit d'une vidéo) trois fois l'enregistrement, qui dure maximum 1 min 30.
- Chaque écoute est séparée par un silence de 1 min, pendant lequel tu peux noter ce que tu as compris.
- Après les trois écoutes, tu disposes de 10 min pour en rendre compte et recopier en français ce que tu as compris.

CONSEILS

- Le titre du document est très important, il peut t'aider à comprendre le sens général.
- Contente-toi dans un premier temps d'une compréhension globale, car il est difficile de tout comprendre ou de tout retenir.
  – N'essaie pas de noter tout ce que tu entends ou vois dans un premier temps.
  – Note les mots essentiels. Inutile d'écrire des phrases complètes, le débit est trop rapide.
  – Au brouillon, tu peux faire trois colonnes correspondant aux trois écoutes ; laisse de grands blancs que tu compléteras ensuite.
  – N'écris que d'un côté de la feuille, afin de ne pas perdre de temps à retourner la feuille pour rechercher les idées.
- Sois attentif(ve) au nombre de personnes qui parlent, à celles qui parlent plus, au ton employé, cela te donnera des indices pour comprendre s'il s'agit d'un document informatif, d'un débat, d'un témoignage…
- Tu peux introduire très brièvement ta synthèse : « Cet enregistrement / Cette vidéo traite du thème de…, il s'agit… d'un débat, d'une émission sur… », « qui peut être rattaché à la notion… »
- Note les éléments du document dans l'ordre où ils apparaissent ou rassemble les éléments s'ils se répètent. Tu n'as pas à donner ton point de vue, il s'agit juste de rendre compte en français de ce que tu as compris. Relis et recopie proprement tes notes.

MÉTHODOLOGIE

Audio

Puisqu'il y a trois écoutes du document (1re, 2e et 3e écoute), ne prends pas de notes lors du premier passage, écoute attentivement :

– pour saisir le sens général, le contexte grâce aux bruits de fond, à l'ambiance générale, aux différentes voix des personnes qui interviennent…

– pour identifier le type d'enregistrement : reportage, interview, émission de radio…
Pendant la minute de silence qui suit, rédige une très brève introduction présentant ces caractéristiques (type d'enregistrement, contexte), en t'aidant du titre du document.

Lors des deuxième et troisième écoutes, ainsi que pendant les silences de 1 minute, note ce que tu as entendu, en laissant de la place au brouillon pour compléter au fur et à mesure des écoutes. Tu peux faire aussi trois colonnes pour noter à chaque écoute.

Vidéo

De même que pour l'audio, il y a trois visionnages du document. Ne prends pas de notes lors du premier, et appuie-toi autant sur le son que sur l'image pour saisir le contexte et identifier le type de support vidéo : reportage, documentaire, film…

APPLICATION

Entraîne-toi avec les documents audio et vidéo de ton manuel.

Fiche 2 Présenter une notion à l'oral

BAC

Durée : 20 minutes pour la série L, 10 minutes pour les autres
Temps de préparation : 10 minutes

MODALITÉS DE L'ÉPREUVE

- Cette évaluation de l'oral se fait au cours du troisième trimestre de l'année de terminale.
- Tu devras avoir constitué un dossier par notion du programme culturel « Gestes fondateurs et mondes en mouvement » (Mythes et héros / Espaces et échanges / Lieux et formes de pouvoir / L'idée de progrès).
- « Cette prise de parole en continu sert d'amorce à une conversation conduite par le professeur, qui prend appui sur l'exposé du candidat. » (Extrait du B.O. n° 42 du 24 novembre 2011).
- Tu vas être évalué sur ton niveau de langue et ton aptitude à t'exprimer en continu puis en interaction en prenant appui sur les documents que tu vas présenter. Tu dois pouvoir produire un discours argumenté puis échanger ensuite avec l'examinateur.

CONSEILS

Le temps de préparation étant court, **ne rédige pas trop**. Écris les idées essentielles sous forme d'un **plan** que tu développeras ensuite à l'oral.
Lorsque tu t'exprimes oralement, regarde régulièrement l'examinateur et évite de lire tes notes.

MÉTHODOLOGIE

1. Introduction

Cite la/les notion(s) du programme du cycle terminal que tu vas travailler et dis succinctement en quoi la thématique choisie s'y rattache. Par exemple : « espaces et échanges » et émigration ou « espaces et échanges » et les médias.

2. Développement

- **Problématise la réflexion** que tu vas mener sur le thème, par exemple, sous forme d'une question indirecte : *Durante esta exposición, estudiaré en qué medida emigrar sirve para mejorar la situación de los emigrantes y si, en algunos casos, no la empeora.*
- **Développe et approfondis cette notion** problématisée dans un exposé en t'appuyant sur les connaissances travaillées et acquises dans l'année, en citant en exemple (obligatoire pour les élèves de la série L) les documents étudiés. Fais référence à ces documents en dégageant les idées essentielles qui te permettront de mener à bien ta réflexion. Réfléchis à l'ordre de présentation de ces exemples, car il contribue à la pertinence de ta démonstration.

3. Conclusion

Rappelle ta problématique et ce à quoi ta démonstration t'a permis d'aboutir.
Entraîne-toi avec les documents du manuel et les pages « Objetivo bachillerato oral ».

APPLICATION

Pour argumenter et organiser ton discours, tu trouveras une aide sur la fiche méthodologique 4 p. 175

Durée : série L LV1/LV2 : 3 heures – ES et S LV1 : 3 heures – ES et S LV2 : 2 heures
Autres séries LV1/LV2 2 heures

MODALITÉS DE L'ÉPREUVE

- Il s'agit de la première sous-partie de l'écrit du Bac (l'autre concerne l'expression écrite).

Cette sous-partie prend appui sur un, deux ou trois documents en langue étrangère. Certains documents peuvent comporter des éléments iconographiques.

- Elle vise à vérifier l'aptitude du candidat à : « identifier le sujet ou la thématique générale des différents documents ; repérer dans un ou plusieurs documents les informations importantes relatives à un thème ou une problématique donnés ; comprendre les événements ou informations essentiels présents dans les documents ; comprendre les liens logiques, chronologiques ou thématiques entre les informations ou événements relatés ou évoqués dans les documents ; comprendre les motivations et réactions des personnages, du narrateur ou de l'auteur quand elles sont clairement exprimées ; comprendre les conclusions d'une argumentation ; comprendre les détails significatifs d'un document informatif ou factuel ; percevoir les points de vue, les opinions, les contrastes dans les documents et/ou dans leur mise en relation. » (Extrait du B.O. n° 43 du 24 novembre 2011)

CONSEILS

Dans cette partie, tu dois montrer que tu as compris le(s) texte(s) grâce à un **travail de repérage**. Il ne s'agit en aucun cas d'expression. Tu n'as donc pas à développer ou à donner ton avis. Tu dois simplement justifier que tu as compris en **citant le texte**.

MÉTHODOLOGIE

- Commence par **lire deux fois** les documents textuels sans regarder les questions, afin d'en comprendre le sens général.
- N'oublie pas de lire également le titre, qui peut t'informer du thème, les notes de vocabulaire, **la date** de publication, **l'auteur** et **le titre de l'œuvre** qui peuvent te donner des informations sur la nature du texte.
- **Lis les questions** puis une troisième fois les documents. Maintenant, tu peux surligner ou souligner les éléments de réponse au fur et à mesure que tu les trouves. Saches que les questions suivent en général l'ordre du texte.
- **Sois attentif à la consigne** : on peut te demander de citer ou de ne pas le faire, de donner le numéro de la ligne.
- Lorsqu'on te demande de citer un mot, une expression ou une partie de phrase, suis la consigne, ne cite pas la phrase en entier. Car de cette façon tu ne dégages pas l'idée courte qu'on te demande de repérer. Lorsque tu cites, n'oublie pas les guillemets.
- Tu peux introduire tes réponses en reprenant une partie de la question. Par exemple : *"Los dos lugares donde vivió Pablo son los siguientes: ..."*
- S'il y a une **question en français**, elle pourra demander de mettre les divers documents en parallèle. Cette fois-ci tu dois respecter la consigne de limitation du nombre de mots (en général entre 50 et 70 mots). Tu dois, en français, dégager les idées qui permettent de comparer ou de différencier les documents. Il faudra ici que tu rédiges. Mais attention, il ne s'agit pas encore d'expression, tu ne dois pas donner ton avis personnel mais montrer, par exemple, en quoi les deux documents se ressemblent ou en quoi ils s'opposent ou encore, en quoi le document iconographique illustre le texte. Pour ce dernier cas, tu iras chercher dans le texte la phrase ou l'idée qui pourrait servir de titre au dessin ou à la photographie.

Fiche 4 Organiser sa pensée à l'écrit et à l'oral BAC

CONSEILS

- Écris au brouillon les **mots-clés** qui serviront de base à l'organisation de ta réflexion ou de ton dialogue.
- Fais un **plan** pour classer tes idées.
- Exprime-toi si possible à la **première personne du singulier**, utilise des **tournures idiomatiques** (expressions propres à une langue), des **connecteurs logiques** (les mots de liaison) et des **synonymes**, tant au niveau lexical que grammatical.

MÉTHODOLOGIE

1. Connecteurs logiques

primero: *en premier, d'abord*
a primera vista: *à première vue*
por una parte... por otra parte: *d'une part... d'autre part*
de modo que: *de sorte que*
mientras que: *alors que*
sin embargo: *cependant*
pues: *donc, car, eh bien !*

en cuanto a: *en ce qui concerne*
por consiguiente: *par conséquent*
en cambio: *par contre, en revanche*
ya: *déjà, désormais*
ya no: *ne... plus*
ya que, puesto que: *puisque*
por fin: *enfin*

a pesar de: *malgré*
ni siquiera: *pas même, même pas*
a no ser que: *à moins que*
además: *en plus, de plus*
a veces: *parfois*
por parte de: *de la part de*

2. Expressions de l'exclamation

¡Vaya noticia!: *Quelle nouvelle !* ("vaya" *reste invariable*)

¡No me digas!: *Pas possible !*
¡Estupendo! / ¡Qué bien!: *Génial !*

¡No me lo creo!: *J(e n)'y crois pas !*

3. L'impératif : n'hésite pas à le réviser (précis grammatical p. 205).

4. Expressions de l'interrogation

¿Y eso?: *Et pourquoi ?*
¿Te importa si...?: *Ça te dérange si... ?*

5. Donner son point de vue

Pienso que, opino que, para mí, a mi parecer, (a mí) me parece que, en mi opinión, a mi modo de ver, desde mi punto de vista, creo/pienso que + indicatif, no creo/no pienso que + subjonctif

6. Pour inventer un dialogue, tu dois d'abord faire attention à l'interlocuteur.

	Pronom personnel sujet	Conjugaison du verbe	Adjectif possessif	Pronom personnel complément	Pronom personnel réfléchi
tu	tú	2e pers. du sing.	tu(s)	te (veo)	te (llamas)
vous (tu + tu + tu...)	vosotros / vosotras	2e pers. du plur.	vuestro (a, os, as)	os (veo)	os (llamáis)
vous (de politesse : une personne)	usted	3e pers. du sing.	nuestro (a, os, as)	le (veo)	se (llama)
vous (de politesse : plusieurs personnes)	ustedes	3e pers. du plur.	su(s)	les (veo)	se (llaman)

APPLICATION

Dar su opinión p. 73.

Un document iconographique peut être une publicité (voir fiche 6 p. 177), une photographie, un tableau, un dessin, un extrait de BD. Tu pourras retrouver ce type de document dans l'épreuve du 2nd groupe / de rattrapage (Nouveau BAC).

CONSEILS

- **Observe,** pour le commentaire que tu vas faire, les couleurs, la taille des personnages, de l'écriture s'il y a du texte, ce qui est mis en valeur.
- Lis également **la légende**, elle te permettra de comprendre le sens du document.

MÉTHODOLOGIE

- Dégage le sens général du document iconographique, commente-le succinctement puis donne ton avis sur le document et sur le thème en général.

1. Introduction

Este documento es un cuadro *(un tableau)*, un dibujo *(un dessin)*, un tebeo *(une BD)*.
Fue hecho por... / Fue sacado de la revista *(la revue)*... / del periódico *(le journal)*...
Trata de... / Su tema es...

2. Commentaire

- **Pour décrire les différentes parties en montrant comment elles sont liées au thème.**

el trazo: *le trait, la ligne*
un guiño: *un clin d'œil*
el color: *la couleur*
el tamaño: *la taille*
sacar una foto: *prendre une photo*
denunciar: *dénoncer*
hacer reaccionar: *faire réagir*
llamar la atención: *attirer l'attention*
poner de relieve: *mettre en relief*
subrayar: *souligner*
aludir: *faire allusion à*
remitir: *renvoyer à*

- **Pour parler du thème.**

En cuanto al cuadro...
El tema general del cuadro es...
Los diferentes movimientos / las diferentes partes del cuadro...
La composición del cuadro se organiza en torno a...
El pintor quería insistir en... poniéndolo de relieve gracias a...
El mensaje del pintor estriba en...
El sentimiento general que se destaca del cuadro...
En el primer plano...
Este cuadro bien muestra la influencia / es precursor de...

3. Conclusion

- **Résume l'intérêt du document.**

Como lo acabo de demostrar, este documento plantea el problema de / propone una visión sobre / presenta el tema de...

- **Donne ton avis sur le document.**

A mí (no) me gusta, a mí (no) me convence, hubiera añadido *(ajouté)*...
Pienso que, opino que,
para mí, en mi opinión,
a mi modo de ver

Quino, *Sí cariño.*

APPLICATION

- Comentar el cuadro de Frida Kahlo, p. 76.
- Comentar el dibujo de Quino de esta página.

Fiche 6 Commenter une publicité ou une affiche

CONSEILS

- Garde en mémoire l'impression que tu as eue lorsque tu as vu pour la première fois la publicité. Le publicitaire compte sur cette première impression pour faire passer son message.
- Ne confonds pas une **publicité** (dont l'objectif est de vendre un produit) avec une **campagne d'information, de prévention** (dont l'objectif est d'informer, de sensibiliser).

1. el visual: *le visuel, la photographie*
2. el enganche: *l'accroche (petite phrase dont le but est d'accrocher l'intérêt du lecteur)*
3. el texto explicativo
4. el lema, el eslogan: *le slogan (petite phrase que l'on retrouve dans toutes les publicités de la campagne ou de la marque)*
5. el logo(tipo): *le logo(type) (dessin qui symbolise la marque)*

MÉTHODOLOGIE

1. Introduction

Este cartel publicitario fue realizado por... Su meta (*la* meta: *le but*) es vender / promover [ue] un producto / sensibilizar / informar sobre el tema de / pedir donaciones para luchar contra... Fue sacada de la revista (*la revue*) / del periódico (*le journal*)... Esta publicidad / este cartel (*l'affiche*) se compone de... / Trata de... / Se dirige a (*il s'adresse à*)...

2. Commentaire

Décrire les différentes parties en montrant comment elles s'articulent entre elles pour traiter le thème. Parler du thème.

– Para alcanzar (*atteindre*) su objetivo, esta publicidad intenta chocar para hacer reaccionar, emocionar.
– Se vale del contraste entre..., de un juego de palabras, de un guiño (*un clin d'œil*).
– La manera de sacar la foto en picado (*en plongée = du haut vers le bas, ce qui écrase, rapetisse*) / contrapicado (*contre-plongée = du bas vers le haut, ce qui habituellement agrandit*).

3. Conclusion

Résumer l'objectif de la publicité et dire si elle l'atteint. Donner son point de vue sur le document.
– A mí (no) me gusta, a mí (no) me convence, hubiera añadido (*ajouté*)...

APPLICATION

Commente la publicité de cette page, en appliquant la méthodologie et en suivant les conseils.

Bachibac

et sections européennes DNL histoire-géographie

• Ce dossier s'adresse aux élèves qui étudient l'histoire et la géographie dans le cadre de la préparation du double diplôme (*Bachillerato* et Baccalauréat, accord du 10 janvier 2008) ou comme discipline non linguistique dans le cadre d'une section européenne.

• Ce dossier prend appui :

– sur le programme du Bachibac publié au *BOEN (cf. infra)* ;

– sur les questions qui font l'objet d'un enseignement et d'une évaluation lors de l'épreuve orale spécifique des sections européennes.

Cet enseignement, en espagnol, se fonde sur « tout ou partie du programme » d'histoire et de géographie.

• Ce dossier s'adresse aussi aux élèves des sections européennes des lycées professionnels, même si la discipline non linguistique enseignée est autre, et aux élèves des baccalauréats technologiques : guidés par les enseignants, dans le cadre d'un travail interdisciplinaire entre professeurs de langue et professeurs d'histoire-géographie, les dossiers d'histoire et les études de cas en géographie sont de nature à sensibiliser les élèves à l'évolution de la société espagnole et à l'environnement économique et social.

• Ces pages peuvent être utilisées en travail de groupe en classe de 1re générale en complément des unités et des thématiques du manuel.

• Textes de référence

Double délivrance du diplôme du Baccalauréat et du diplôme du Bachillerato

BO spécial n° 5 du 17 juin 2010 - http://www.education.gouv.fr/cid52118/mene1004209a.html

– Horaires, déroulement des examens - http://www.education.gouv.fr/cid52327/le-bachibac.html
– Épreuves de l'examen final
– Organisation des épreuves *BO* n° 37 du 13 octobre 2011 - http://www.education.gouv.fr/pid25535/bulletin_officiel.html?cid_bo=57840

Sections européennes

BOEN n° 33 du 3 septembre 1992 ou circulaire n° 92-234 du 19 août 1992 - http://media.education.gouv.fr/file/20/5/4205.pdf

Voir aussi : http://eduscol.education.fr/cid46517/presentation.html

Les études en **histoire** peuvent servir pour traiter des thèmes aux programmes des classes de 1re ES/L/S en section européenne mais aussi dans la plupart des cas en classe de 1re Bachibac. Ainsi l'étude du rôle de l'Italie et de l'Allemagne dans la guerre d'Espagne fait partie du thème consacré à **La guerre au XXe** en classe de 1re ES/L/S, et à celui de la guerre civile en 1re Bachibac. Les autres études permettent de traiter les thèmes 1 du programme de 1re ES/L/S : **Croissance économique, mondialisation et mutations des sociétés depuis le XIXe siècle** (étude 1), 2 : **La guerre au XXe siècle** (étude 2), 3 : **Genèse et affirmation des totalitarismes** (études 3 et 4). En **géographie**, le choix des études de cas répond également au souci de fournir des entrées précises à l'étude des thèmes suivants : **mobilités flux et réseaux de communication dans la mondialisation** (étude 5), **l'Union européenne dans la mondialisation** (étude 6), **les territoires ultramarins de l'Union européenne et leur développement** (étude 7), **la région territoire de vie, territoire aménagé** (étude 8).

• Contenus du dossier

Histoire

1. La "Semana Trágica" de Barcelona (julio de 1909)
2. Los atentados del 11 de marzo de 2004 en Madrid
3. Hitler y Mussolini frente a las democracias en la guerra civil española (1936-1939)
4. Las Brigadas Internacionales en la guerra civil española

Géographie

5. El aeropuerto de Madrid: plataforma multimodal y *hub* internacional
6. Barcelona, una metrópolis europea
7. Islas Canarias, región ultraperiférica de la UE
8. Las particularidades de las comunidades autónomas: el ejemplo de Cataluña

Ciberencuesta

La Constitución de 1931

1. Accede a los sitios web siguientes:
– http://www.congreso.es/portal/page/portal/Congreso/Congreso/Hist_Normas/ConstEsp1812_1978/Const1931
– http://www.publico.es/especial/republica-80-aniversario/
Presenta las características del régimen político iniciado por la Constitución de 1931 y explica los aspectos conflictivos que aquel texto pudo generar.

2. **Lee y presenta el documento** centrándote en los artículos siguientes: 1, 8, 13, 25, 26, 38, 39, 43, 44, 51, 94.
Reúne los elementos que puedan precisar la índole del texto (¿Qué es una constitución?) y el contexto en el cual dicha constitución fue redactada.

3. **Analiza los artículos.**
Delimita las orientaciones generales del texto.
Entresaca los términos relevantes.
Apóyate en tus conocimientos para aclarar el sentido del texto.
Define los términos esenciales.

4. **Clasifica los artículos por temas y presenta sus características principales:** el establecimiento de un régimen democrático, la definición de las libertades y los derechos individuales, la organización territorial del Estado español.

5. **Busca los artículos que pudieron provocar una oposición política:** ¿Por parte de qué tipo de protagonistas? ¿Por qué?

6. **Apoyándote en los datos recogidos, contesta a la pregunta siguiente:**
¿Qué tipo de régimen político se inició con la Constitución de 1931?
¿Qué debates generó dicha constitución?
Elabora tu respuesta en forma de diaporama digital en el que incluirás vídeos y fotos sacados de los sitios web visitados.

⊕ Capacités et méthodes

Identifier un document (nature, date, auteur, condition de production).
Prélever, hiérarchiser et confronter des informations selon des approches spécifiques.
Cerner le sens général d'un document et le mettre en relation avec la situation historique étudiée.
Critiquer un document.

⊕ Compétences B2i

3.1 Je sais créer et modifier un document numérique composite transportable et publiable.
4.1 Je sais interroger les bases documentaires à ma disposition.
4.4 Je sais constituer une bibliographie incluant des documents d'origine numérique à ma disposition.

Bachibac

La Semana Trágica: ¿rebelión política y social?

En 1909, en un contexto de fuertes tensiones sociales, en Barcelona y en otras grandes ciudades industriales, la movilización obrera contra la guerra de Marruecos desemboca en un levantamiento popular. Al asalto de los edificios religiosos responde la proclamación de declaración del estado de guerra por parte del Gobierno central. Una represión arbitraria cae sobre los rebeldes y, a pesar de los llamamientos internacionales para que se conceda el indulto, se condenan a muerte los supuestos cabecillas.

▸ ¿Por qué la Semana trágica fue a la vez una rebelión social y política?

1. Protesta política y rebelión social

Considerando que la guerra es una consecuencia fatal del régimen de producción capitalista. Considerando, además, que, dado el sistema español de reclutamiento del ejército, sólo los obreros hacen la guerra que los burgueses declaran.
La asamblea protesta enérgicamente:
1. Contra la acción del gobierno español en Marruecos. […]
3. Contra el envío a la guerra de ciudadanos útiles a la producción y, en general, indiferentes al triunfo de la cruz sobre la media luna, cuando se podrían formar regimientos de curas y frailes que, además de estar directamente interesados en el éxito de la religión católica, no tienen familia, ni hogar, ni son de utilidad alguna al país […].
Y compromete a la clase obrera a concentrar todas sus fuerzas, por si se hubiera de declarar la huelga general para obligar al gobierno a respetar los derechos que tienen los marroquíes a conservar intacta la independencia de su patria.

Extracto de la moción presentada en el mitín celebrado en Terrassa el 21 de julio de 1909.

2. Unos datos

- 25 de julio: huelga general de protesta.
- 14 iglesias, 27 colegios religiosos, 6 conventos de monjas saqueados.
- Entre 75 y 104 civiles muertos, 5 miembros de las fuerzas del orden, 500 heridos.
- 1 725 personas (oficialmente) detenidas.
- 5 ejecuciones, entre ellas la de Francesc Ferrer i Guàrdia.

3. Barcelona en llamas durante la Semana Trágica de julio de 1909

Barcelona, 27 julio de 1909.

4. Las destrucciones de la Semana Trágica

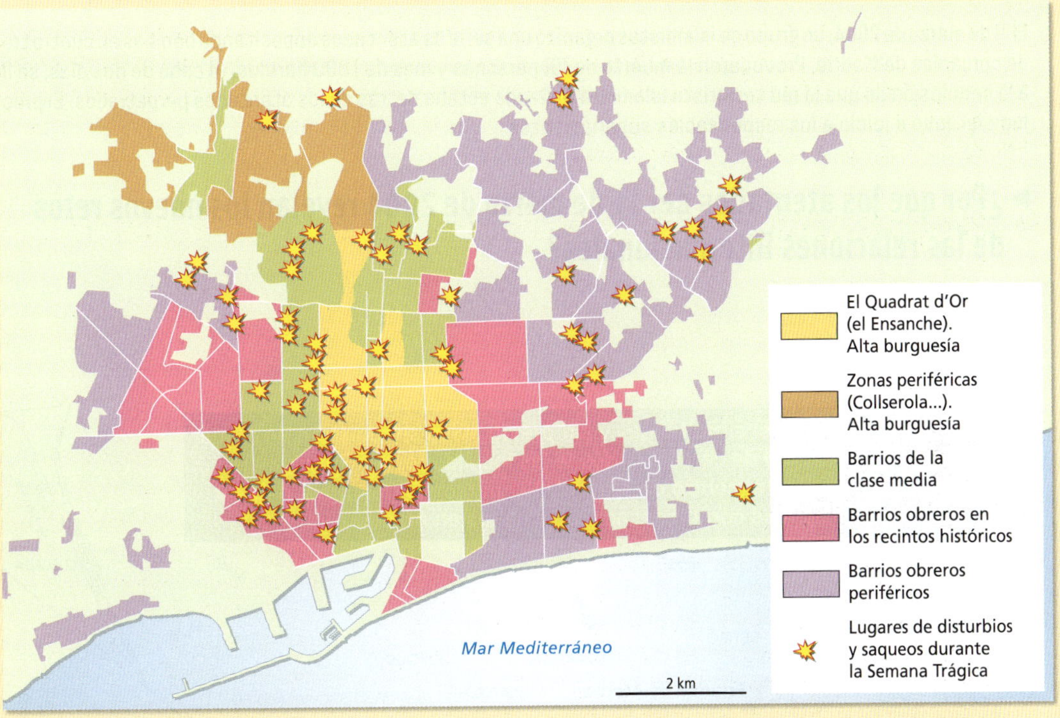

5. La represión vista desde Francia

Cartel que representa la muerte de Francisco Ferrer (1859-1909), libre-pensador, militante, pedagogo libertario y fundador de la Escuela Moderna. Fue ejecutado el 13 de octubre de 1909, acusado de ser el supuesto responsable de la insurrección de 1909 en Barcelona.

Cartel creado por Pousthomis hacia 1910.

Preguntas

1. ¿Cuáles fueron las causas de la Semana Trágica? (doc. 1)
2. ¿En qué tipo de movimiento desemboca la movilización? (doc. 1, 2 y 3)
3. ¿Cuál es la índole de las reivindicaciones de la Asamblea Obrera de Terrassa? (doc. 1)
4. ¿Cuáles fueron las reacciones frente a la represión? (doc. 4 y 5)

Balance

Apoyándote en el análisis de los documentos y en tus conocimientos, explica por qué la Semana Trágica simboliza la exacerbación de las tensiones políticas y sociales en la España de aquella época.

Bachibac

Los atentados del 11 marzo de 2004

El 11 de marzo de 2004, un grupo de islamistas organizó una serie de atentados depositando bombas en cuatro trenes de cercanías de Madrid. Provocaron la muerte de 191 personas y más de 1800 heridos. Al cabo de dos días, se llegó a la conclusión de que la red terrorista islamista Al Qaeda estaba detrás de los atentados perpetrados. El proceso judicial llevó a juicio a los responsables supervivientes.

▶ ¿Por qué los atentados del 11 de marzo de 2004 revelan los nuevos retos de las relaciones internacionales?

1. Los atentados

2. Bin Laden y el 11-M

El 15 de marzo de 2004, cuatro días después de la matanza, la cadena de televisión árabe Al Arabiya, con sede en Dubai, retransmitió una grabación sonora de Osama Bin Laden en la que el terrorista justificó el ataque y aseguró que "el 11-M es el castigo a España por sus acciones en Irak, Afganistán y Palestina". "Lo que ocurrió el 11 de septiembre y el 11 de marzo es la manera de devolveros vuestra mercancía. Tenéis que saber que la seguridad es necesaria para todos".

"Lo que Bin Laden dijo sobre el 11-M",
El País, 8 de mayo de 2011.

3. Caos en la estación de Atocha

Uno de los convoyes afectado por una explosión en la estación de trenes de Atocha.

4. Manifestaciones y protestas

Unas dos mil personas se concentraron espontáneamente en la Plaza Nueva, ante el Ayuntamiento de Sevilla, para mostrar su rechazo a los atentados de Madrid.

11 400 000 personas, según la policía, 11 642 000 según el Gobierno, salieron a las calles de las principales ciudades españolas para condenar el atentado más sangriento de la historia en nuestro país. "En ese tren íbamos todos" y "No estamos todos, faltan 200" fueron algunos de los gritos de rabia que resonaron bajo la lluvia en Madrid, donde se manifestaron 2 300 000 personas.

"Millones de personas se manifiestan contra el terrorismo", *El Mundo*, 13/03/2004.

5. El juicio de 2007

El banquillo de los acusados.

La sentencia acredita que el atentado fue cometido por una célula yihadista. La vinculación de ETA con los islamistas carece de fundamento. 21 de los 28 procesados han sido condenados.

El País, 01/11/2007.

6. "¿Qué tuvieron en común el 11-S y el 11-M?"

El 11-S y el 11-M tuvieron en común ser expresiones del actual terrorismo yihadista y remitir, de dos distintas maneras, al núcleo central de Al Qaeda en Pakistán. Pero si esta última ideó, planificó, preparó y ejecutó por sí misma los atentados de Nueva York y Washington, los de Madrid denotaban que la amenaza del terrorismo yihadista en el mundo occidental estaba cambiando. Ya no procedía solo de Al Qaeda, sino también de sus organizaciones asociadas, más idóneas para movilizar localmente recursos humanos y materiales adecuados a las condiciones del entorno en que atentar. Al Qaeda aprobaría y en su caso facilitaría. Sobre la base de una animadversión hacia España, los atentados de Madrid fueron utilizados para forzar al Gobierno, entonces del PP –pero cualquiera que fuera el partido en el poder–, a retirar las tropas españolas de Afganistán e Irak.

El País, 10/03/2012.

Preguntas

1. ¿En qué momento y dónde tuvieron lugar los atentados? (doc. 1)
2. ¿Cuál era el objetivo de los autores de los atentados? (doc. 1, 2 y 3)
3. ¿Cómo reaccionaron la población y el estado español? (doc. 4 y 5)
4. ¿Cuáles eran los puntos comunes entre estos atentados y los del 11-S? (doc. 6)

Balance

¿En qué medida los atentados del 11 de marzo se enmarcan en los nuevos conflictos iniciados después de la guerra fría?

Bachibac

Hitler y Mussolini frente a las democracias en la guerra de España

Ya desde el principio, la guerra civil española tuvo gran resonancia internacional. Francia y Gran Bretaña apostaron por una política de no intervención que solo ellas respetaron. La Italia fascista y la Alemania nazi respaldaron militarmente a Franco, mientras que la URSS ayudó al campo republicano. La victoria franquista puso de realce la debilidad de las democracias frente a los regímenes totalitarios.

▶ ¿Qué actitudes adoptaron los países democráticos y totalitarios frente a la guerra de España?

1. La guerra de España y las intervenciones exteriores

2. Léon Blum y la no intervención

El presidente del gobierno francés, Léon Blum, justifica la no intervención ante una asamblea de militantes socialistas.

Camaradas, [...] Quisieran que llegáramos a una situación tal que el gobierno legal[1] pudiera beneficiarse de los abastecimientos en armas y no las fuerzas rebeldes[2]. [...] Instaladas ya la competencia de las armas en el suelo español, ¿cuáles pueden ser las consecuencias para Europa en su conjunto dentro de la situación actual? [...] La solución, lo que generaría [...] es la firma de una convención internacional en la que todas las potencias [...] se comprometerían a prohibir la exportación a España de material militar.

Discurso en el estadio de Luna-Park (afueras de París) el 06/09/1936.

1. Los republicanos del Frente Popular
2. Los nacionales, partidarios de Francisco Franco

3. Ayuda extranjera en la guerra de España (1936 - 1939)

	Ayuda a los franquistas	Ayuda a los republicanos
Soldados	Italia fascista: 50 000 Alemania nazi (legión Cóndor): 16 000 Portugal (dictadura): 20 000 Otros: 1 000	Voluntarios de las brigadas internacionales: 60 000
Material de guerra	Italia fascista: aviones: 763; cañones: 1 930 Alemania nazi: aviones: 277	Orígenes diversos (sobretodo URSS): aviones: 1 627; cañones: 928; vehículos blindados: 931

4. La ceguera de las democracias

¡Digo *Fair Play*! No debería usted reanimar al agresor a toda costa. Mi amigo y yo no intentamos ayudar a su víctima.
Los jefes de gobierno Chamberlain (Inglaterra) y Léon Blum (Francia) observan cómo la Italia fascista ayuda al ejército franquista contra los Republicanos. David Low. 05/08/1936.

5. Franco y la lucha contra el marxismo

Pregunta: ¿Ahora que el golpe ha fracasado en sus objetivos por cuánto tiempo seguirá la matanza?
General Franco *(tranquilamente)*: No habrá compromiso ni tregua […]. Avanzaré –gritó–, tomaré la capital. Salvaré España del marxismo, cueste lo que cueste. […]
Pregunta: ¿Eso significa que tendrá que matar a la mitad de España?
General Franco: Repito, cueste lo que cueste. […]
Pregunta: ¿Qué haría su gobierno si venciera?
General Franco: Yo establecería una dictadura militar y más tarde convocaría un plebiscito nacional para ver lo que el país quiere. Los españoles están cansados de política y de políticos. […]

Entrevista de Franco publicada en el diario *News Chronicle*, 29/07/1936.

6. "La invasión italiana"

Oliver/Unión General de trabajadores. Sindicato de profesionales de las Belles Artes (1936-1938).

7. Fechas clave

- **18 de julio de 1936:** sublevación contra la República.
30 de julio: los aviones alemanes e italianos ayudan a las tropas franquistas a franquear el estrecho de Gibraltar.
- **Agosto de 1936:** llegada de la legión Cóndor a España.
- **9 de septiembre de 1936:** conferencia internacional sobre la no intervención.
- **26 de abril de 1937:** la legión Cóndor bombardea Guernica.
- **1 de abril de 1939:** victoria del bando franquista.

Preguntas

1. ¿Cómo se traduce la intervención de Alemania e Italia en España? (doc. 1, 3 y 4)
2. ¿Qué actitudes adoptaron las democracias frente a la guerra de España? ¿Por qué? ¿Con qué resultado? (doc. 1, 2 y 4)
3. ¿Cuáles fueron los motivos ideológicos de la alianza entre Hitler, Mussolini y Franco? (doc. 1, 3 y 5)
4. ¿Cómo fue percibida la intervención italiana en el campo republicano? (doc. 6)

Balance

Explicar por qué la guerra de España evidenció la debilidad de las democracias y facilitó el acercamiento entre los totalitarismos.

4 Bachibac

Las Brigadas Internacionales en la guerra civil española

HISTOIRE

Las Brigadas Internacionales prestaron su ayuda a las tropas republicanas. Encuadradas por el "Komintern", eran sin embargo el fruto de un verdadero movimiento de solidaridad antifascista. Cerca de 60 000 brigadistas que venían de más de 50 países combatieron en todos los frentes de la guerra civil española. Cerca de 18 000 murieron y unos 15 000 resultaron heridos durante esos combates. Conforme a un acuerdo entre el gobierno republicano y el comité de no intervención, tuvieron que abandonar su participación en la lucha en noviembre de 1938.

▸ ¿En qué medida el compromiso de las Brigadas Internacionales recalca las ambigüedades y el fracaso de la política de no intervención?

1. Procedencia de los combatientes de las Brigadas internacionales

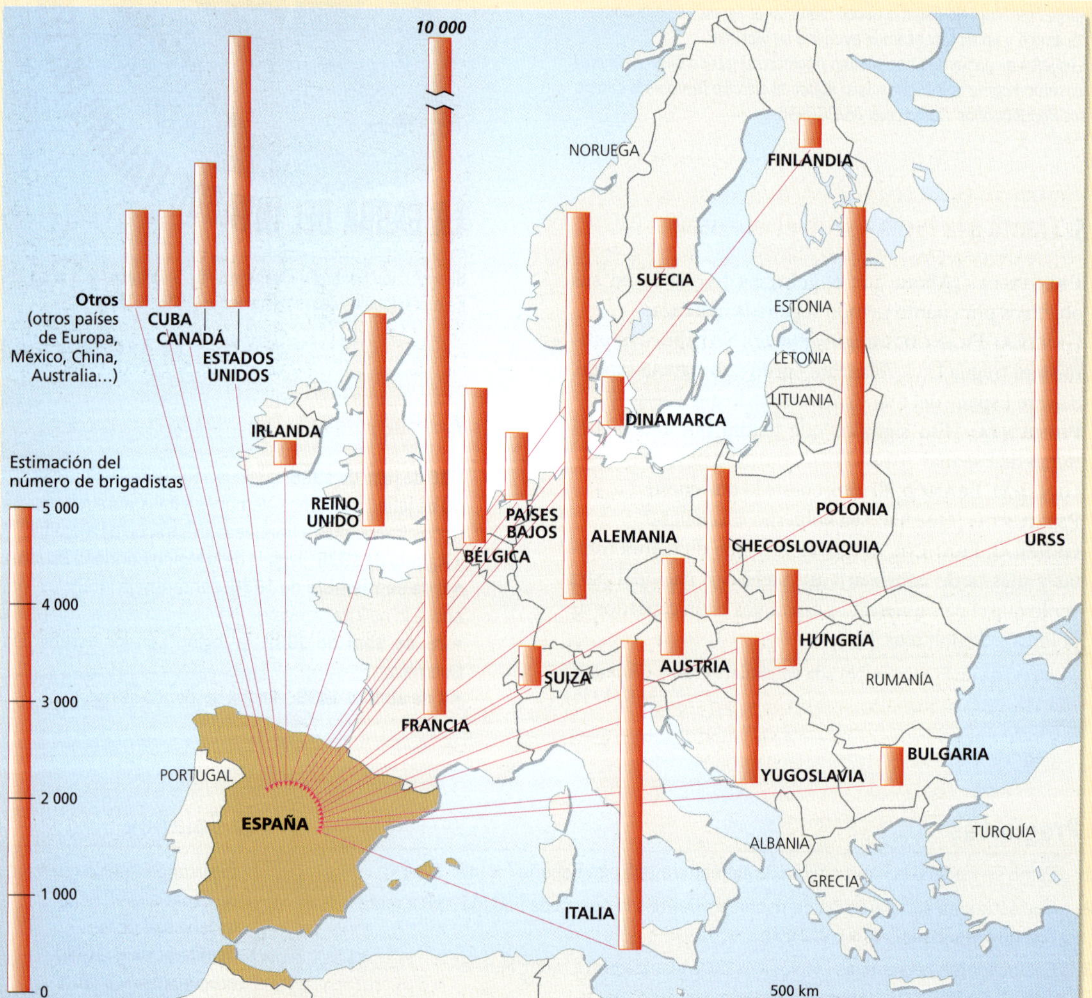

2. Llegan los brigadistas a Albacete

Magnin fue a la ventana: todavía de civil pero calzados con botas militares, con sus caras testarudas de comunistas o su largo pelo de intelectuales, viejos polacos de bigotes nitzscheanos y jóvenes de filmes soviéticos, alemanes con la cabeza rapada, italianos que parecían españoles extraviados entre los internacionales, ingleses más pintorescos que todos los demás, franceses parecidos a Maurice Thorez[1] o a Maurice Chevalier[2] [...] martilleaban la calle estrecha, sonora como un corredor.

André Malraux, *L'espoir,* trad. José Bianco.

1. Dirigente del Partido Comunista Francés
2. Famoso cantante francés

3. La lucha al lado del bando republicano

Cartel del madrileño Parrilla (sindicato de las Belles Artes-UGT), 1931.

4. El final de la participación de las Brigadas Internacionales en el conflicto

Juan Negrín, presidente del gobierno, pronunció este discurso para despedir a las Brigadas Internacionales (25/10/1938).

Porque, ¿qué es esto que veo yo, sino un plebiscito en pequeño de todos los pueblos del mundo, testimoniado por todos los que sienten como suya la causa de España, que es la causa de la libertad y del derecho? Habéis venido a España, espontáneamente, a defender nuestro país: sin ninguna obediencia a jerarquía superior a vosotros: por vuestra propia voluntad de sacrificar lo que más difícilmente se presta a nadie: a sacrificar la vida. Veníais a defender la justicia, el derecho escarnecido, porque sabíais, también, que aquí, en España, se jugaba la libertad del mundo entero.

[...] Vuestra retirada es una necesidad que nos imponemos para demostrar a esa falsa No Intervención que la retirada de los voluntarios no es problema para la República y sí para los sublevados, coaligados con las fuerzas extranjeras que pretenden en España conquistar nuevas posiciones. Y España ha adoptado esta resolución considerando que podía contribuir a la pacificación del mundo.

5. Fechas clave

- **17 de noviembre de 1936:** principio de la intervención de las Brigadas Internacionales.
- **23 de septiembre de 1938:** salida de las Brigadas Internacionales del conflicto.

Preguntas

1. ¿De dónde venían los brigadistas? (doc. 1, 2 y 3)
2. Analiza los motivos que impulsaron a los brigadistas a alistarse. (doc. 1, 2, 3 y 4)
3. ¿Cómo justificó Juan Negrín el final de la participación de las Brigadas Internacionales en la guerra civil española? (doc. 4)

Balance

Apoyándote en los datos de estos documentos, redacta un texto argumentado que presente las procedencias geográficas de los brigadistas, sus motivaciones y su compromiso en la guerra de España.

5 GÉOGRAPHIE

Bachibac

El aeropuerto de Madrid: plataforma multimodal y *hub* internacional

La mundialización y la integración europea imponen una adaptación y una modernización de las redes de transporte en un universo en el que los flujos de pasajeros y mercancías siguen aumentando. El atractivo de las ciudades y de los países depende cada vez más de su accesibilidad. El aeropuerto internacional de Madrid, Barajas, desempeña un papel clave en este proceso.

▶ ¿Cómo integra el aeropuerto de Barajas a España en la mundialización?

1. Un gran aeropuerto bajo una fuerte competencia

N°	Aeropuerto	Pasajeros
1	Atlanta EUA	94 315 199
2	Beijing, China	79 821 113
3	Londres, Inglaterra	70 168 625
4	Chicago, EUA	67 494 318
5	Tokio, Japón	65 866 127
6	Los Ángeles, EUA	62 925 369
7	París, Francia	61 799 388
9	Frankfurt, Alemania	57 325 866
10	Hong Kong, China	55 284 886
18	Madrid, España	47 916 178

Flujos en millones de pasajeros (2011).

2. Una apertura hacia Europa y América

El aeropuerto de Madrid – Barajas es uno de los principales puntos de entrada de turistas en España. Su corta distancia con el núcleo urbano, le convierte en una pieza fundamental de nuestro sistema turístico [...]. Madrid – Barajas tiene un peso muy importante en la economía madrileña y española, ya que estimula todo el tejido económico regional, facilitando el crecimiento de las empresas [...]. Tras la ampliación[1], el nuevo Barajas se consolida como un aeropuerto *hub* donde las compañías aéreas pueden aumentar su conectividad entre los mercados hispanoamericano, nacional y europeo.

Sitio oficial del aeropuerto de Barajas.

1. En 2006, se inauguraba la nueva terminal T4 para responder al aumento de los flujos de pasajeros.

3. Un aeropuerto abierto al mundo

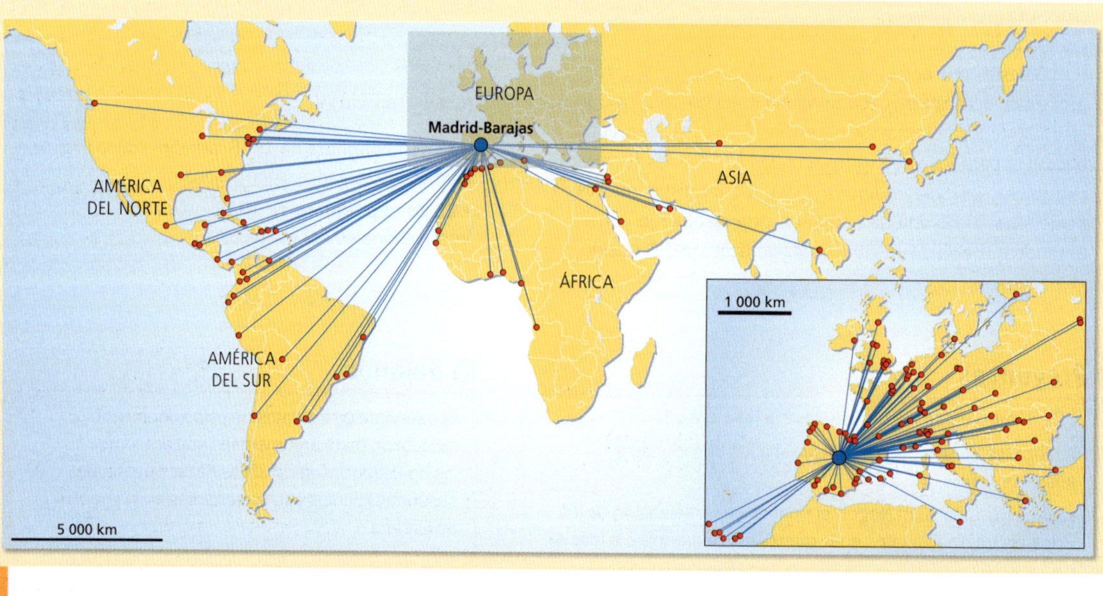

4. Iberia, protagonista clave

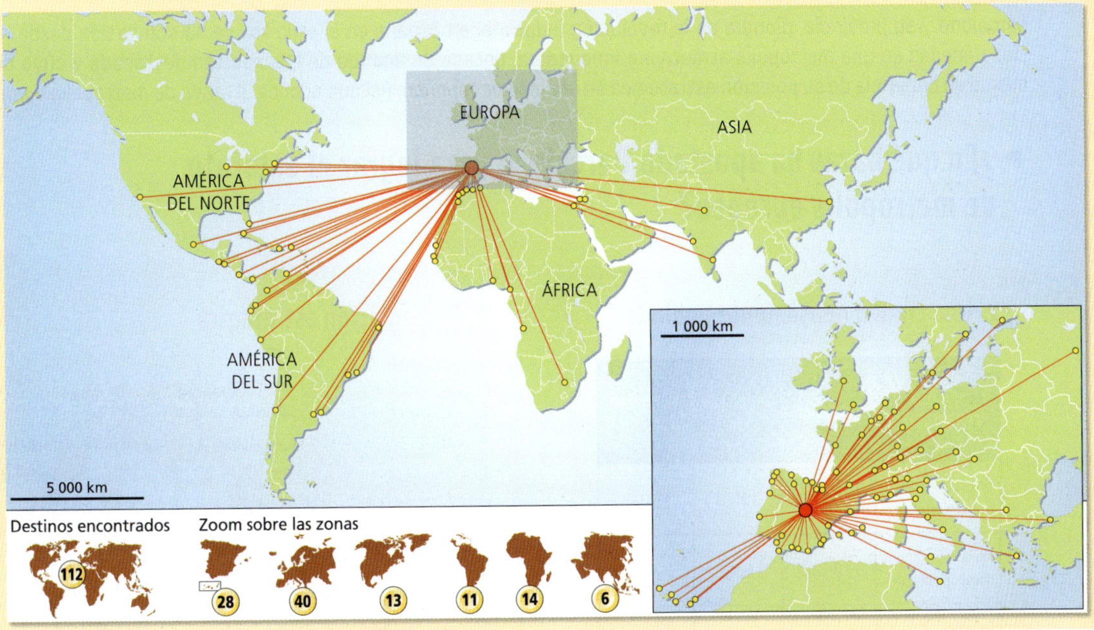

5. Una plataforma multimodal

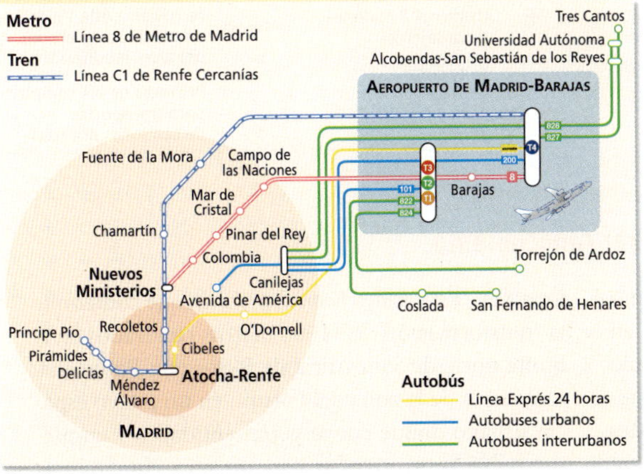

6. ¿El AVE en Barajas en 2014?

La conexión ferroviaria del aeropuerto de Barajas con la red de alta velocidad (AVE) cuenta con 15,1 millones de euros en los austeros Presupuestos Generales del Estado de 2013, tal y como había solicitado, eso sí, entre algodones, la alcaldesa, Ana Botella (PP), al presidente del Gobierno, Mariano Rajoy (PP). "Lo necesitamos, pero sabemos que ahora estamos en el momento del ahorro. Lo reclamamos como prioridad para cuando vuelva a ser posible la inversión necesaria", dijo en marzo.

Bruno García Gallo, *El País*, el 09/10/2012.

7. Palabras clave

Hub: Núcleo de una red de transporte aéreo internacional que hace de centro de operaciones, de conexiones y de distribución de tráfico de personas y mercancías.

Plataforma multimodal: Lugar de enlace entre distintos modos de redes de transportes.

Balance

En tres párrafos, explica por qué se puede afirmar que Barajas es un centro de conexiones y una plataforma multimodal. Precisa los problemas que encuentra y las soluciones contempladas para mejorar los servicios de transportes.

Bachibac

Barcelona, una metrópolis europea

Barcelona y su provincia, pionera de la revolución industrial en España en el siglo XIX, se ha convertido desde hace tres décadas en una metrópolis atractiva e innovadora, dotada de una red de transportes destacada y cuyo dinamismo se beneficia de su posición estratégica en el plano económico. Así que accede al rango de metrópolis europea.

▶ ¿En qué bazas ha apostado Barcelona para lograr el estatuto de metrópolis europea?

1. Una ciudad densamente poblada

ESCALA TERRITORIAL	Población	Superficie (Km²)	Densidad (Hab./Km²)
Barcelona Centro ciudad	1 595 110	100,8	15 825
Área metropolitana	3 186 461	636	5 010
Región metropolitana	4 856 579	3 241,5	1 498
Barcelona Región metropolitana (%)	32,8 %	31 %	
Barcelona Cataluña (%)	22,1 %	0,30 %	

2. Una posición estratégica

3. El distrito 22@bcn, nuevo eje para generar conocimiento

Atraer proyectos empresariales de alto valor añadido es uno de los retos prioritarios de Barcelona en su propósito de convertirse en un importante polo de conocimiento del sur de Europa. En esa estrategia se enmarca el distrito 22@, que integra diferentes agentes que constituyen el sistema de innovación –empresas tecnológicamente avanzadas, universidades y centros de investigación y de transferencia tecnológica– y también, el futuro proyecto *BZ Barcelona Zona Innovació,* que supondrá la reconversión de 50 ha. de la Zona Franca en tres clústers –alimentario, biotecnológico y cultural– que generarán actividades industriales innovadoras.
A estas iniciativas se suma ahora el proyecto Barcelona Key *(Knowledge Economy Yard)*, que contempla la transformación de 34 500 metros cuadrados en el límite norte de Sant Adriá de Besos con Barcelona, muy cerca de la zona del Fórum, en un nuevo espacio urbano donde convergerán entidades y empresas públicas y privadas con un alto componente internacional y de conocimiento con centros de investigación e instituciones de educación superior. El objetivo de la propuesta es generar conocimiento a través de las sinergias que se propicien y transformarlo en nuevas actividades económicas de alto valor añadido.

La Vanguardia, 04/11/2012.

4. Una ciudad atractiva

5. Palabras clave

Una metrópolis concentra gran parte de la población regional y es centro de decisiones. Se suele denominar así a las ciudades globales que cuentan con una importancia internacional.

Clúster: concentraciones en un mismo lugar de empresas, unidades de investigación e instituciones interconectadas en un campo particular para la competencia.

6. Datos que reflejan el dinamismo

Barcelona en la economía de la Generalitat y de España
- El 66% de la población de Cataluña.
- El 83,1% de la población activa en el sector terciario (servicios) (frente al 69,4% en Cataluña).
- Un millón de empleos (es decir, el 5,4% de España).

Ubicación estratégica:
- Es la puerta sur de Europa, centro de una euroregión económica emergente, capital del área mediterránea, puente con el Magreb y plataforma de enlace con Latinoamérica.

Referente en conocimiento:
- 12 universidades públicas y privadas orientadas a la investigación.
- Clúster de escuelas de negocios de prestigio internacional.
- Gran red de centros de I + D de excelencia internacional.
- Las ayudas del Consejo Europeo de Investigación sitúan a Cataluña entre las regiones líderes en concesiones por millón de habitantes y tercero de la UE.

Economía diversificada:
- El PIB de Cataluña representa un 18% del PIB español (PIB per capita: 126,4% del PIB de la UE en 2000) y un 17% de las exportaciones españolas.
- Presencia de 3 300 multinacionales extranjeras.
- 477 942 empresas (provincia), entre las cuales el 99,8% de menos de 200 asalariados: es decir, un tejido económico compuesto esencialmente de PYMES (pequeñas y medianas empresas).
- Barcelona es la tercera ciudad europea en cuanto al número de proyectos de inversión extranjera y la sexta mejor ciudad de Europa para hacer negocios.

Ayuntamiento de Barcelona y Generalitat de Catalunya.

+ Preguntas

1. ¿Cuáles son las bazas demográficas de Barcelona que le confieren el estatuto de metrópolis? (doc. 1 y 6)
2. ¿En qué medida la ciudad de Barcelona saca provecho de su posición estratégica? (doc. 3)
3. ¿Qué estrategia ha escogido la ciudad de Barcelona para permanecer dinámica en el plano económico? (doc. 4)
4. ¿Por qué la ciudad de Barcelona es considerada como atractiva? (doc. 1, 2, 3, 4 y 6)

+ Balance

Apoyándote en los distintos documentos, redacta una síntesis argumentada que permita destacar los requisitos que hacen de Barcelona una metrópolis europea.

Bachibac

Islas Canarias, una región ultraperiférica de la UE

Canarias, que consta de siete islas situadas en el océano Atlántico, es una de las nueve "regiones ultraperiféricas europeas" (RUP). La lejanía y la insularidad resultan ser obstáculos para el desarrollo del archipiélago. Las islas Canarias poseen, sin embargo, bazas para la UE: se benefician de una situación estratégica, de un verdadero potencial para el desarrollo de actividades de investigación y de alta tecnología. Con el fin de ayudar a esta RUP a que valore sus cualidades y supere sus handicaps, la UE ha elaborado programas de ayuda específica.

▸ ¿Qué tipo de relaciones se establecen entre la UE y las islas Canarias?

1. Islas Canarias a la altura de las costas africanas y españolas

Islas Canarias	Situación	Capitales	Distancia de Bruselas (en km)	Superficie total (en Km²)	Población (en miles de habitantes)	Densidad de población (por km²)	PIB (per cápita)	Tasa total de desempleo (en %)	Tasa de desempleo (entre los menores de 25 años) (en %)
	océano Atlantico	Santa Cruz de Tenerife, Las Palmas de Gran Canaria	3 054	7 447	1 973	265	93,7	10,4	22,4

2. La llegada de inmigrantes a Canarias

Un total de 284 inmigrantes en situación irregular han desembarcado en las costas de Canarias desde enero de 2011. Es una cifra mayor que la del año pasado, pero sustancialmente inferior a la de años previos y, particularmente, a la de 2008, según insisten desde la Delegación del Gobierno. Aquel año llegaron a Canarias 114 cayucos donde viajaban 8 000 personas. El menor ritmo de llegada de pateras a Canarias se percibe también al comparar los datos de inmigración ilegal de 2010 con el presente año. El pasado año llegaron a las costas del archipiélago canario 8 pateras con 184 inmigrantes a bordo. Este sensible descenso ha provocado incluso el cierre de los centros de internamiento de inmigrantes en las islas de Fuerteventura y Lanzarote.

Piedro Murillo, *El País*, 13/07/2011.

3. Un comercio orientado a Europa y África

CES Canarias, Informe anual, 2009.

4. El GTC a la cabeza de la observación astronómica mundial

Observatorio del Roque de los Muchachos, en las islas Canarias.

El promotor del proyecto es el Instituto de Astrofísica de Canarias (IAC). Financiado por Europa, España, México y la universidad estadounidense de Florida, el GTC (Gran Telescopio Canarias) está equipado con instrumentos originales, como el «Osiris», que permite observar fenómenos visibles con el ojo desnudo, y la CanariCam, una cámara de vanguardia en el campo de la tecnología de infrarrojos que permite observar objetos espaciales fríos, es decir, invisibles con el ojo desnudo, como las estrellas en formación o las galaxias más lejanas.

Comisión europea.

Preguntas

1. ¿Cuáles son las particularidades de la situación geográfica de las islas Canarias? (doc. 1 y 2)
2. ¿Cuáles son las bazas que las islas intentan poner de realce? (doc. 1, 3 y 4)
3. ¿Bajo qué formas esta RUP establece vínculos con la UE? (doc. 3 y 4)

Balance

En una redacción argumentada, explica qué tipo de relaciones han entablado las islas Canarias con la UE.

Bachibac

Las particularidades de las Comunidades autónomas: el ejemplo de Cataluña

Sexta región de España por su superficie, pero segunda por su PIB, Cataluña es una comunidad autónoma española poderosa en el plano económico y muy bien conectada al resto de Europa por una red de transportes densa y moderna. Está dotada de una identidad cultural peculiar y goza de una amplia autonomía en el plano político. Sus bazas asociadas al auge de las reivindicaciones autonómicas generan tensiones y competencia con el poder central.

▶ ¿Cuáles son las especificidades de la comunidad autónoma de Cataluña?

1. El peso de Cataluña en España

2. Las bazas de Cataluña

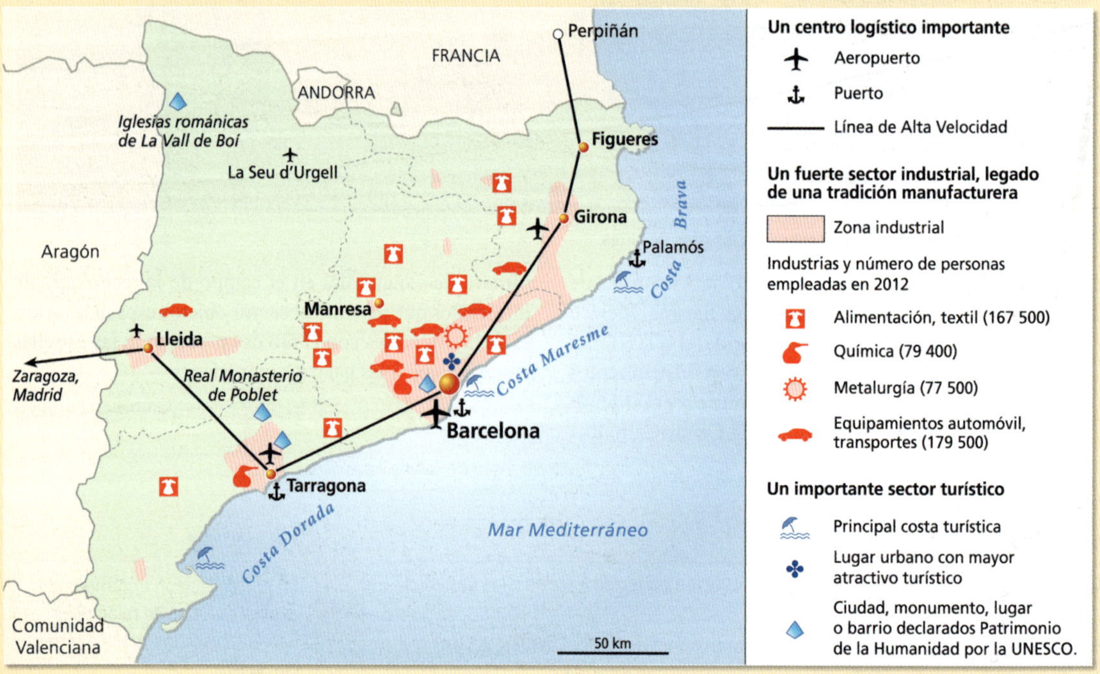

3. El poder político

Cataluña, nacionalidad autónoma, ejerce el autogobierno dentro el Estado español, de conformidad con la Constitución de 1978 y el nuevo Estatuto de Autonomía aprobado en 2006. La Generalitat es el sistema institucional en el que se organiza políticamente Cataluña y data del año 1359. Está integrada por el Parlamento, la Presidencia, el Gobierno (constituido por el Consejo Ejecutivo) y otras instituciones de autogobierno como el Síndic de Greuges y la Sindicatura de Comptes.

La Generalitat tiene amplias competencias en materias como educación, sanidad, seguridad ciudadana y protección civil, cultura, política lingüística, industria, urbanismo, vivienda, política territorial, transportes y medio ambiente, entre otros. Cataluña dispone de un cuerpo de policía propio, los Mossos d'Esquadra, que desde el 1 de noviembre de 2008 está desplegado en todo el territorio. En materia jurídica se aplica el derecho civil catalán, de tradición histórica, cuya modificación es competencia exclusiva de la Generalitat.

Generalitat de Catalunya
http://www.gencat.cat/catalunya/cas/coneixer-orgpolitica.htm

Balance

Muestra que Cataluña es una región poderosa en el plano político y económico que se beneficia de una fuerte autonomía y que compite con la capital del Estado español.

4. Camiseta de la Diada[1]

Diada 2012, Javier Carbajal, 11/09/2012. Los manifestantes han acudido a la manifestación con, en sus camisetas, mensajes a favor de la independencia.

1. Nombre de la fiesta oficial de Cataluña que tiene lugar el 11 de septiembre.

5. Los catalanes castigan el plan de Mas[1]

ELECCIONES AUTONÓMICAS DEL 25 DE NOVIEMBRE DE 2012

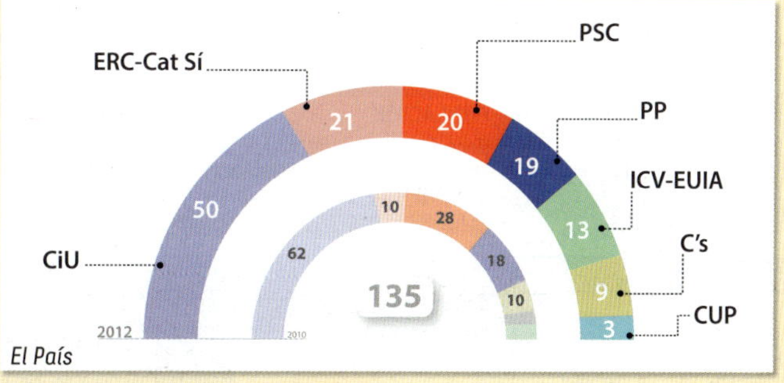

Convergència i Unió pierde 12 escaños y se aleja de la hoja de ruta del presidente de la Generalitat de Cataluña para convocar una consulta soberanista antes de 2016.

El País, 26/11/2012.

- CiU (Convergència i Unió) partido nacionalista de centro derecha
- ERC (Esquerra Republicana de Catalunya) partido independentista de izquierda
- PSC Partido Socialista de Cataluña
- PP Partido Popular
- ICV (Iniciativo per Catalunya Verds) Partido ecologista
- C's (Ciutadans) Partido constitucionalista
- CUP (Candidatura d'Unitat Popular) Partido de Izquierda independentista
- SI (Solidaritat catalana per la Independència) Coalición electoral a favor de la independencia

1. Artur Mas, presidente de la Generalitat de Cataluña.

Fichas de países

Argentina

UBICACIÓN América del Sur

CAPITAL Buenos Aires

IDIOMA OFICIAL Español

POBLACIÓN Unos 40 millones de habitantes

SUPERFICIE 2 766 889 km²

1516: Río de la Plata descubierto por el español Juan Díaz de Solís.

1816: Independencia con José de San Martín.

1946-1955 / 1973-1974: Gobiernos de Juan Domingo Perón (1895-1974). Su segunda mujer, María Eva Duarte de Perón (1919-1952), llamada "Evita", se volvió un mito argentino.

1974: Muerte de Perón, sucedido por su tercera esposa, Isabel Martínez de Perón, quien fue destituida en 1976 por la junta militar.

1976-1981: Dictadura del general Jorge Rafael Videla. Provocó la muerte y desaparición de más de 10 000 personas. Desde 2010 está condenado a la cárcel a perpetuidad (hasta su muerte en 2013).

1977: Creación de la asociación Madres de Plaza de Mayo (madres de detenidos y desaparecidos de la dictadura).

1981-1983: Dictadura de Eduardo Vila.

2001: Gran crisis económica.

Desde 2007: Presidencia de Cristina Kirchner (socialista).

ARTES

Atahualpa Yupanqui (cantante de origen incaico), el tango (música y baile que nació en Buenos Aires a finales del siglo XIX) con ***Carlos Gardel*** (1890-1935) entre los más famosos, ***Jorge Luis Borges*** (escritor), ***Quino*** (1932, dibujante de *Mafalda* entre 1964 y 1973), ***Maitena*** (1962, dibujante).

Bolivia

UBICACIÓN América del Sur

CAPITAL Sucre

IDIOMAS OFICIALES Español, quechua, aimara, guaraní

POBLACIÓN Unos 10 millones de habitantes

SUPERFICIE 1.098.581 km²

Civilizaciones precolombinas: la civilización de Tiahuanaco, la civilización inca, la civilización maya.

1535: Conquista española con Diego de Almagro y Francisco Pizarro.

1825: Independencia gracias a Simón Bolívar que fue después el primer presidente de Bolivia.

1964-1982: Gobiernos militares.

Desde 2006: Presidencia de Evo Morales Ayma (Movimiento al Socialismo-MAS), de origen indígena.

Chile

UBICACIÓN América del Sur

CAPITAL Santiago de Chile

IDIOMA OFICIAL Español

POBLACIÓN Casi 17 millones de habitantes

SUPERFICIE 756 945 km²

Civilizaciones precolombinas: los incas en la parte norte.

1535: Conquistado por Almagro y Valdivia.

1818: Independencia (O'Higgins y San Martín).

1970-1973: Gobierno de Salvador Allende (socialista).

1973-1988: Dictadura del general Augusto Pinochet tras el golpe de Estado del 11 de septiembre de 1973 en el que el presidente socialista Salvador Allende murió. Durante la dictadura, unos 3.000 muertos y desaparecidos.

1988: En un referéndum el pueblo desaprueba a Pinochet quien organiza una transición hacia la democracia.

1990: Elección del demócrata cristiano Patricio Aylwin. Durante 7 años, Pinochet sigue siendo jefe del ejército. Muere en 2006.

2006-2009: Michelle Bachelet, socialista, primera mujer presidenta de Chile.

Desde 2010: Presidencia de Sebastián Piñera (derechas).

ARTES

Dos premios Nobel de literatura: ***Gabriela Mistral*** (1945) y ***Pablo Neruda*** (1971); ***Isabel Allende*** (autora); ***Víctor Jara*** (cantautor comprometido asesinado el 16/09/1973 por los militares por ser comunista); ***Alejandro Amenábar*** (director de cine).

Colombia

UBICACIÓN América del Sur

CAPITAL Bogotá

IDIOMA OFICIAL Español

POBLACIÓN Unos 45 millones de habitantes

SUPERFICIE 1 138 914 km^2

Civilizaciones precolombinas: calima, muisca, tumaco, quimbaya, tayrona.
Conquista de los españoles alrededor de **1500**.

1819: Independencia (General Simón Bolívar). Simón Bolívar (Venezuela, 1783 - Colombia, 1830): general y hombre político. Participó en la independencia de Bolivia, Colombia, Ecuador, Perú y Venezuela. Fue apodado "El Libertador".

1964: Fundación de las guerrillas FARC (Fuerzas Armadas Revolucionarias de Colombia) y ELN (Ejército de Liberación Nacional).
Actualmente, lucha del Gobierno de Colombia contra la guerrilla marxista.

Desde 2010: Presidencia de Juan Manuel Santos (Partido Social de Unidad Nacional).

ARTES

Gabriel García Márquez (escritor, premio Nobel de literatura en 1982), ***Fernando Botero*** (pintor y escultor, nacido en 1932. Sus personajes se reconocen por sus formas redondas, voluptuosas), ***Shakira*** (cantante y también creadora en 1995 de la organización humanitaria "Pies descalzos" que ayuda con la educación a los niños desfavorecidos víctimas de grupos armados), ***Juanes*** (cantante que fue descubierto en Europa con su album *Mi sangre* (2004), con la canción "La camisa negra". Es también un cantante comprometido que ha creado una fundación "Mi sangre" para luchar contra las minas antipersonal y ayudar a sus víctimas.).

Cuba

UBICACIÓN Isla del Caribe, la mayor de las grandes Antillas, en el golfo de México

CAPITAL La Habana

IDIOMA OFICIAL Español

POBLACIÓN Unos 12 millones de habitantes

SUPERFICIE 110 922 km^2

Civilizaciones precolombinas: siboneyes y taínos.

1492: descubierta por Cristóbal Colón.

Perteneció a Estados Unidos de 1898 (intervinieron en la independencia de Cuba) a 1902 y entre 1905 y 1909.

1952-1956: Dictadura de Fulgencio Bastista.

1956-1959: Revolución cubana. El 2 de diciembre de 1956, Fidel Castro y Ernesto "Che" Guevara llegaron a bordo del *Granma* y desembarcaron con 82 hombres. Con los 20 hombres que se salvaron, se atrincheraron en la Sierra Maestra. Vencieron el 1 de enero de 1959. Castro se volvió el Primer Ministro del nuevo Gobierno, de índole socialista (marxista) y El Che, ministro de industria.

A partir de 1965 el Che intentó infundir la revolución en otros países del mundo. Fue ejecutado el 9 de octubre de 1967 en Bolivia combatiendo por la revolución.

1959-2008: Dictadura de Fidel Castro. Enfermo, entrega el poder en 2008 a su hermano Raúl.

Desde 2008: Raúl Castro ocupa el poder, entregado por su hermano Fidel, enfermo.

Desde el 14/01/2013: los cubanos que viajan al exterior ya no necesitan el permiso de salida (carta blanca) que fue instaurado en 1961.

Febrero de 2013: Raúl Castro, reelegido presidente de Cuba por la Asamblea Nacional, designó a Miguel Díaz Canel como su sucesor a partir de 2018.

ARTES

Escritores: ***Alejo Carpentier*** (1904-1980), ***Reynaldo Arenas*** (1943), ***Guillermo Cabrera Infante*** (1929), ***Nicolás Guillén*** (1902-1989).

Músicas: la rumba, el son, el bolero, el chachachá, la guaracha...

Directores de cine: ***Juan Carlos Tabio***, ***Tomás Gutiérrez Alea***...

Fichas de países

España

UBICACIÓN Europa

CAPITAL Madrid

POBLACIÓN Unos 46 millones de habitantes

SUPERFICIE 504 782 km²

IDIOMA OFICIAL Castellano

LENGUAS OFICIALES Catalán, gallego y vascuence

Se compone de 17 comunidades autónomas. Posee dos ciudades autónomas en Marruecos: las ciudades de Ceuta y Melilla. Sin embargo, en España, Gibraltar es británica desde 1713. Formó parte del imperio romano a partir de Julio César.

416: Invasión de los visigodos.

711: Conquista musulmana hasta 722 (el noble Pelayo venció una expedición musulmana). Principio de la Reconquista que terminó en 1492 con la rendición de Granada por Boabdil a los Reyes Católicos (Isabel de Castilla y Fernando de Aragón).

1808-1814: Guerra de independencia contra las tropas de Napoleón I que invadieron a España. Francisco de Goya representó el sublevamiento madrileño contra los soldados franceses en el cuadro *El dos de mayo* y la represión francesa en el cuadro *El tres de mayo*.

1936-1939: Guerra civil española (republicanos contra nacionales, encabezados por el general Franco). Venció Francisco Franco. Fue dictador de 1939 a 1975, año de su muerte.

1975: Don JuanCarlos: rey de España.

1978: Constitución española. España se vuelve una democracia parlamentaria con un rey (Juan Carlos I de Borbón) y un presidente del gobierno (desde noviembre de 2011: Mariano Rajoy Brey).

Heredero del rey don Juan Carlos: el príncipe Felipe (casado con doña Letizia).

1 de enero de 1986: España entró en la Comunidad Europea.

2007: Ley de la Memoria Histórica: reconoce a todas las víctimas de la guerra civil española y de la dictadura franquista (permite quitar los símbolos franquistas de los espacios públicos y abrir fosas comunes con ayuda financiera del Estado español).

2007: Ley orgánica aprobada por las Cortes: igualdad efectiva entre mujeres y hombres.

2010: El equipo de fútbol español ganó la Copa Mundial en Sudáfrica.

Con la crisis económica, presencia de los "indignados" en la Puerta del Sol de Madrid (movimiento de protestación contra la precariedad que nació el 15 de mayo de 2011).

Corridas: prohibidas en Canarias desde 1991 y en Cataluña desde 2012.

Desde el 21/12/2011: Mariano Rajoy Brey, presidente del Gobierno (Partido Popular).

ARTES

Pintores: ***El Greco*** (1541-1614), ***Diego Velázquez*** (1599-1660), ***Francisco de Goya*** (1746-1828), ***Joaquín Sorolla*** (1863-1923), ***Pablo Picasso*** (1881-1973), ***Joan Miró*** (1893-1983), ***Salvador Dalí*** (1904-1989).

Escritores: ***Miguel de Cervantes*** (1547-1616), ***Francisco de Quevedo*** (1580-1645), ***Federico García Lorca*** (1898-1936)...

Directores de cine: ***Luis Buñuel*** (1900-1983), ***Pedro Almodóvar*** (1949)...

Actores: ***Penélope Cruz***, ***Javier Bardem***, ***Eduardo Noriega***.

Guatemala

UBICACIÓN América central

CAPITAL Ciudad de Guatemala

IDIOMA OFICIAL Español (idiomas oficiales regionales: idiomas mayas)

POBLACIÓN Unos 14 millones de habitantes

SUPERFICIE 108 890 km²

Civilización precolombina maya sometida por el conquistador español Pedro de Alvarado entre 1523 y 1527.

1821: Independencia.

1901: instalación de la United Fruit Compagny (exportación de las frutas).

Años 50-80: juntas militares.

Desde 2012: presidencia de Otto Pérez Molina (partido patriota).

ARTES

El Popol Vuh (texto mitológico maya), ***Miguel Ángel Asturias*** (1899-1974, premio Nobel de literatura en 1967), ***Rigoberta Menchú*** (premio Nobel de la Paz en 1992).

México

UBICACIÓN Pertenece a América del Norte (límite sur)

CAPITAL Ciudad de México

IDIOMA OFICIAL Español, junto a 67 lenguas indígenas

POBLACIÓN Unos 112 millones de habitantes (31 Estados)

SUPERFICIE 1 972 547 km^2

Época precolombina: los olmecas, los mayas, los toltecas.
Conquistador español que sometió México y a los Aztecas: Hernán Cortés (siglo XVI).

1810-1821: Guerra de Independencia de México iniciada por el cura Hidalgo.

1846-1848: Invasión estadounidense. Anexión de Texas a Estados Unidos.

1910-1919: Revolución mexicana: conflicto armado de los socialistas, liberales, anarquistas que desembocó en guerra civil. Lucha contra el orden establecido por el dictador Porfirio Díaz y para obtener tierra (el 80% de la población mexicana era formada de peones). Jefes revolucionarios: Emiliano Zapata y Pancho Villa. El problema agrario no fue resuelto.

2006-2012: Presidencia de Felipe Calderón Hinojosa presidente (Partido Acción Nacional). 6 años sin reelección posible.

2007: Principio de la guerra contra el narcotráfico.

Desde el 01/12/2012: presidencia de Enrique Peña Nieto (Partido Revolucionario Institucional).

ARTES

Los mariachis (músicos y cantantes de música tradicional mexicana), ***Maná*** (grupo de rock, pop, creado en 1980. Recibió varios premios, MTV latinos, Grammy Awards), ***Octavio Paz*** (premio Nobel de literatura en 1990), ***Carlos Fuentes*** (escritor), ***Diego Rivera*** (pintor muralista, 1886-1957, esposo de Frida Kahlo), ***Frida Kahlo*** (pintora, 1907-1954), ***Salma Hayek*** (actriz), ***Guillermo del Toro*** (actor), ***Gael García Bernal*** (actor y director de cine).

Perú

UBICACIÓN América del Sur

CAPITAL Lima

IDIOMA OFICIAL Español

IDIOMAS CO-OFICIALES Quechua, aimara (y todas las lenguas originarias)

POBLACIÓN Unos 30 millones de habitantes

SUPERFICIE 1 285 216 km^2

Civilizaciones precolombinas chavín, nazca, huari y mochica, los incas.

1532: Conquista española de Francisco Pizarro.

1824: Independencia.

Desde 2011: Presidencia de Ollanta Humala (Partido Nacionalista).

ARTES

Mario Vargas Llosa (premio Nobel de literatura en 2010), ***Hermán Braun-Vega*** (pintor que integra el contexto latinoamericano a las pinturas de los grandes pintores españoles, siglo XX), ***Manuel Scorza*** (escritor).

Venezuela

UBICACIÓN América del Sur

CAPITAL Caracas

IDIOMA OFICIAL Español

POBLACIÓN Unos 28 millones de habitantes

SUPERFICIE 912 050 km^2

1498: Descubierto por Cristóbal Colón el 3 de agosto.

1811: Independencia.

Desde 1999: Presidencia de Hugo Chávez (Partido Socialista Unificado de Venezuela-PSUV).
En **2009**, un referéndum suprime el máximo de dos mandatos a la presidencia, permitiendo que Hugo Chávez se vuelva a presentar.

05/03/2013: Muerte de Hugo Chávez.

Précis grammatical

ACCENTUATION

L'espagnol est une langue accentuée. ***Dans les deux cas suivants, l'accent n'est pas écrit.***
- *Sur l'avant-dernière syllabe, si ce mot se termine par une voyelle ou les consonnes « n » ou « s ».* *C'est la majorité des cas :* aconteci<u>mien</u>to, <u>ha</u>blan, bo<u>te</u>lla…
- *Sur la dernière syllabe pour toutes les autres consonnes.*

L'accent graphique marque l'exception : jar<u>dín</u>, Ve<u>ró</u>nica *et distingue les homonymes :*
como *(comme et je mange)* / cómo *(comment)* el *(le)* / él *(il)*

ADVERBE

L'adverbe de manière en *-mente*
- *adjectif qualificatif au féminin* + -mente
  → lento > lenta > lentamente
- *adjectif qualificatif invariable en genre :* + -mente
  → grave > grave > gravemente
  → útil > útil > útilmente

¡Ojo! On garde l'accent initial écrit pour les mots qui en portent un.

- *quand deux adverbes en* -mente *se suivent, seul le 2e accepte le suffixe* -mente. *Le 1er se met au féminin.*
  → Escribió atenta y lentamente.
  Il écrivit attentivement et lentement.

L'adverbe de lieu
- aquí, acá : *ici* • ahí : *là* • allí, allá : *là-bas*

L'adverbe de temps
- ya : *déjà*
  → Ya he comido. *J'ai déjà mangé.*
- todavía, aún : *encore*
  → No ha llegado todavía. *Il n'est pas encore arrivé.*

¡Ojo! *"ya"* peut aussi avoir une valeur emphatique, une idée de renforcement → <u>*ya*</u> *lo sé* = je le sais bien

Exercice

Construis l'adverbe à partir de ces adjectifs.

a. repentino
b. regular
c. sorprendente
d. institucional
e. poderoso
f. pertinaz

APOCOPE

L'apocope est la chute de la voyelle ou de la syllabe finale. Elle concerne :

- *les adjectifs* uno, primero, tercero, bueno, malo, alguno, ninguno *devant un nom masculin singulier :*
  bueno > buen primero > primer
  alguno > algún ninguno > ningún
  → Es un buen tío.
- *les adjectifs* grande *et* cualquiera *devant un nom au singulier (masculin et féminin) :*
  grande > gran cualquiera > cualquier
  → una gran casa
- *l'adjectif numéral* ciento *devant un nom au pluriel :* ciento > cien.
  → Se manifestaron más de cien personas.
- *les adverbes* tanto *et* cuanto *devant un adjectif, un adverbe ou une locution adverbiale :*
  tanto > tan cuanto > cuán.
  → Es tan alto como él.
- *l'adverbe* recientemente *devant un participe passé a la valeur d'adjectif :*
  recientemente > recién
  → recién casados = *jeunes mariés*

LA TRADUCTION DE « C'EST… QUE / C'EST… QUI »

SER	+ *nom de personne ou pron. pers.*	**+ quien(es) / el, la, los, las que**	+ *verbe*
	+ *nom de chose*	**+ el, la, lo, los, las que**	
	+ *lieu*	**+ donde**	
	+ *date*	**+ cuando**	
	+ *manière*	**+ como**	

¡Ojo! Le temps de *ser* et celui du verbe final doivent concorder : <u>*Es*</u> *en Francia donde* <u>*vivimos*</u>. / <u>*Era*</u> *en Francia donde* <u>*vivíamos*</u>.

- **Évocation d'une personne**

→ Ha sido el héroe el que / quien ha vencido.
C'est le héros qui a vaincu.
→ Han sido los héroes los que / quienes han vencido.
Ce sont les héros qui ont vaincu.

- **Allusion à un lieu**

→ Es aquí donde vive. *C'est ici qu'il habite.*

- **Allusion au temps**

→ Eran las ocho cuando llegó. *C'est à huit heures qu'il arriva.*

- **Allusion à la manière**

→ Será trabajando como mejorará sus resultados.
C'est en travaillant qu'elle améliorera ses résultats.

Exercice

Modifie les phrases suivantes en utilisant la traduction de « c'est / ce sont... qui / que ».

a. En 1931, se reconoció el derecho al voto de la mujer española.
b. En la calle se crean las nuevas tendencias.
c. Resistiendo conseguirán derechos.
d. Las «afrancesadas» permitieron la liberalización femenina.
e. Las dictaduras generan represión.

COMPARATIFS ET SUPERLATIFS

Les comparatifs

más... que	*de supériorité*	Has trabajado más que él.
menos... que	*d'infériorité*	Estás menos cansado que ayer.
tan... como; igual de... que	*d'égalité*	Soy tan delgado como tú. / Soy igual de delgado que tú.

Les comparatifs « irréguliers »

→ mejor : *meilleur*
→ peor : *pire*
→ mayor : *plus grand, majeur (aîné)*
→ menor : *plus petit, mineur (plus jeune)*
→ superior : *supérieur*
→ inferior : *inférieur*

La mayor parte de los turistas buscan el sol.

Le superlatif absolu (très)

muy + *adj.* → muy interesante
→ Fue una experiencia muy interesante.
radical + ísimo/a/os/as
→ Fue una experiencia interesantísima.

Les superlatifs relatifs (le plus... / le moins...)

• *de supériorité* → el, la, los, las + más
• *d'infériorité* → el, la, los, las + menos

¡OJO! On ne répète pas l'article !
Es el chico Ø más listo de su clase. C'est le garçon le plus intelligent de sa classe.

COMPARAISON (autres expressions de la)

Plus... plus / moins... moins

• *La comparaison porte sur un verbe :*
Cuanto más (menos)... + *verbe* + más (menos)...
→ Cuanto más fuma más tose. *Plus il fume, plus il tousse.*

• *La comparaison porte sur un nom : on accorde avec le nom.*
→ Cuantas más vacaciones **conseguían**, menos ganas de trabajar tenían.

Autant que : *tanto como*

→ No ha trabajado tanto como esperaba.

D'autant plus (moins)... que : *tanto más (menos)... cuanto que*

→ Tiene mucho mérito tanto más cuanto que empezó después de todos. *Il a d'autant plus de mérite qu'il a commencé après tous les autres.*

Exercice

Complète les phrases suivantes en utilisant des conjonctions exprimant la comparaison.

a. La fotógrafa estaba satisfecha ... muchos transeúntes participaban en la pasarela callejera.
b. ... lucharon ... avances lograron.
c. La solidaridad es muy necesaria, ... la crisis económica empeora.
d. ... se denuncie esta esclavitud ... trabajo infantil habrá.

Précis grammatical

CONCORDANCE DES TEMPS

Temps de la proposition principale	Temps de la proposition subordonnée
Présent, futur, impératif, passé composé	Présent du subjonctif
Imparfait, passé simple, plus-que-parfait, conditionnel	Imparfait du subjonctif

→ Ha llamado para que venga. Había llamado para que viniera.

Exercice

Conjugue les verbes entre parenthèses au temps qui convient.

a. Las tropas de Napoleón querían que el pueblo español (someterse) y no (decir) nada.
b. Las madres de Mayo siguen luchando para que nadie (olvidar) a los desaparecidos y que se (reconocer) las atrocidades de los militares.
c. A las mujeres de aquella época les aconsejaban que (ser) esposas obedientes, y que (hacer) las tareas domésticas.
d. A sus padres les gustaría que su hijo (poder) estudiar, y que (tener) más suerte que ellos.

CONJONCTIONS

*Les différents membres de la phrase, les propositions, sont reliés entre eux : elles peuvent être **coordonnées** ou **subordonnées**.*

Les conjonctions de coordination

Elles peuvent exprimer :

- **L'accumulation**
- *On utilise* y *:* → Vinieron y se llevaron los paquetes.
- *Devant les mots qui commencent par* **i/hi**, y > e.
→ Limpieza **e** higiene son dos reglas capitales.

¡OJO! Cette règle n'est pas valable si le mot commence par **hie** : → agua **y** hielo

- **L'opposition**

pero *(mais)*, aunque *(mais)*, no obstante *(cependant)*, mas *(mais)*, excepto *(sauf)*, sin embargo *(cependant)*, a pesar de *(malgré)*, con todo *(malgré tout)*...

- **Le choix ou l'alternance**

Devant les mots qui commencent par **o/ho**, o > u

o *: ou* sea... o sea *: ou... ou*

Les conjonctions de subordination

Nous les avons classées en 2 catégories : celles qui conduisent à l'emploi du mode subjonctif et celles qui entraînent l'emploi de l'indicatif.
Le subjonctif s'emploie pour exprimer une hypothèse ou une condition dans une proposition subordonnée conjonctive ou relative.
L'indicatif exprime la certitude et l'affirmation.

- **Les emplois du subjonctif**
- *Verbes d'ordre, de désir, de souhait, d'obligation, les verbes qui expriment un sentiment* (me gusta que...) *:* que *+ subjonctif*

→ Quiero que comas, deseo que vengas, espero que lo pases bien.

¡OJO! Certains verbes s'emploient en français suivis de « de + infinitif » mais, en espagnol on utilise que + subj. : je te demande de venir. → *te pido que vengas*
je lui demande de faire cela → *le mando que haga esto*

- *La condition, la restriction, le souhait :* aunque *(même si)*, a no ser que *(à moins que)*, siempre que, con tal que *(pourvu que, si toutefois)*, si, como si *(si, comme si)*, ojalá *(pourvu que, « plaise à Dieu que ») + subjonctif.*
- *Le but :* con el fin de que, con vistas a *(afin que)*, para que, de modo que, de manera que *(de sorte que)*, hasta que *(jusqu'à ce que)*, por miedo que, por temor a que *(de crainte que) + subjonctif.*
- *Le temps :* cuando *+ subjonctif présent (quand + futur)*, antes de que *(avant que)*, en cuanto *(dès que)*, hasta que *(jusqu'à ce que) + subjonctif*, mientras *(tant que) + subjonctif.*
- *L'hypothèse :* quizás, quizá, tal vez, es posible que, acaso *+ subjonctif.*

- **L'indicatif dans la proposition subordonnée**

L'indicatif exprime la certitude et l'affirmation.
Il est introduit par des conjonctions de subordination qui expriment :

- *La cause :* por *+ nom ou infinitif*, a causa de, por culpa de, por motivo de *+ nom.* Dado que, porque, puesto que, ya que *+ indicatif.*
- *La conséquence :* de manera que, de (tal) modo que, tanto que, así es que.
- *La concession :* si bien *+ indicatif*, y eso es que *+ indicatif*, aunque *(bien que) + indicatif.*
- *L'opposition :* mientras que *+ indicatif.*

Exercice

1. **Conjugue les verbes entre parenthèses.**

a. A pesar de los peligros, estos chicos practican el *parkour* con tal que (desahogarse).

b. Los benévolos de esta ONG se empeñan trabajando por muy escasos que (ser) los medios; ojalá (alcanzar) su meta.

c. Les pidió que (comprometerse) en este proyecto, aunque (tener) dificultades.

d. Le aconsejaban que no (emprender) este viaje en bici, pero él no creía que (haber) problemas.

2. **Mets les verbes entre parenthèses au mode/temps qui convient.**

a. En cuanto los vecinos (saber) de los malos tratos (tener que) denunciarlos.

b. Cuando los hombres (compartir) más las tareas domésticas, (haber) más igualdad.

c. Nosotras las periodistas no (obtener) la paridad, hasta que no (nombrar) más enviadas especiales.

d. Esta mujer no (estar) contenta, mientras no (poder) acudir a la cirugía estética.

e. Cuando (ser) más comprometida en esta asociación (hacer) lo que te (parecer) mejor.

f. Se comportan como si no (saber) que existe el trabajo infantil.

g. Si no (haber) toma de conciencia, la población no reaccionaría.

h. Si los rebeldes no (tener) apoyo, hubieran abandonado la lucha.

DÉTERMINANTS

Articles

Définis	Indéfinis	Neutre
el, la	un, una	lo
los, las		

Contraction de l'article
a + el > al
de + el > del

¡OJO! *El* ou *un* devant un nom féminin singulier commençant par "*a*" accentué : *el agua fría.* On dira en revanche *la armonía.* *Unos*, *unas* = « quelques » aussi.

Adjectifs démonstratifs (ce, cet, cette, ces)

	Proche dans le temps et l'espace (*aquí, ahora*)		Proche mais un peu plus éloigné (*ahí*)		Éloigné (*allá, allí, entonces*)	
	Masculin	Féminin	Masculin	Féminin	Masculin	Féminin
Singulier	este	esta	ese	esa	aquel	aquella
Pluriel	estos	estas	esos	esas	aquellos	aquellas

→ esta casa (*« cette maison » dans le sens de « cette maison-ci »*), aquella casa (*« cette maison » dans le sens de « cette maison-là »*).

• "Ese" *peut avoir une valeur péjorative et* "aquel" *une valeur laudative*

Adjectifs possessifs : *voir p. 209.*

DEVENIR

Traduire « devenir »

• **Devenir + adjectif**

• *Changement durable*

volverse, hacerse → Se ha vuelto altivo.

• *Changement soudain, accidentel*

ponerse → Al oír sus palabras, se ha puesto colorada.

• **Devenir + nom**

• *Changement durable et souvent progressif*

hacerse, volverse, llegar a ser, convertirse en

→ Si trabajas duro llegarás a ser ingeniero.

→ El chico se ha hecho hombre.

→ Las ciudades se vuelven un infierno para el hombre.

• *Cas particulier :*

Ser de → ¿Qué ha sido de él? *Qu'est-il devenu ?*

¡OJO!
- Le verbe *hacer* traduit le verbe « rendre » + adj. : *La máquina hará más fácil el trabajo.*
- "*Llegar a ser*" exprime l'aboutissement d'un effort. *Llegó a ser ingeniero.*

Exercice

Complète ces phrases en employant, suivant le sens, *convertirse [ie] en, llegar a ser, ponerse, hacerse, volverse [ue]*. Choisis le temps en fonction du contexte.
a. Los madrileños ... furiosos cuando entendieron las motivaciones de Napoleón.
b. El trueque de servicios ... en la manera más práctica de solucionar problemas hoy día.
c. Dilma Roussef ... presidenta de Brasil desde hace pocos años.
d. Francisco de Goya ... el pintor más famoso de la invasión napoleónica.
e. La tasa de personas sin techo ... cada vez más baja cuando acabemos con la indiferencia.

ENCLISE

Les pronoms personnels compléments (COD ou COI) ou réfléchis se placent après le verbe et se soudent à lui, lorsque le verbe se trouve :

à l'infinitif	à l'impératif	au gérondif
para decírtelo, sin saberlo	cómelo, escúchanos, dámela	cantándola, oyéndolo

¡OJO! À l'impératif (1re et 2e pers. du pluriel), avec un verbe pronominal, le verbe subit deux modifications orthographiques :
1re p. pl. : perte du « s » → Asseyons-nous ! *¡Sentémonos!*
2e p. pl. : perte du « d » → Asseyez-vous ! *¡Sentaos!*

Exercice Voir Pronoms personnels, p. 209.

EXCLAMATION

La phrase exclamative se remarque à l'écrit :
- *par les deux points d'exclamation, au début et à la fin de la phrase* → ¡...!
- *par l'accent sur les pronoms exclamatifs* → qué, cómo, cuánto...

Construction de la phrase : ¡Qué + *adjectif*!
¡Qué + *adjectif* + *verbe* + *nom*!
¡Qué + *nom* + más *ou* tan + *adjectif*!
¡Vaya + *nom*!
→ ¡Qué nevados están los montes!
→ ¡Qué hombre más alto!
→ ¡Vaya cumpleaños!
→ ¡Cuánto le gusta la playa!

Exercice

Construis une phrase exclamative avec les mots suivants.
a. deporte / peligroso b. matanza / ciega c. obstinados / los sublevados/estar d. gustar (a él) / el *couchsurfing*

GÉRONDIF

- *Valeur d'un complément de manière* → *Il marche en chantant :* Anda cantando. **¡OJO!** Le « en » ne se traduit pas.
- *Précédé d'un auxiliaire ou d'un semi-auxiliaire, il exprime l'action dans son exécution.*

estar + *gérondif*	*être en train de...*	Estamos comiendo.
ir + *gérondif*	*peu à peu, progressivement...*	Los alumnos iban saliendo.
seguir + *gérondif*	*continuer à, toujours...*	Sigue trabajando.
llevar + *gérondif*	*depuis, idée de temps écoulé, « cela fait »*	Lleva tres horas trabajando.
pasarse + *gérondif*	*temps consacré à...*	Se pasa el día cantando.

Autre expression de l'action : Al + ***infinitif*** *= renforce l'idée de simultanéité et se traduit par* ***quand, lorsque, dès que***.
→ Al ver a su madre, sonrió. *Peut se traduire par : « En voyant sa mère, il sourit. »*

Exercice

Transforme les phrases suivantes en utilisant *estar* ou *ir* ou *seguir* + gérondif.
a. A medida que pasará el tiempo, les perdonarán.
b. Por las calles de Cádiz, un grupo de artistas celebra La Pepa.
c. Las abuelas de Mayo todavía necesitan apoyo.
d. El número de necesitados aumenta cada día más.

IL Y A / DEPUIS

- **Hay, Hace**
- *« Il y a » quantitatif, pour énumérer, parler de personnes ou d'objets non déterminés :* hay → Hay patatas en el jardín.
- *« Il y a » temporel :* hace → hace tres días

- **Desde / Desde hace**
- *Si la référence est le point de départ : Il travaille depuis 1980.* > Trabaja desde 1980.
- *Si la référence est la période écoulée : Il travaille depuis 10 ans.* > Trabaja desde hace 10 años.

¡OJO! Trabajaba desde hacía 10 años.

Voir supra Gérondif (llevar + *gérondif*)

Exercice

Complète les phrases suivantes avec *desde* ou *desde hace*.

a. Juan Manuel y Luis, habían preparado su viaje en bici ... mucho tiempo.
b. Las mujeres en España, pueden votar ... el año 1931.
c. El turismo industrial ha aparecido ... unos años.
d. La presencia femenina en política va aumentado ... las últimas décadas.
e. Participa en el proyecto «vacaciones solidarias» ... su adolescencia.

IMPÉRATIF

*L'impératif espagnol comporte **cinq** formes, contrairement au français qui n'en a que trois.*

Tu t'adresses à		Tu utilises	Exemples	
tú *(tu)*	*quelqu'un de familier*	*3e pers. sing. du présent de l'indicatif*	comer → **come**	oír → **oye**
usted *(vous)*	*quelqu'un à qui tu dirais « vous » en français*	*3e pers. sing. du présent du subjonctif*	comer → **coma**	oír → **oiga**
nosotros *(nous)*		*1re pers. plur. du présent du subjonctif*	comer → **comamos**	oír → **oigamos**
vosotros *(vous)*	*plusieurs personnes familières*	*infinitif –* **r** *et +* **d**	comer → **comed**	oír → **oíd**
ustedes *(vous)*	*plusieurs personnes à qui tu dirais « vous » en français*	*3e pers. plur. du présent du subjonctif*	comer → **coman**	oír → **oigan**

*Cette règle s'applique à **tous** les verbes espagnols mais :*

¡OJO! 8 verbes ont une forme irrégulière lorsqu'on tutoie une personne :
decir → di, hacer → haz, ir → ve, ser → sé, poner → pon, tener → ten, salir → sal, venir → ven.

L'IMPÉRATIF NÉGATIF ou L'EXPRESSION DE LA DÉFENSE

On utilise le subjonctif présent à la personne correspondante : no + ***subjonctif présent*** → no comas > *ne mange pas*

Exercices

1. **Exprime un ordre (impératif) en transformant ces affirmations.**
a. se disfrazan – b. conoces – c. nos vamos de viaje – d. os arregláis – e. te lo digo – f. usted ofrece – g. os lo decís – h. viene conmigo.

2. **Exprime la défense (impératif négatif) en transformant ces affirmations.**
a. reaccionad – b. comprométanse – c. sed atentos – d. dímelo – e. oponeos – f. sal a la calle.

INDEFINIS (pronoms et adjectifs)

Poco / a / os / as *(peu de)* Mucho / a / os / as *(beaucoup de)* Cierto / a / os / as *(certain, certaines...)* Demasiado / a / os / as *(trop (de))*	Bastante / es *(assez (de))* Alguno / a / os / as *(un, une, quelques-uns...)* Ninguno / a *(aucun, aucune)*	Todo / a / os / as *(tout(e)...)* Varios / as *(plusieurs)* Otro / a / os / as *(un autre...)* Cualquiera *(n'importe quel / quelle)*

¡Ojo! • *Cada* (chaque), *algo* (quelque chose), *alguien* (quelqu'un) sont invariables, de même que *poco*, *mucho*, *bastante*, *demasiado* s'ils ont employés comme adverbe.

• *Alguno*, *ninguno*, *cualquiera* perdent leur voyelle finale devant un nom masculin singulier (voir supra « Apocope »)
Otro(a) n'accepte pas l'article indéfini : *otro chico* = un autre garçon

Exercices

Remplace par l'indéfini qui convient.

a. He previsto ... actividades durante las próximas vacaciones.
b. Dormir siete horas, para mí es ...
c. ... verano, Luis pasa momentos extraordinarios.
d. No se adapta a ... situación.
e. ... de los dos se cansaron de tanto pedalar.
f. Querían dar clases en Ecuador pero aceptaron ... destinos.

INTERROGATIONS

La phrase interrogative se remarque à l'écrit :

- *par les deux points d'interrogation, au début et à la fin de la phrase* → ¿...?
- *par l'accent sur les pronoms interrogatifs* → ¿qué ...?, ¿cuál ...?, ¿quién ...?, ¿cuándo ...?, ¿cuánto ...?, ¿dónde ...?
  Dans la phrase interrogative indirecte, ils conservent l'accent mais les points d'interrogation disparaissent.

NÉGATIONS

• No + *verbe*

• No + *verbe* + nada *(rien)*, ninguno *(aucun)*, nadie *(personne)*, nunca, jamás *(jamais)*, tampoco *(non plus)*.

• Nada, ninguno, nadie, nunca, jamás, tampoco + *verbe*

• Ya no + **verbe** *(ne... plus)* ; ni siquiera + **verbe** *(même pas)* ; solo + **verbe** *(ne... que)*.

Exercices

Exprime le contraire en utilisant les négations suivantes : *nunca, nada, nadie, ya no, ninguno, tampoco*.

a. Todavía queda mucho por hacer.
b. Todo el mundo se rebeló.
c. Cualquier cosa le interesa.
d. Siempre se comprometen.
e. También la clase media está afectada por la crisis.
f. Todos los turistas hacen turismo verde.

NOMBRES

Les adjectifs numéraux cardinaux

• **De 1 à 15**

Les adjectifs numéraux cardinaux sont homogènes :
cero, uno, dos, tres, cuatro, cinco, seis, siete, ocho, nueve, diez, once, doce, trece, catorce, quince.

• **De 16 à 20 inclus**

Ils peuvent être composés ou contractés, à ta guise, en dizaines et unités, mais on écrit de préférence en un mot :
→ 17 : diecisiete *ou* diez y siete.

• **De 30 à...**

Ils sont composés ; il est donc nécessaire de connaître :

– *les dizaines :*
veinte, treinta, cuarenta, cincuenta, sesenta, setenta, ochenta, noventa.

– *les centaines :*
ciento, doscientos, trescientos, cuatrocientos, quinientos, seiscientos, setecientos, ochocientos, novecientos.

¡OJO! – **Uno** devient **un** devant un nom masculin : *veintiún niños*
– **Ciento** devient **cien** devant un nom et devant **mil** : *cien niños, cien mil*
– Les centaines sont composées et contractées et s'accordent en genre et en nombre. → 300 filles : *trescientas chicas*
– Les milliers sont composés : *mil, dos mil, tres mil…* **Mil** est invariable ici.
– La coordination **y** ne s'utilise qu'entre dizaines et unités. → 103 : *trescientos tres* ; 156 : *ciento cincuenta y seis*
– des centaines de : *centenares de* ; des milliers de : *miles de* ; un millier : *un millar* ; un milliard : *mil millones*

Les adjectifs numéraux ordinaux

- primero, segundo, tercero, cuarto, quinto, sexto, séptimo, octavo, noveno, décimo
- *Au-delà du 10e, on utilise souvent l'adjectif numéral cardinal correspondant et on le place après le nom :*
  → *21e siècle :* siglo veintiuno
  35e élève : alumno treinta y cinco.

OBLIGATION PERSONNELLE

Le destinataire du message est repérable.

Obligation	Obligation plutôt morale
Devoir : tener que + *infinitif* ***Falloir :*** es necesario que, es preciso que + *subjonctif* → Es necesario que vengas. *Il faut que tu viennes.*	***Devoir :*** deber + *infinitif*

¡OJO! *Deber de* + infinitif n'exprime pas une obligation mais un doute, une possibilité.
→ *Debe de estar enfermo.* Il doit être malade. (dans le sens de : « il est peut être malade »)

OBLIGATION IMPERSONNELLE

L'obligation impersonnelle exprime une idée générale, le destinataire est non identifié.
hay que, **hace falta**, **es necesario**, **es preciso**, **es menester** + *infinitif*

Exercice

Reconstitue ces phrases de façon cohérente.

a. Para que la gente esté sensibilizada contra la violencia de género … hacer campañas de concienciación.
b. Para que los aborígenes recobren su dignidad, los argentinos … respetarlos.
c. Para oponerse a la invasión napoleónica, los españoles … sublevarse.
d. Para que la esclavitud infantil desaparezca, … luchar.

Traduction de « ON »

3e pers. du pluriel	*Quelqu'un d'indéterminé (des gens inconnus, quelqu'un d'inconnu). Celui qui parle ne s'inclut pas.* → Dicen que se erradicó la peste.
Se + 3e personne	• *Exprime une généralité, une éventualité. Celui qui parle n'est pas obligatoirement exclu.* → Se habla español. • *On accorde le verbe avec ce qui suit.* → Se oyeron críticas.
Uno	*Si le verbe est pronominal* → Uno se pregunta cómo ha venido. *« On » désigne en fait la personne qui parle parmi d'autres (derrière le « on » se cache un « je »).* → Aquí uno se equivoca. ¡OJO! **Uno** peut se traduire par « vous » si tournure impersonnelle. → *Le obligan a uno a tomar medidas.*
1re pers. du plur.	*Cela équivaut à « nous »* → No podemos vivir así.
2e pers du sing.	*Très oral et… familier* → Llegas y te bañas.

Exercice

Emploie la forme qui convient.

a. Para el proyecto de Fundación Teléfónica, (buscar) voluntarios.
b. (decir) que la mujer latinoamericana es la más representada políticamente.
c. Esteban le pregunta a su amiga: "¿Cuándo (salir) a la calle?"
d. En estas paredes, (dibujar) varios graffitis.
e. Confiesa Beatriz: "en esta fundación (recibir) mucho cariño".
f. Ante la situación económica (hacerse) muchas preguntas.

PLURIEL (formation)

Mots terminés par une voyelle	+ -s
Mots terminés par une consonne (autre que « s ») ou í, ú	+ -es

- *Exception : le* z *final devient* c. → pez > peces.
- y *est considéré comme une consonne :* → la ley > las leyes

¡OJO! un jersey > *jerséis*

- *Des mots terminés par* s *et* x *et accentués sur l'avant-dernière syllabe sont invariables.* → las crisis

Exercice

Mets au pluriel les phrases suivantes.

a. Al esclavo le dijeron que existía una nueva ley.
b. En la casa la familia ha encendido la luz.
c. El indio guaraní era el dueño de Iguazú.
d. El diseñador elige al transeúnte como ejemplo.

POURCENTAGE

- *Les pourcentages sont toujours précédés d'un article.*
- *Article défini pour exprimer un pourcentage précis.* → El 20% de la población activa está en paro.
- *Article indéfini pour exprimer un pourcentage approximatif.* → Dicen que un 35% de los alumnos no sabe qué carrera cursar.

PRÉPOSITIONS

a	– *indique le lieu où on se rend* – *indispensable devant les COD de personne*	Voy a París. No conozco a mis vecinos.
en	– *indique le lieu où on se trouve*	Estoy en París.
por	– *indique le mouvement dans un lieu* – *indique le lieu où l'on passe* – *indique la cause* – *indique l'échange*	Me paseo por la ciudad. El tren pasa por ese pueblo. Se resfrió por salir sin abrigo. Lo compró por diez euros.
para	– *indique le but / indique l'opinion*	Ha venido para encontrarte. / Para el autor...
de	– *indique le lieu d'où l'on vient*	Vengo de París.

Autres prépositions : con *(avec)*, sin *(sans)*, hasta *(jusqu'à)*, hacia *(vers)*, entre *(entre ou parmi)*, sobre *(sur)*, según *(selon)*, salvo *(sauf)*, ante *(devant)*, bajo *(sous)*, durante *(pendant)*, en contra *(contre)*, en pro *(pro, en faveur de)*, mediante *(grâce à)*, tras *(après)*, desde *(voir supra « il y a / depuis »)*

Exercice

Complète la phrase en utilisant *por* ou *para*.

a. Viajan en bici ... aprovechar mejor del paisaje.
b. Los ecologistas se esfuerzan ... desarrollar el ecodiseño.
c. No cambiaría ... nada su decisión.
d. El ahorro de dinero no es ... mí lo más importante en el trueque.
e. Es una campaña ... la detección de la violencia de género.

PRONONCIATION

Rappel : toutes les lettres se prononcent en espagnol.

b *et* v → banca, vacaciones ll → llamar z *et* c *devant* e, i = la zeta → caza, nace	ch → chato ñ → niña	g *devant* a, o, u = *comme en français* → Gustavo g *devant* i, e = la jota → generoso, gigante

PRONOMS PERSONNELS, POSSESSIFS et ADJECTIFS POSSESSIFS

Pronom sujet	Pronom COD	Pronom COI	Pronom réfléchi*	Pronom précédé prép.	Adjectif possessif	Pronom possessif
yo	me	me	me	mí	mi(s)	el, la (los, las) mío, a(s)
tú	te	te	te	ti	tu(s)	el, la (los, las) tuyo, a(s)
él, ella, usted	lo, la	le	se	él, ella, sí	su(s)	el, la (los, las) suyo, a(s)
nosotros, as	nos	nos	nos	nosotros, as	nuestro, a(s)	el, la (los, las) nuestro, a(s)
vosotros, as	os	os	os	vosotros, as	vuestro, a(s)	el, la (los, las) vuestro, a(s)
ellos, ellas, ustedes	los, las	les	se	ellos, ellas, sí	su(s)	los, las suyos, as

**Le pronom réfléchi (lui, elle, eux, elles) se traduit par* sí *lorsqu'il représente la même personne que le sujet.*

- *Les pronoms compléments se placent toujours devant le verbe sauf à l'infinitif, au gérondif et à l'impératif (à la fin du verbe et soudé à lui : voir Enclise, p. 204).*
→ Ella me está hablando. > Ella está hablándome.

- *S'il y a un pronom COD et un pronom COI, le COI se place en première position. Cette règle vaut pour l'enclise.*
→ Me lo está mostrando. > Está mostrándomelo.

¡OJO! • S'il y a deux pronoms compléments à la 3e pers. sing. et / ou plur., les pron. COI le ou les deviennent se.
→ Je le lui dis. > *Se lo digo.* En la leur donnant > *dándosela*

- Avec la préposition *con* > conmigo, contigo, consigo.
- Pronoms démonstratifs : ce sont les mêmes que les adjectifs démonstratifs mais ils portent un accent : *éste, ése, aquél* (Voir supra Déterminants, p. 203).
- Les pronoms neutres sont : esto, eso, aquello.

Exercices

1. Choisis le (les) pronom(s) qui convient/conviennent dans chacune de ces phrases.

a. A usted (le/os/se) falta la libertad, dijo el Ilustrado.
b. ¿Quieres juntarte (consigo/conmigo/contigo)?
c. Lo de la Pepa (Se/lo/usted) siguen explicando a los alumnos españoles.
d. (les/se/ustedes) diré a los manifestantes que tengan cuidado.
e. ¿Por qué no se lo pides a (mí/ella/ti).
f. (me/te/se) pasa el día dibujando graffitis.
g. Queremos debatir (consigo/conmigo/contigo).
h. A ustedes (les/os/se) gustan los viajes.
i. ¿Por qué (ellos/vosotros/ustedes) no dicen a sus amigos que la moda está en la calle?

2. Remplace les mots en gras par les pronoms personnels qui conviennent.

a. Torrijos no pudo avisar **a sus seguidores** de que llegaba a Málaga.
b. La mujer miraba **al soldado francés y a mí**.
c. Los del Parkour van apoderándose de **las calles y plazas**.
d. Con vacaciones solidarias, ¡olvida **tus problemas**!
e. Es difícil enumerar **todos los servicios**.
f. Se pasaba el tiempo imaginándose **a sus futuros huéspedes**.
g. Los creadores han decidido buscar **las calles más concurridas de Madrid**.
h. Las madres de Mayo quieren que les digan **la verdad** primero a ellas.
i. ¡Niños, respetad **el entorno**!

Précis grammatical

LES PRONOMS / ADVERBES RELATIFS

que, qui, quoi	**que** → el héroe que lucha
où	**donde** → la ciudad donde vivo *« Où » temporel* → la época **en que** vives.
dont	**cuyo**, **os**, **a**, **as**, *si valeur possessive ou complément du nom.* **¡OJO!** Construction : pas d'article mais accord → *La casa cuyas ø ventanas son verdes.* **del que**, **de la que**... *si complément du verbe ou de l'adjectif.* → El hombre **del que** te hablé.
qui (c'est... qui)	Voir supra : « c'est... que / c'est qui » / « ce qui » : **lo que** me gusta, **lo que** quieres

¡OJO! Le futur français dans une proposition relative se traduit par un subjonctif en espagnol.

Celui qui verra les progrès, comprendra... El que vea los progresos, entenderá...

Exercice

Complète avec le pronom relatif adéquat.

a. El glaciar ... muerte evoca el poeta tiene que despertar nuestra conciencia.
b. Alzemos el puño en cualquier parte del mundo ... se vean injusticias.
c. El agua ... habla el poeta es la esencia de nuestra vida.
d. Se terminó aquella época ... se vendían esclavos.
e. Son temas ... se inspiró Diego Rivera.
f. El negro ... valor subraya Ruben Blades dijo NO.

RÉPÉTITION DE L'ACTION (re- ...)

volver a + *infinitif*	Se volvieron a mirar.	*Ils se regardèrent à nouveau.*
verbe + **otra vez** / **de nuevo**	Se miraron de nuevo.	

SER-ESTAR

ser	*– devant un nom, un pronom, un chiffre* *– pour marquer une appartenance, une caractéristique fondamentale* *– devant un adjectif qui traduit un état qui dure*	Soy un alumno. / Eres tú. / Son once jugadores. Somos españoles. Son bajitos. / Es rico.
estar	*– pour exprimer le lieu et le temps* *– devant un adjectif qui traduit un état*	Estoy en París. / Estamos en agosto. Está nervioso.
ser	*– si suivi d'un participe passé : permet de construire la voix passive (avec* **por**, *complément d'agent)*	El dictador es derrocado por los revolucionarios.
estar	*– si suivi d'un participe passé : exprime le résultat de l'action*	El dictador está derrocado y huye...

Exercice

Complète avec *ser* ou *estar* et conjugue.

a. El banco del tiempo ... diferente de los otros bancos.
b. ... sorprendidos de ver que el trabajo forzoso ... considerado como si ... algo normal.
c. Cristina Kirchner ... la presidenta de Argentina.
d. El objetivo de este cartel ... denunciar las desapariciones de personas que ... crímenes.
e. La calle Fuencarral ... en el centro de Madrid, ... el lugar ideal para pasarelas callejeras.

SUFFIXES

Suffixes avec significations précises

-ido	**¡OJO!** Ne pas confondre avec le participe passé. *désigne des bruits et cris divers*	el aullido, el chirrido, el maullido
-al, -ar, (-edo, -eda)	*désigne des plantations ou des terrains où abondent certains végétaux*	el pinar, el trigal, el olivar, la alameda

Suffixes : augmentatifs, diminutifs, péjoratifs

- **Suffixe traduisant « un coup de... »**

– Le suffixe -ada *comporte des sens variés :* una nevada *(une chute de neige)*, una riada *(une crue de rivière) mais aussi celui de « coup de » :* una puñalada *(un coup de poignard)*, una cabezada *(un coup de tête)*.

– Le suffixe -azo *exprime davantage la violence et le choc :* un hachazo *(un coup de hache)*, un latigazo *(un coup de fouet)*.

- **Les diminutifs**

-ito, -ita -illo, -illa	*avec absorption du "o" ou du "a" final*	ventana > ventanita pájaro > pajarito
-cito, -cita	*quand les syllabes finales sont terminées par "r", "n", "e"*	mujer > mujercita nube > nubecita
-ecito, -ecita	*pour les monosyllabes ou les polysyllabes qui ont un accent sur une diphtongue*	flor > florecita piedra > piedrecita fuente > fuentecita

- **Les augmentatifs et péjoratifs**

-ón	la cuchara > el cucharón, un fraile > un frailón *Parfois, valeur péjorative :* soltero *(célibataire)* > solterón
-ote	*Souligne le ridicule :* hombre > hombrote

Exercices

1. **Donne le diminutif des mots suivants.**
cruz – pelota – jardín – hombre – chaval – puente – pobre

2. **Donne l'augmentatif des mots suivants.**
silla – casa – mujer

VOUVOIEMENT ET TUTOIEMENT

- *Je m'adresse à un copain :* tú + *2e personne du singulier*.
→ ¿Cómo estás? Has olvidado tus libros.

- *Je m'adresse à plusieurs copains :* vosotros + *2e personne du pluriel*.
→ ¿Cómo estáis? Habéis olvidado vuestros libros.

- *Je m'adresse à mon professeur, à une personne que je ne connais pas :* usted (Ud.) + *3e personne du singulier*.
→ ¿Cómo está? Usted ha olvidado su(s) libro(s).

- *Je m'adresse à mes professeurs, à plusieurs personnes que je ne connais pas :* ustedes (Uds.) + *3e personne du pluriel*.
→ ¿Cómo están? Ustedes han olvidado su(s) libro(s).

Tú *et* vosotros *peuvent être omis. Pour* usted *et* ustedes, *l'omission peut dans certains cas créer une confusion avec les autres pronoms personnels sujets de la 3e personne* (él, ella, ellos, ellas). *Mieux vaut donc ne pas omettre* usted *et* ustedes *sauf si le contexte éclaire suffisamment le lecteur.*

Exercice

Transforme ces phrases en t'adressant à une ou des personnes que tu ne connais pas.

a. ¿Cuál es tu bici? ¿Es ésta la tuya?
b. ¿Os preocupáis por los problemas ajenos?
c. Nos han dicho que no te ha gustado el paisaje.
d. Traedme pronto noticias vuestras.
e. Te pido que participes en el trueque lo antes posible.

Conjugaisons

Les verbes réguliers (-ar, -er, -ir)

INDICATIF

PRÉSENT

hablo	como	vivo
hablas	comes	vives
habla	come	vive
hablamos	comemos	vivimos
habláis	coméis	vivís
hablan	comen	viven

PASSÉ SIMPLE

hablé	comí	viví
hablaste	comiste	viviste
habló	comió	vivió
hablamos	comimos	vivimos
hablasteis	comisteis	vivisteis
hablaron	comieron	vivieron

IMPARFAIT

hablaba	comía	vivía
hablabas	comías	vivías
hablaba	comía	vivía
hablábamos	comíamos	vivíamos
hablabais	comíais	vivíais
hablaban	comían	vivían

FUTUR

hablaré	comeré	viviré
hablarás	comerás	vivirás
hablará	comerá	vivirá
hablaremos	comeremos	viviremos
hablaréis	comeréis	viviréis
hablarán	comerán	vivirán

SUBJONCTIF

PRÉSENT

hable	coma	viva
hables	comas	vivas
hable	coma	viva
hablemos	comamos	vivamos
habléis	comáis	viváis
hablen	coman	vivan

IMPARFAIT

hablara / -ase	comiera / -iese	viviera / -iese
hablaras / -ases	comieras / -ieses	vivieras / -ieses
hablara / -ase	comiera / -iese	viviera / -iese
habláramos / -ásemos	comiéramos / -iésemos	viviéramos / -iésemos
hablarais / -aseis	comierais / -ieseis	vivierais / -ieseis
hablaran / -asen	comieran / -iesen	vivieran / -iesen

CONDITIONNEL

hablaría	comería	viviría
hablarías	comerías	vivirías
hablaría	comería	viviría
hablaríamos	comeríamos	viviríamos
hablaríais	comeríais	viviríais
hablarían	comerían	vivirían

IMPÉRATIF

habla	come	vive
hable	coma	viva
hablemos	comamos	vivamos
hablad	comed	vivid
hablen	coman	vivan

PARTICIPE

PRÉSENT	PASSÉ
hablando	hablado
comiendo	comido
viviendo	vivido

Verbes à diphtongue

Ils transforment en diphtongue la dernière voyelle du radical, lorsque celle-ci porte l'accent tonique.

Ainsi : **e > ie o > ue**

Quand ? *Selon la règle 333 :*

Les 3 personnes du singulier

La 3e personne du pluriel

Les 3 présents (indicatif, subjonctif, impératif)

Exemple : volver

Prés. de l'ind.	Prés. du subj.	Impératif
vuelvo	vuelva	
vuelves	vuelvas	vuelve
vuelve	vuelva	vuelva
volvemos	volvamos	volvamos
volvéis	volváis	volved
vuelven	vuelvan	vuelvan

Verbes à alternance (une vingtaine)

Irrégularité qui concerne les verbes en **-ir**. *Le* **-e** *du radical persiste si le* **-i** *de la terminaison est accentué. Le* **-e** *se change en* **-i** *dans tous les autres cas.*

Ainsi : **e > i**

Exemple : pedir

Prés. de l'ind.	Impératif	Prés. du subj.	Passé simple	Gérondif
pido		pida	pedí	pidiendo
pides	pide	pidas	pediste	
pide	pida	pida	pidió	
pedimos	pidamos	pidamos	pedimos	
pedís	pedid	pidáis	pedisteis	
piden	pidan	pidan	pidieron	

Verbes qui diphtonguent et qui alternent

Irrégularité qui concerne les verbes en -ir *et qui ont un* -e *ou un* -o *comme dernière voyelle du radical, suivi de* -nt *ou* -r *(exception :* servir*).*

Ainsi : **e > ie e > i**
o > ue o > u

Quand ? *Appliquer la règle de la diphtongue tout d'abord.*
Les autres cas correspondent à la règle de l'alternance.

Attention : les verbes avec -o + -r (cortar) ne suivent pas cette règle.

Exemple : sentir

Prés. de l'ind.	Impératif	Prés. du subj.	Passé simple	Gérondif
siento		**sienta**	sentí	**sintiendo**
sientes	**siente**	**sientas**	sentiste	
siente	**sienta**	**sienta**	**sintió**	
sentimos	**sintamos**	**sintamos**	sentimos	
sentís	sentid	**sintáis**	sentisteis	
sienten	**sientan**	**sientan**	**sintieron**	

À noter que « l'alternance » ne concerne que les personnes et temps indiqués ci-dessus. On ajoutera le subjonctif imparfait dans la mesure où il dérive de la 3e personne du pluriel du prétérit.

Verbes à modifications orthographiques

Ces modifications sont destinées à conserver la même prononciation.

- ***Verbes en*** **-gar, -car, -zar, -guar, -guar**

Quand la terminaison commence par un **-e** *:*

-gar : **-g > -gu** *devant* **-e** abrigar > abrigue *(subj. prés.)*
-car : **-c > -qu** *devant* **-e** acercar > acerque
-zar : **-z > -c** *devant* **-e** abrazar > abrace
-guar : **-gü** *devant* **-e** averiguar > averigüe

Pour résumer : on ne trouve cette modification qu'au présent du subjonctif et à la 1re personne du passé simple.

- ***Verbes en*** **-cer, -cir -ger, -gir, -guir, -quir**

Quand la terminaison commence par un **-o** *ou un* **-a** *:*

-cer : **-c > -z** *devant* **-o, -a** vencer > venzo
-cir : **-c > -z** *devant* **-o, -a** esparcir > esparzo
-ger : **-g > -j** *devant* **-o, -a** coger > cojo
-gir : **-g > -j** *devant* **-o, -a** dirigir > dirijo
-guir : *perte du* **-u** *devant* **-o, -a** conseguir > consigo
-quir : **-qu > -c** *devant* **-o, -a** delinquir > delinco

Pour résumer : on ne trouve cette modification qu'au présent du subjonctif et à la 1re personne de l'indicatif présent.

Irrégularités diverses

- ***Ajout d'une consonne :*** **-c > -zc**

Les verbes en -acer, -ecer, -ocer, -ucir *sont concernés à la 1re personne du présent de l'indicatif et au subjonctif.*

Exemple : parecer > parezco *donc* parezca *au subjonctif présent.*
Entre autres exceptions : hacer

- ***Changement de consonne :*** **-c > -j**

Cela ne concerne que le verbe conducir *et tous les composés de* -ducir *au passé simple.*

Exemple : conducir > conduje…

- ***Ajout d'un* y *entre le radical et la terminaison***

Cela concerne les verbes en -uir *: on place un* -y *entre le radical et la terminaison quand celle-ci commence par un* -a, *un* -o, *un* -e.

Les temps concernés sont :
- *au présent de l'indicatif : les 3 premières personnes du singulier et la 3e du pluriel*
- *le subjonctif présent*
- *l'impératif*
- *au passé simple : la 3e personne du singulier et pluriel*
- *le subjonctif imparfait*

Exemple : huir → huyo… huimos…

Les verbes irréguliers

	Présent de l'indicatif	Présent du subjonctif	Imparfait	Futur	Conditionnel	Passé simple	Imparfait du subjonctif	Gérondif Part passé
ANDAR *marcher*	ando, andas, anda, andamos, andáis, andan	ande, andes, ande, andemos, andéis, anden	andaba, andabas, andaba, andábamos, andabais, andaban	andaré, andarás, andará, andaremos, andaréis, andarán	andaría, andarías, andaría, andaríamos, andaríais, andarían	anduve, anduviste, anduvo, anduvimos, anduvisteis, anduvieron	anduviera, (-se) anduvieras, anduviera, anduviéramos, anduvierais, anduvieran	g. andando p.p. andado
CABER *tenir, rentrer*	quepo, cabes, cabe, cabemos, cabéis, caben	quepa, quepas, quepa, quepamos, quepáis, quepan	cabía, cabías, cabía, cabíamos, cabíais, cabían	cabré, cabrás, cabrá, cabremos, cabréis, cabrán	cabría, cabrías, cabría, cabría-mos, cabríais, cabrían	cupe, cupiste, cupo, cupimos, cupisteis, cupieron	cupiera, (-se) cupieras, cupiera, cupiéramos, cupierais, cupieran	g. cabiendo p.p. cabido
CAER *tomber*	caigo, caes, cae, caemos, caéis, caen	caiga, caigas, caiga, caigamos, caigáis, caigan	caía, caías, caía, caíamos, caíais, caían	caeré, caerás, caerá, caeremos, caeréis, caerán	caería, caerías, caería, caeríamos, caeríais, caerían	caí, caíste, cayó, caímos, caísteis, cayeron	cayera, (-se) cayeras, cayera, cayéramos, cayerais, cayeran	g. cayendo p.p. caído
DAR *donner*	doy, das, da, damos, dais, dan	dé, des, dé, demos, deis, den	daba, dabas, daba, dábamos, dabais, daban	daré, darás, dará, daremos, daréis, darán	daría, darías, daría, daríamos, daríais, darían	di, diste, dio, dimos, disteis, dieron	diera, (-se) dieras, diera, diéramos, dierais, dieran	g. dando p.p. dado
DECIR *dire*	digo, dices, decimos, decís, dicen	diga, digas, diga, digamos, digáis, digan	decía, decías, decía, decíamos, decíais, decían	diré, dirás, dirá, diremos, diréis, dirán	diría, dirías, diría, diríamos, diríais, dirían	dije, dijiste, dijo, dijimos, dijisteis, dijeron	dijera, (-se) dijeras, dijera, dijéramos, dijerais, dijeran	g. diciendo p.p. dicho
ESTAR *être*	estoy, estás, está, estamos, estáis, están	esté, estés, esté, estemos, estéis, estén	estaba, estabas, estaba, estábamos, estabais, estaban	estaré, estarás, estará, estaremos, estaréis, estarán	estaría, estarías, estaría, estaría-mos, estaríais, estarían	estuve, estuviste, estuvo, estuvimos, estuvisteis, estuvieron	estuviera, (-se) estuvieras, estuviera, estuviéramos, estuvierais, estuvieran	g. estando p.p. estado
HABER *aux. avoir*	he, has, ha, hemos, habéis, han	haya, hayas, haya, hayamos, hayáis, hayan	había, habías, había, habíamos, habíais, habían	habré, habrás, habrá, habremos, habréis, habrán	habría, habrías, habría, habríamos, habríais, habrían	hube, hubiste, hubo, hubimos, hubisteis, hubieron	hubiera, (-se) hubieras, hubiera, hubiéramos, hubierais, hubieran	g. habiendo p.p. habido
HACER *faire*	hago, haces, hace, hacéis, hacen	haga, hagas, haga, hagamos, hagáis, hagan	hacía, hacías, hacía, hacíamos, hacíais, hacían	haré, harás, hará, haremos, haréis, harán	haría, harías, haría, haríamos, haríais, harían	hice, hiciste, hizo, hicimos, hicisteis, hicieron	hiciera, (-se) hicieras, hiciera, hiciéramos, hicierais, hicieran	g. haciendo p.p. hecho
IR *aller*	voy, vas, va, vamos, vais, van	vaya, vayas, vaya, vayamos, vayáis, vayan	iba, ibas, iba, íbamos, ibais, iban	iré, irás, irá, iremos, iréis, irán	iría, irías, iría, iríamos, iríais, irían	fui, fuiste, fue, fuimos, fuisteis, fueron	fuera, (-se) fueras, fuera, fuéramos, fuerais, fueran	g. yendo p.p. ido
OÍR *entendre*	oigo, oyes, oye, oímos, oís, oyen	oiga, oigas, oiga, oigamos, oigáis, oigan	oía, oías, oía, oíamos, oíais, oían	oiré, oirás, oirá, oiremos, oiréis, oirán	oiría, oirías, oiría, oiríamos, oiríais, oirían	oí, oíste, oyó, oímos, oísteis, oyeron	oyera, (-se) oyeras, oyera, oyéramos, oyerais, oyeran	g. oyendo p.p. oído
PODER *pouvoir*	puedo, puedes, puede, podemos, podéis, pueden	pueda, puedas, pueda, podamos, podáis, puedan	podía, podías, podía, podíamos, podíais, podían	podré, podrás, podrá, podremos, podréis, podrán	podría, podrías, podría, podría-mos, podríais, podrían	pude, pudiste, pudo, pudimos, pudisteis, pudieron	pudiera, (-se) pudieras, pudiera, pudiéramos, pudierais, pudieran	g. pudiendo p.p. podido
PONER *mettre*	pongo, pones, pone, ponemos, ponéis, ponen	ponga, pongas, ponga, pongamos, pongáis, pongan	ponía, ponías, ponía, poníamos, poníais, ponían	pondré, pondrás, pondrá, pondremos, pondréis, pondrán	pondría, pondrías, pondría, pondríamos, pondríais, pondrían	puse, pusiste, puso, pusimos, pusisteis, pusieron	pusiera, (-se) pusieras, pusiera, pusiéramos, pusierais, pusieran	g. poniendo p.p. puesto
QUERER *vouloir*	quiero, quieres, quiere, queremos, queréis, quieren	quiera, quieras, quiera, queramos, queráis, quieran	quería, querías, quería, queríamos, queríais, querían	querré, querrás, querrá, querremos, querréis, querrán	querría, querrías, querría, querríamos, querríais, querrían	quise, quisiste, quiso, quisimos, quisisteis, quisieron	quisiera, (-se) quisieras, quisiera, quisiéramos, quisierais, quisieran	g. queriendo p.p. querido

	Présent de l'indicatif	Présent du subjonctif	Imparfait	Futur	Conditionnel	Passé simple	Imparfait du subjonctif	Gérondif Part passé
SABER *savoir*	sé, sabes, sabe, sabemos, sabéis, saben	sepa, sepas, sepa, sepamos, sepáis, sepan	sabía, sabías, sabía, sabíamos, sabíais, sabían	sabré, sabrás, sabrá, sabremos, sabréis, sabrán	sabría, sabrías, sabría, sabríamos, sabríais, sabrían	supe, supiste, supo, supimos, supisteis, supieron	supiera, (-se) supieras, supiera, supiéramos, supierais, supieran	g. sabiendo p.p. sabido
SALIR *sortir*	salgo, sales, sale, salimos, salís, salen	salga, salgas, salga, salgamos, salgáis, salgan	salía, salías, salía, salíamos, salíais, salían	saldré, saldrás, saldrá, saldremos, saldréis, saldrán	saldría, saldrías, saldría, saldríamos, saldríais, saldrían	salí, saliste, salió, salimos, salisteis, salieron.	saliera, (-se) salieras, saliera, saliéramos, salierais, salieran	g. saliendo p.p. salido
SER *être*	soy, eres, es, somos, sois, son	sea, seas, sea, seamos, seáis, sean	era, eras, era, éramos, erais, eran	seré, serás, será, seremos, seréis, serán	sería, serías, sería, seríamos, seríais, serían	fui, fuiste, fue, fuimos, fuisteis, fueron	fuera, (-se) fueras, fuera, fuéramos, fuerais, fueran	g. siendo p.p. sido
TENER *avoir*	tengo, tienes, tiene, tenemos, tenéis, tienen	tenga, tengas, tenga, tengamos, tengáis, tengan	tenía, tenías, tenía, teníamos, teníais, tenían	tendré, tendrás, tendrá, tendremos, tendréis, tendrán	tendría, tendrías, tendríamos, tendríais, tendrían	tuve, tuviste, tuvo, tuvimos, tuvisteis, tuvieron	tuviera, (-se) tuvieras, tuviera, tuviéramos, tuvierais, tuvieran	g. teniendo p.p. tenido
TRAER *apporter*	traigo, traes, trae, traemos, traéis, traen	traiga, traigas, traiga, traigamos, traigáis, traigan	traía, traías, traía, traíamos, traíais, traían	traeré, traerás, traerá, traeremos, traeréis, traerán	traería, traerías, traería, traeríamos, traeríais, traerían	traje, trajiste, trajo, trajimos, trajisteis, trajeron	trajera, (-se) trajeras, trajera, trajéramos, trajerais, trajeran	g. trayendo p.p. traído
VENIR *venir*	vengo, vienes, viene, venimos, venís, vienen	venga, vengas, venga, vengamos, vengáis, vengan	venía, venías, venía, venía, veníamos, veníais, venían	vendré, vendrás, vendrá, vendremos, vendréis, vendrán	vendría, vendrías, vendría, vendríamos, vendríais, vendrían	vine, viniste, vino, vinimos, vinisteis, vinieron	viniera, (-se) vinieras, viniera, viniéramos, vinierais, vinieran	g. viniendo p.p. venido
VER *voir*	veo, ves, ve, vemos, veis, ven	vea, veas, vea, veamos, veáis, vean	veía, veías, veía, veíamos, veíais, veían	veré, verás, verá, veremos, veréis, verán	vería, verías, vería, veríamos, veríais, verían	vi, viste, vio, vimos, visteis, vieron	viera, vieras, viera, viéramos, vierais, vieran	g. viendo p.p. visto

Passé composé : haber *au présent + participe passé invariable*
Plus-que-parfait : haber *à l'imparfait + participe passé invariable*
Passé antérieur : haber *au passé simple + participe passé invariable*
Futur antérieur : haber *au futur + participe passé invariable*
Conditionnel passé : haber *au conditionnel + participe passé invariable*

Autres verbes dont les participes passés sont irréguliers :

abrir → abierto; escribir → escrito; describir → descrito, freír → frito *ou* freído; imprimir → impreso *ou* imprimido; morir → muerto; resolver → resuelto; romper → roto; volver → vuelto

Lexique espagnol-français

Les articles soulignés signalent la différence de genre (masculin / féminin) entre l'espagnol et le français.

A

a no ser que: *à moins que*
a pesar de: *malgré*
a veces: *parfois*
aborrecer: *haïr*
acabar: *finir*
acoger: *accueillir*
acogida (la): *accueil (l')*
aconsejar: *conseiller*
acontecimiento (el): *évènement (l')*
acordarse de: *se souvenir*
acosar: *harceler*
actuar: *agir*
además: *de plus / en plus*
adicto: *accro, dépendant*
adivinar: *deviner*
aducir: *alléguer*
agradecimiento (el): *remerciement (le)*
aguantar: *supporter*
ahogarse: *se noyer*
ahorrar: *économiser*
aislar: *isoler*
aislamiento (el): *isolement (l')*
alabar: *faire des éloges*
alacrán (el): *scorpion (le)*
alcalde (el): *maire(le)*
alcanzar: *atteindre*
alegrarse: *se réjouir*
alrededor de: *autour de*
aludir: *faire allusion*
ambiente (el): *ambiance (l')*
amenaza (la): *menace (la)*
amenazar: *menacer*
amo (el): *maître (le)*
añadir: *ajouter*
angustia (la): *angoisse (l')*
anhelar: *désirer ardemment*
animar: *encourager*
anuncio (el): *annonce (l')*
apetecer: *faire envie*
apiadar: *apitoyer*
apoyar: *appuyer*
aprobar [ue]: *approuver / réussir*
aprovechar: *profiter*
apuntar: *noter*
arreglárselas: *se débrouiller*
arribar: *accoster (bateau)*
arriesgar: *risquer*
asesinato (el): *assassinat (l')*
asesino (el): *assassin (l')*
asquear: *dégoûter*
asqueroso: *dégoûtant*
asustar: *effrayer*
atreverse a: *oser (faire quelque chose)*
aumento (el): *augmentation (l')*
aunar: *allier, réunir*
autorretrato (el): *autoportrait (l')*
averiguar: *vérifier*
ayuda (la): *aide (l')*
ayudar: *aider*
ayuntamiento (el): *mairie (la)*

B

balance (el): *bilan (le)*
bandera (la): *drapeau (le)*
barato: *pas cher*
barco (el): *bateau (le)*
barrio (el): *quartier (le)*
baza (la): *atout (l')*
bebida (la): *boisson (la)*
boda (la): *mariage (le)*
bombardeo (el): *bombardement (le)*
burlarse: *se moquer*
buscar: *chercher*
búsqueda (la): *recherche (la)*

C

caballo (el): *cheval (le)*
cabreado: *de mauvaise humeur*
cabrearse: *se fâcher*
cadena (la): *chaîne (la)*
callar(se): *se taire*
cambio (el): *changement (le)*
camiseta (la): *tee-shirt (le)*
campeón (el): *champion (le)*
canción (la): *chanson (la)*
canguro (la): *baby-sitter (la)*
capaz: *capable*
carátula (la): *pochette (la) (d'un cd)*
cárcel (la): *prison (la)*
carta (la): *lettre (la)*
cartel (el): *affiche (l')*
casamiento (el): *mariage (le)*
casarse: *se marier*
castigar: *punir*
castigo (el): *punition (la)*
celebrar: *fêter*
charla (la): *conversation (la)*
charlar: *bavarder*
chiflado: *dingue*
cirugía (la): *chirurgie (la)*
cirujano (el): *chirurgien (le)*
cita (la): *citation (la), rendez-vous (le)*
ciudadano (el): *citoyen (le) / citadin (le)*
color (el): *couleur (la)*
compartir: *partager*
compra (la): *achat (l')*
comprometerse: *s'engager*
compromiso (el): *engagement (l')*
computadora (la): *ordinateur (l')*
comunidad (la): *communauté (la)*
concienciar: *faire prendre conscience*
concienciarse de: *prendre conscience de*
condena (la): *condamnation (la)*
conjunto (el): *ensemble (l')*
conmover [ue]: *émouvoir*
conquista (la): *conquête (la)*
conquistar: *conquérir*
conseguir: *obtenir*
consejo (el): *conseil (le)*
consumidor (el): *consommateur (le)*
consumir: *consommer*
consumo (el): *consommation (la)*
contaminación (la): *pollution (la)*
contaminar: *polluer*
contenido (el): *contenu (le)*
continuación (la): *suite (la)*
contradecir: *contredire*
contratar: *embaucher*
convencer: *convaincre*
convidar: *inviter*
convivencia (la): *cohabitation (la)*
correo (el): *courrier (le)*
corriente (la): *courant (le)*
corrupto: *corrompu*
cortesía (la): *politesse (la)*
coste (el): *coût (le)*
crear: *créer*
crecer: *grandir, pousser*
creer: *croire*
crueldad: *cruauté (la)*
cruzar: *traverser*
cuadro (el): *tableau (le)*
culpa (la): *faute (la)*
culpable: *coupable*
culpar: *accuser*
cumplir: *tenir sa parole, sa promesse*
curiosidad (la): *curiosité (la)*

D

dañar: *nuire*
dañino: *nuisible*
datos (los): *données (les)*
débil: *faible*
debilidad (la): *faiblesse (la)*
decepcionar: *décevoir*
dejar: *laisser*
dejar de: *arrêter de*
demostrar [ue]: *démontrer*
denuncia (la): *dénonciation (la)*
denunciar: *dénoncer*
derroche (el): *gaspillage (le)*
derrumbamiento (el): *effondrement (l')*
desafíar: *défier*
desafío (el): *défi (le)*
desaparecer: *disparaître*
desaparición (la): *disparition (la)*
desarraigo (el): *déracinement (le)*
desarrollar: *développer*
desarrollo (el): *développement (le)*
descansar: *se reposer*
descanso (el): *repos (le)*
descargar: *télécharger*
descubrimiento (el): *découverte (la)*
desde (hace): *depuis*
desempeñar: *jouer (un rôle)*
desengaño (el): *déception (la)*
deseo (el): *désir (le)*
desigualdad (la): *l'inégalité*
desnudo: *nu*
desperdicios (los): *les déchets*
despertar [ie]: *réveiller*
despiadado: *sans pitié*
despilfarro (el): *gaspillage (le)*
despreciar: *mépriser*
desprecio (el): *mépris (le)*
desprender: *dégager*
destacar: *dégager*
destierro (el): *exil (l')*
detener: *arrêter*
diario (el): *journal (le)*
dibujo (el): *dessin (le)*
dictadura (la): *dictature (la)*
difundir: *diffuser*
dinero (el): *argent (l')*
dirigirse a: *s'adresser à*
disculparse: *demander pardon*
disparar a alguien: *tirer sur quelqu'un*
divertirse [ie]: *s'amuser*
divertido: *amusant*
dominio (el): *domaine (le)*
duración (la): *durée (la)*

E

ejecución (la): *exécution (l')*
ejército (el): *armée (l')*
elección (la): *choix (le)*
elegir: *choisir*
embarazada: *enceinte*
embarazo (el): *grossesse (la)*
emocionar: *émouvoir*
emplear: *employer*
empleo (el): *emploi (l')*
empresa (la): *entreprise (l')*
empujar: *pousser*
encabezar: *être à la tête*
encadenar: *enchaîner*
encarcelar: *emprisonner*
encerrar [ie]: *enfermer*
encontrar [ue]: *rencontrer*
encuentro (el): *rencontre (la)*
enfadado: *fâché*
enfermedad (la): *maladie (la)*
enfrentamiento (el): *affrontement (l')*
enganche (el): *accroche (l')*
enriquecimiento (el): *enrichissement (l')*
ensuciar: *salir*
entresacar: *tirer*
entrevista (la): *interview (l')*
entristecer: *attrister*
envejecer: *vieillir*
equivocarse: *se tromper*
escapar: *échapper*
esclavitud (la): *esclavage (l')*
esconder: *cacher*
esmero (el): *soin (le), application (l')*
espada (la): *épée (l')*
esperanza (la): *espoir (l')*
estadísticas (las): *statistiques (les)*
estafa (la): *arnaque (l')*
estallar: *éclater*
estragos (los): *ravages (les)*
estropear: *abîmer*
estudio (el): *étude (l')*
estupendo: *génial*
evento (el): *évènement (l')*
evidenciar: *mettre en évidence*
evolucionar: *évoluer*
éxito (el): *réussite (la)*
explotación (la): *exploitation (l')*
explotar: *exploiter, exploser*
expresar: *exprimer*
extranjero: *étranger*

F

falso: *faux*
falta (la): *faute (la) / manque (le)*
famoso: *célèbre*
favorecer: *favoriser*
fiel: *fidèle*
folleto (el): *brochure (la)*
fracaso (el): *échec (l')*
fuente (la): *source (la) / fontaine (la)*

G

gastar: *dépenser*
gobernar: *gouverner*
gobierno (el): *gouvernement (le)*
golpe (el): *coup (le)*
golpear: *frapper*
grabación (la): *enregistrement (l')*
grabar: *enregistrer*
guiño (el): *clin d'œil (le)*
guionista (el): *scénariste (le)*

H

hambre (el): *faim (la)*
hazaña (la): *exploit (l')*
heredar: *hériter*
heredero (el): *héritier (l')*
herencia (la): *héritage (l')*
herida (la): *blessure (la)*
herir [ie]: *blesser*
hermoso: *beau*
herramienta (la): *outil (l')*
homenaje (el): *hommage (l')*
huella (la): *trace (la)*
huida (la): *fuite (la)*
huir: *fuir*
humor (el): *humeur (l') / humour (l')*
hundirse: *couler, sombrer*

I

idioma (el): *langue (la)*
igualdad (la): *égalité (l')*
imagen (la): *image (l')*
incapaz: *incapable*
incentivar: *encourager*
incluir: *inclure*
increíble: *incroyable*
incrementar: *augmenter*
indignarse: *s'indigner*

índole (la): *nature (la)*
informe (el): *rapport (le)*
inolvidable: *inoubliable*
instituto (el): *lycée (le)*
intentar (+ v. à l'infinitif): *essayer de*
intercambiar: *échanger*
intercambio (el): *échange (l')*
intuir: *deviner*
inversión (la): *investissement (l')*
invertir [ie]: *investir*
investigación (la): *recherche (la), enquête (l')*
irrisión (la): *dérision (la)*

J

jefe (el): *chef (le)*
juez (el): *juge (le)*
juicio (el): *jugement (le)*
justificar: *justifier*
juventud (la): *jeunesse (la)*

L

lamentar: *regretter*
lástima (la): *pitié (la)*
látigo (el): *fouet (le)*
lamentar: *regretter*
lema (el): *slogan (le)*
llevar a cabo: *réaliser*
ley (la): *loi (la)*
leyenda (la): *légende (la)*
llegada (la): *arrivée (l')*
llegar: *arriver*
lleno: *plein*
llevarse bien con: *bien s'entendre avec*
loco: *fou*
locura (la): *folie (la)*
lograr: *réussir*
lucha (la): *lutte (la)*
luchar: *lutter*
luego: *ensuite*

M

madurar: *mûrir*
maldad (la): *méchanceté (la)*
malestar (el): *malaise (le)*
maleta (la): *valise (la)*
maltratar: *maltraiter*
maltrato (el): *mauvais traitement (le)*
malos tratos (los): *mauvais traitements (les)*
mandar: *envoyer, commander*
mapa (el): *carte (la) (géographique)*
máquina (la): *machine (la)*
maravilloso: *merveilleux*
matanza (la): *massacre (le)*
matar: *tuer*
matiz (el): *nuance (la)*
matizar: *nuancer*
matricularse: *s'inscrire*
matrimonio (el): *mariage (le)*
medida (la): *mesure (la)*
medio (el): *moyen (le)*
medio ambiente (el): *environnement (l')*
mejora (la): *amélioration (l')*
mejorar: *améliorer*
menospreciar: *mépriser*
menosprecio (el): *mépris (le)*
mensaje (el): *message (le)*
mentira (la): *mensonge (le)*
mercado laboral (el): *marché du travail (le)*
meta (la): *but (le), objectif (l')*
mezcla (la): *mélange (le)*
mezclar: *mélanger*
miedo (el): *peur (la)*
mientras: *pendant*
mientras que: *alors que*
mientras tanto: *pendant ce temps*
mirada (la): *regard (le)*
modelo (la): *mannequin (le)*
molestar: *déranger, gêner*
mote (el): *surnom (le)*
movimiento (el): *mouvement (le)*
muerte (la): *mort (la)*
muerto (el): *mort (le)*
muñeca (la): *poupée (la)*
mural (el): *fresque (la)*
mutuo: *mutuel*

N

nacer: *naître*
nacimiento (el): *naissance (la)*
naturaleza (la): *nature(la)*
ni siquiera: *même pas*
nieta (la): *petite fille (la)*
nieto (el): *petit fils (le)*
noticia (la): *nouvelle (la)*
novedad (la): *nouveauté (la)*
novela (la): *roman (le)*
novelista (el): *romancier (le)*
novio (el): *petit ami (le)*
novia (la): *novia (la)*
número (el): *nombre (le)*

O

octavilla (la): *tract (le)*
ocurrir: *se passer*
odiar: *détester*
odio (el): *haine (la)*
oficina (la): *bureau (le)*
oficio (el): *métier (le)*
ofrecer: *offrir*
olvidar: *oublier*
opinar: *penser*
oponer: *opposer*
ordenador (el): *ordinateur (l')*
orgullo (el): *fierté (la)*
orgulloso: *fier*
oyente (el): *auditeur (l')*

P

pantalla (la): *écran (l')*
papel (el): *papier (le) / rôle (le)*
paradójico: *paradoxal*
paraíso (el): *paradis (le)*
parecerse: *ressembler*
pareja (la): *couple (le)*
párrafo (el): *paragraphe (le)*
partidario (el): *partisan (le)*
partido (el): *parti (le)*
película (la): *film (le)*
peligroso: *dangereux*
penoso: *pénible*
peor: *pire*
perfil (el): *profil (le)*
periodista (el): *journaliste (le)*
periódico (el): *journal (le)*
perjudicar: *nuire*
permanecer: *rester*
permiso (el): *permission (la)*
pertenecer: *appartenir*
pesadilla (la): *cauchemar (le)*
pesado: *lourd*
pésimo: *très mauvais*
piedad (la): *pitié (la)*
pintar: *peindre*
pisar: *marcher sur quelque chose*
placer (el): *plaisir (le)*
planeta (el): *planète (la)*
plasmar: *refléter*
población (la): *population (la)*
portada (la): *couverture (la) (d'une revue)*
potencia (la): *puissance (la)*
prejuicio (el): *préjugé (le)*
premio (el): *prix (le) (gagné)*

prensa (la): *presse (la)*
preso (el): *prisonnier (le)*
presupuesto (el): *budget (le)*
prisionero (el): *prisonnier (le)*
pro: *en faveur de*
producto (el): *produit (le)*
prohibición (la): *interdiction (l')*
prohibir: *interdire*
promover [ue]: *promouvoir*
proponer: *proposer*
provecho (el): *profit (le)*
proyecto (el): *projet (le)*
pueblo (el): *peuple (le)/ village (le)*
pues: *donc / car*
punto de vista (el): *point de vue (le)*

Q

quebrantar: *briser*
quedarse: *rester*
queja (la): *plainte (la)*
quejarse: *se plaindre*

R

rabia (la): *rage (la)*
raíz (la): *racine (la)*
rasgos (los): *traits du visage (les)*
razón (la): *raison (la)*
reaccionar: *réagir*
reanudar: *renouer*
rebajar: *rabaisser*
recalcar: *souligner*
recelo (el): *méfiance (la)*
rechazar: *rejeter*
rechazo (el): *rejet (le)*
recoger: *recueillir*
reconocimiento (el): *reconnaissance (la)*
recordar [ue]: *se souvenir*
recorrido (el): *parcours (le)*
recuadro (el): *encadré (l')*
recuerdo (el): *souvenir (le)*
red (la): *réseau (le), Internet*
redactar: *rédiger*
reflejar: *refléter*
regalar: *offrir*
regalo (el): *cadeau (le)*
regresar: *revenir*
reivindicación (la): *revendication (la)*
reivindicar: *revendiquer*
relacionar: *relier*
relatar: *raconter, relater*
relato (el): *récit (le)*
remitir a: *renvoyer à*
rencor (el): *rancune (la)*
rencoroso: *rancunier*
rescate (el): *sauvetage (le)*
resolver [ue]: *résoudre*
respecto a: *en ce qui concerne*
respeto (el): *respect (le)*
reto (el): *défi (le)*
retratar: *faire le portrait*
retrato (el): *portrait (le)*
revista (la): *revue (la)*
riesgo (el): *risque (le)*
robar: *voler*
rostro (el): *visage (le)*
rumbo a: *en direction de*
rumor (el): *rumeur (la)*

S

sacar: *sortir*
salida (la): *sortie (la), départ (le)*
salir: *ensuciar*
salud (la): *santé (la)*
salvaje: *sauvage*
salvar: *sauver*
sanar: *guérir*
seguir: *suivre*
seguir (+ v. au gérondif): *continuer à*
según: *selon*
sentido (el): *sens (le)*
serio: *sérieux*
siglo (le): *siècle (le)*
siguiente: *suivant*
sin ton ni son: *sans importance*
sitio (el): *site (le)*
sobrevivir: *survivre*
soledad (la): *solitude (la)*
solemne: *solennel*
soltar [ue]: *lâcher*
sombra (la): *ombre (l')*
sondeo (el): *sondage (le)*
sonido (el): *son (le)*
soñar [ue] con: *rêver de*
soportar: *supporter*
sorpresa (la): *surprise (la)*
suavizar: *adoucir*
sublevación (la): *soulèvement (le)*
subrayar: *souligner*
sueño (el): *rêve (le)*
sufrimiento (el): *souffrance (la)*
sufrir: *subir*

T

tajante: *tranchant, catégorique*
tamaño (el): *taille (la)*
tarea (la): *tâche (la) / devoir (le)*
tebeo (el): *bd (la)*
telediario (el): *journal télévisé (le)*
televidente (el): *télespectateur (le)*
temer: *craindre*
temor (el): *crainte (la)*
terminante: *catégorique*
testigo (el): *témoin (le)*
testimonio (el): *témoignage (le)*
tienda (la): *boutique (la), magasin (le)*
titulares (los): *grands titres (les)*
tocar: *toucher/jouer de la musique*
torpe: *maladroit*
traicionar: *trahir*
traje (el): *costume (le)*
trampa (la): *piège (le)*
travesía (la): *traversée (la)*

U

ubicar: *situer*
último: *dernier*
usuario (el): *usager (l')*

V

vacilar: *hésiter*
vagar: *errer*
valiente: *courageux*
vejez (la): *vieillesse (la)*
vencer: *vaincre*
vengarse: *se venger*
ventaja (la): *avantage (l')*
verdadero: *vrai*
vergonzoso: *honteux*
vergüenza (la): *honte (la)*
verificar: *vérifier*
verter [ie]: *verser*
viaje (el): *voyage (le)*
videojuego (el): *jeu vidéo (le)*
vigilancia (la): *surveillance (la)*
vigilar: *surveiller*
vínculo (el): *lien (le)*
vivienda (la): *logement (le)*
voz (la): *voix (la)*

Y

ya: *déjà / désormais / maintenant*
ya que: *puisque*

Lexique | français-espagnol

Les articles soulignés signalent la différence de genre (masculin / féminin) entre l'espagnol et le français.

A

abîmer: *estropear*
accro, dépendant: *adicto*
accroche (l'): *enganche (el)*
accueil (l'): *acogida (la)*
accueillir: *acoger*
accuser: *culpar*
achat (l'): *compra (la)*
adoucir: *suavizar*
adresser à (s'): *dirigirse a*
affiche (l'): *cartel (el)*
affrontement (l'): *enfrentamiento (el)*
agir: *actuar*
aide (l'): *ayuda (la)*
aider: *ayudar*
ajouter: *añadir*
alléguer: *aducir*
allier, réunir: *aunar*
allusion (faire... à): *aludir*
alors que: *mientras que*
ambiance (l'): *ambiente (el)*
amélioration (l'): *mejora (la)*
améliorer: *mejorar*
amusant: *divertido*
amuser (s'): *divertirse [ie]*
ancêtres (les): *antepasados (los)*
angoisse (l'): *angustia (la)*
annonce (l'): *anuncio (el)*
apitoyer: *apiadar*
appartenir: *pertenecer*
approuver: *aprobar*
appuyer: *apoyar*
argent (l'): *dinero (el)*
armée (l'): *ejército (el)*
arnaque (l'): *estafa (la)*
arrêter: *detener (a alguien) / dejar de (hacer algo)*
arrivée (l'): *llegada (la)*
arriver: *llegar*
assassin (l'): *asesino (el)*
assassinat (l'): *asesinato (el)*
atout (l'): *baza (la)*
atteindre: *alcanzar*
attrister: *entristecer*
auditeur (l'): *oyente (el)*
augmentation (l'): *aumento (el)*
augmenter: *aumentar, incrementar*
autoportrait (l'): *autorretrato (el)*
autour de: *alrededor de*
avantage (l'): *ventaja (la)*

B

bateau (le): *barco (el)*
bavarder: *charlar*
bd (la): *tebeo (el)*
beau: *hermoso*
bilan (el): *balance (el)*
blesser: *herir [ie]*
blessure (la): *herida (la)*
boisson (la): *bebida (la)*
bombardement (le): *bombardeo (el)*
boutique (la): *tienda (la)*
briser: *romper/quebrantar*
brochure (la): *folleto (el)*
budget (le): *presupuesto (el)*
but (le): *meta (la), objetivo (el)*

C

cacher: *esconder*
cadeau (le): *regalo (el)*
capable: *capaz*
carte (la) (géographique): *mapa (el)*
catégorique: *categórico / terminante*
cauchemar (le): *pesadilla (la)*
célèbre: *famoso*
chaîne (la): *cadena (la)*
champion (le): *campeón (el)*
changement (le): *cambio (el)*
changer: *cambiar*
chanson (la): *çanción (la)*
chef (le): *jefe (el)*
chercher: *buscar*
cheval (le): *caballo (el)*
chirurgie (la): *cirugía (la)*
chirurgien (le): *cirujano (el)*
choisir: *elegir*
choix (le): *elección (la)*
citadin (le): *ciudadano (el)*
citation (la): *cita (la)*
citoyen (le): *ciudadano (el)*
clin d'oeil (le): *guiño (el)*
cohabitation (la): *convivencia (la)*
commander: *mandar*
communauté (la): *comunidad (la)*
concert (le): *concierto (el)*
condamnation (la): *condena (la)*
conquérir: *conquistar*
conquête (la): *conquista (la)*
conscience (faire prendre...): *concienciar*
conscience (prendre...): *concienciarse de*
conseil (le): *consejo (el)*
conseiller: *aconsejar*
consommateur (le): *consumidor (el)*
consommation (la): *consumo (el)*
consommer: *consumir*
contenu (le): *contenido (el)*
continuer à: *seguir (+ v. gérondif)*
contredire: *contradecir*
convaincre: *convencer*
conversation (la): *charla (la)*
corrompu: *corrupto*
costume (le): *traje (el)*
coucher: *acostar [ue]*
couler: *hundirse*
couleur (la): *color (el)*
coup (le): *golpe (el)*
coupable: *culpable*
couple (le): *pareja (la)*
courageux: *valiente*
courant (le): *corriente (la)*
coût (le): *coste (el)*
couverture d'une revue (la): *portada (la)*
craindre: *temer*
crainte (la): *temor (el)*
créer: *crear*
croire: *créer*
cruauté (la): *crueldad (la)*
curiosité (la): *curiosidad (la)*

D

dangereux: *peligroso*
débrouiller (se): *arreglárselas*
déception (la): *desengaño (el)*
décevoir: *decepcionar*
déchets (les): *desperdicios (los)*

découverte (la): *descubrimiento (el)*
défi (le): *reto (el), desafío (el)*
défier: *desafíar*
dégager: *desprender/destacar*
dégoûtant: *asqueroso*
démontrer: *demostrar [ue]*
dénoncer: *denunciar*
dénonciation (la): *denuncia (la)*
départ (le): *salida (la)*
dépenser: *gastar*
depuis: *desde (hace)*
déranger: *molestar*
dérision (la): *irrisión (la)*
dernier: *último*
désir (le): *deseo (el)*
dessin (le): *dibujo (el)*
détester: *odiar*
développement (le): *desarrollo (el)*
développer: *desarrollar*
deviner: *adivinar / intuir*
devoir (le): *tarea (la)*
dictature (la): *dictadura (la)*
diffuser: *difundir*
dingue: *chiflado*
direction (en): *rumbo a*
disparaître: *desaparecer*
disparition (la): *desaparición (la)*
domaine (le): *dominio (el)*
donc: *pues / entonces*
données (les): *datos (los)*
drapeau (le): *bandera (la)*
durée (la): *duración (la)*

E

échange (l'): *intercambio (el)*
échanger: *intercambiar*
échapper: *escapar*
échec (l'): *fracaso (el)*
éclater: *estallar*
économiser: *ahorrar*
effondrement (l'): *derrumbamiento (el)*
effrayer: *asustar*
égalité (l'): *igualdad (la)*
éloges (faire des): *alabar*
embaucher: *contratar*
émouvoir: *conmover [ue]/emocionar*
emploi (l'): *empleo (el)*
employé (l'): *empleado (el)*
employer: *emplear*
employeur (l'): *empleador (el)*
emprisonner: *encarcelar*
encadré (l'): *recuadro (el)*
enceinte: *embarazada*
enchaîné: *encadenado*
encourager: *animar /incentivar*
enfermer: *encerrar [ie]*
engagement (l'): *compromiso (el)*
engager (s'): *comprometerse*
enquête (l'): *encuesta (la), investigación (la)*
enquêter: *investigar*
enregistrement (l'): *grabación (la)*
enregistrer: *grabar*
enrichissement (l'): *enriquecimiento (el)*
ensemble (l'): *conjunto (el)*
entendre (bien s'entendre avec): *llevarse bien con*
entreprise (l'): *empresa (la)*
environnement (l'): *medio ambiente (el)*
envoyer: *mandar*
épée (l'): *espada (la)*
esclavage (l'): *esclavitud (la)*
espoir (l'): *esperanza (la)*
essayer de: *intentar (+ v. infinitif)*
étranger: *extranjero*
étude (l'): *estudio (el)*
étudiant (l'): *estudiante (el)*
événement (l'): *acontencimiento (el) / evento (el)*
évidence (mettre en...): *evidenciar*
évoluer: *evolucionar*
exécution (l'): *ejecución (la)*
exploit (l'): *hazaña (la)*
exploitation (l'): *explotación (la)*
exploiter: *explotar*
exprimer: *expresar*

F

fâcher (se): *cabrearse / enfadarse*
faible: *débil*
faiblesse (la): *debilidad (la)*
familial: *familiar*
faute (la): *falta (la), culpa (la)*
favoriser: *favorecer*
fêter: *celebrar / festejar*
fidèle: *fiel*
fier: *orgulloso*
fierté (la): *orgullo (el)*
fille (la petite...): *nieta (la)*
film (le): *película (la)*
fils (le petit...): *nieto (el)*
finir: *acabar*
folie (la): *locura (la)*
fou: *loco*
fouet (le): *látigo (el)*
frapper: *golpear*
fresque (la): *mural (el)*
fuir: *huir*
fuite (la): *huida (la)*

G

gaspillage (le): *despilfarro (el), derroche (el)*
génial: *estupendo*
gouvernement (le): *gobierno (el)*
gouverner: *gobernar*
grossesse (la): *embarazo (el)*
guérir: *sanar*

H

haine (la): *odio (el), encono (el)*
haïr: *odiar/aborrecer*
héritage (l'): *herencia (la)*
hériter: *heredar*
héritier (l'): *heredero (el)*
hésiter: *vacilar*
hommage (l'): *homenaje (el)*
honte (la): *vergüenza (la)*
honteux: *vergonzoso*
humeur (l'): *humor (el)*
humeur (être de mauvaise humeur): *estar cabreado*
humour (l'): *humor (el)*

I

image (l'): *imagen (la)*
importance (sans): *sin ton ni son*
inclure: *incluir*
incroyable: *increíble*
indigner (s'): *indignarse*
inégalité (l'): *desigualdad (la)*
inoubliable: *inolvidable*
inscrire (s'): *matricularse*
interdiction (l'): *prohibición (la)*
interdire: *prohibir*
interview (l'): *entrevista (la)*
investir: *invertir [ie]*
investissement (l'): *inversión (la)*
inviter: *invitar / convidar*
isolement (l'): *aislamiento (el)*
isoler: *aislar*

Lexique français-espagnol

J

jeu vidéo (le): *videojuego (el)*
jeunesse (la): *juventud (la)*
jouer (un rôle): *desempeñar*
journal (le): *periódico (el), diario (el)*
journal télévisé (le): *telediario (el)*
journaliste (le): *periodista (el)*
juge (le): *juez (el)*
jugement (le): *juicio (el)*
justifier: *justificar*

L

lâcher: *soltar [ue]*
laisser: *dejar*
langue (la): *idioma (el) / lengua (la)*
lettre (la) (courrier): *carta (la)*
lien (le): *vínculo (el) / enlace (el)*
logement (le): *vivienda (la)*
loi (la): *ley (la)*
lourd: *pesado*
lutte (la): *lucha (la)*
lutter: *luchar*
lycée (le): *instituto (el)*

M

machine (la): *máquina (la)*
magasin (le): *tienda (la)*
maire (le): *alcalde (el)*
mairie (la): *ayuntamiento (el)*
maître (le): *amo (el)*
maladie (la): *enfermedad (la)*
malaise (le): *malestar (el)*
malgré: *a pesar de*
maltraiter: *maltratar*
mannequin (le): *modelo (la)*
manque (le): *falta (la)*
marché du travail (le): *mercado laboral (el)*
marcher: *andar / caminar*
marcher sur (quelque chose): *pisar (algo)*
mariage (le): *matrimonio (el), boda (la), casamiento (el)*
marier (se): *casarse*
massacre (le): *matanza (la)*
mauvais (très...): *pésimo*
méchanceté (la): *maldad (la)*
méfiance (la): *recelo (el)*
mélange (le): *mezcla (la)*
mélanger: *mezclar*
même pas: *ni siquiera*
menace (la): *amenaza (la)*
menacer: *amenazar*
mensonge (le): *mentira (la)*
mépris (le): *desprecio (el) / menosprecio (el)*
mépriser: *despreciar/menospreciar*
merveilleux: *maravilloso*
message (le): *mensaje (el)*
mesure (la): *medida (la)*
métier (le): *oficio (el)*
moins (à... que): *a no ser que*
moquer (se): *burlarse, mofarse*
mort (la): *muerte (la)*
mort (le): *muerto (el)*
mouvement (le): *movimiento (el)*
moyen (le): *medio (el)*
mûrir: *madurar*

N

naître: *nacer*
nature (la): *naturaleza (la)*
nombre (le): *número (el)*
nostalgie (la): *añoranza (la)*
noter: *apuntar*
nouveauté (la): *novedad (la)*
nouvelle (la): *noticia (la)*
nu: *desnudo*
nuance (la): *matiz (el)*
nuancer: *matizar*
nuire: *dañar/perjudicar*
nuisible: *dañino*

O

objectif (l'): *objetivo (el), meta (la)*
obtenir: *conseguir*
offrir: *ofrecer/regalar*
ombre (l'): *sombra (la)*
opposer: *oponer*
ordinateur (l'): *ordenador (el)*
oser: *atreverse a*
oublier: *olvidar*
outil (l'): *herramienta (la)*

P

papier (le): *papel (el)*
paradis (le): *paraíso (el)*
paradoxal: *paradójico*
paragraphe (le): *párrafo (el)*
parcours (le): *recorrido (el)*
pardon (demander): *disculparse*
parfois: *a veces*
partager: *compartir*
parti (le): *partido (el)*
partisan (le): *partidario (el)*
passer (se): *ocurrir, pasar*
peindre: *pintar*
pénible: *penoso*
penser: *opinar/pensar [ie]*
permission (la): *permiso (el)*
peur (la): *miedo (el)*
piège (le): *trampa (la)*
pire: *peor*
pitié (la): *piedad (la), lástima (la)*
pitié (sans): *despiadado*
plaindre (se): *quejarse*
plaisir (le): *placer (el)*
planète (la): *planeta (el)*
plein: *lleno*
plus (de): *además*
point de vue (le): *punto de vista (el)*
politesse (la): *cortesía (la)*
polluer: *contaminar*
pollution (la): *contaminación (la)*
population (la): *población (la)*
portrait (le): *retrato (el)*
poupée (la): *muñeca (la)*
pousser: *empujar*
préjugé (le): *prejuicio (el)*
presse (la): *prensa (la)*
prince (le): *príncipe (el)*
prison (la): *cárcel (la)*
prisonnier (le): *preso (el), prisionero (el)*
prix (le) (gagné): *premio (el)*
produit (le): *producto (el)*
profil (le): *perfil (el)*
profit (le): *provecho (el)*
profiter: *aprovechar*
projet (le): *proyecto (el)*
promouvoir: *promover [ue]*
proposer: *proponer*
proposition (la): *propuesta (la)*
puisque: *ya que*
puissance (la): *potencia (la)*
punir: *castigar*
punition (la): *castigo (el)*

Q

quartier (le): *barrio (el)*

R

rabaisser: *rebajar*
raconter: *contar [ue], relatar*
rage (la): *rabia (la)*
ravages (les): *estragos (los)*
réagir: *reaccionar*
réaliser: *llevar a cabo*
recherche (la): *búsqueda (la)*
récit (le): *relato (el)*
reconnaissance (la): *reconocimiento (el)*
recueillir: *recoger*
rédiger: *redactar*
refléter: *reflejar, plasmar*
regard (le): *mirada (la)*
regretter: *lamentar*
rejet (le): *rechazo (el)*
rejeter: *rechazar*
réjouir (se): *regocijarse*
relier: *relacionar*
rancune (la): *rencor (el)*
rancunier: *rencoroso*
remerciement (le): *agradecimiento (el)*
rencontre (la): *encuentro (el)*
rendez-vous (le): *cita (la)*
renouer: *reanudar*
renvoyer à: *remitir a*
repos (le): *descanso (el)*
reposer (se): *descansar*
réseau (le): *red (la)*
résoudre: *resolver [ue]*
respect (le): *respeto (el)*
ressembler: *parecerse*
rester: *quedar/permanecer*
réussir: *aprobar [ue]/lograr*
réussite (la): *éxito (el)*
rêve (le): *sueño (el)*
réveiller: *despertar [ie]*
revendication (la): *reivindicación (la)*
revendiquer: *reinvindicar*
revenir: *volver [ue]/regresar*
rêver de: *soñar [ue] con*
revue (la): *revista (la)*
risque (le): *riesgo (el)*
risquer: *arriesgar*
rôle (le): *papel (el)*
roman (le): *novela (la)*
romancier (le): *novelista (el)*
rumeur (la): *rumor (el)*

S

santé (la): *salud (la)*
sauvage: *salvaje*
sauver: *salvar*
scénariste (le): *guionista (el)*
selon: *según*
sens (le): *sentido (el)*
sérieux: *serio*
siècle (le): *siglo (el)*
signature (la): *firma (la)*
signer: *firmar*
site (le): *sitio (el)*
situer: *ubicar*
slogan (le): *lema (el)*
soldes (les): *rebajas (las)*
solennel: *solemne*
solitude (la): *soledad (la)*
son (le): *sonido (el)*
sondage (le): *sondeo (el)*
sortie (la): *salida (la)*
souffrance (la): *sufrimiento (el)*
soulèvement (le): *sublevación (la)*
souligner: *subrayar/recalcar*
source (la): *fuente (la)*
souvenir (le): *recuerdo (el)*
souvenir (se): *recordar [ue]/acordarse [ue] de*
subir: *sufrir*
suite (la): *continuación (la)*
suivant: *siguiente*
suivre: *seguir*
supporter: *soportar, aguantar*
surnom (le): *mote (el) / apodo (el)*
surprise (la): *sorpresa (la)*
surveillance (la): *vigilancia (la)*
survivre: *sobrevivir*

T

tableau (le): *cuadro (el)*
taille (la): *tamaño (el)*
taire (se): *callar(se)*
tee-shirt (le): *camiseta (la)*
télécharger: *descargar*
témoignage (le): *testimonio (el)*
témoin (le): *testigo (el)*
ténacité (la): *tenacidad (la)*
tête (être à la... de): *encabezar*
tirer sur: *disparar a*
titres (les grands): *titulares (los)*
trace (la): *huella (la)*
tract (le): *octavilla (la)*
trahir: *traicionar*
traits du visage (les): *facciones (las), rasgos (los)*
tranchant: *tajante*
traversée (la): *travesía (la)*
traverser: *cruzar*
tromper (se): *equivocarse*
tuer: *matar*

U

usager (l'): *usuario (el)*

V

vaincre: *vencer*
valise (la): *maleta (la)*
venger (se): *vengarse*
vérifier: *verificar/averiguar*
vieillesse (la): *vejez (la)*
vieillir: *envejecer*
visage (le): *cara (la), rostro (el)*
voix (la): *voz (la)*
voler: *robar*
voyage (le): *viaje (el)*
vrai: *verdadero*

Crédits iconographiques

Couverture : 1. Hughes Hervé/Hemis, 2. Mattes René/Hemis, 3. Gardel Bertrand/Hemis, 4. © Jose Fusta Raga/Corbis, 5. (danseuse) tandem/ Shutterstock

p. 12 1. ©getty/Allan Danahar, 2.-3. DR, p. 14 DR, p. 15 DR, **p. 16** © Miguel Otálora www.miguelotalora.com, **p. 17** © voluntarios Telefonica, **p. 20** DR, **p. 21** ©Innovalley, **p. 23** DR, **p. 24** 1. ©Sheila Pazos, 2. ©Javier Mariscal, **p. 25** 1 DR, 2 ©Luis Peso, 3 ©Agatha Ruiz de la Prada, **p. 29** DR, **p. 30** 1.©DR, 2. DR, **p. 31** DR, **p. 32** DR, **p. 33** DR, **p. 34** 1. © Musée Carnavalet / Roger-Viollet, 2. DR, **p. 36** 1-2 DR, **p. 37** DR, **p. 38** ©tuvozcontralatrata.org, **p. 39** ©ceidas.org DR, **p. 41** DR, **p. 42** Digital Image 2010 ©Art Resource, New York Scala, Florence, **p. 43** © 1 Festival de las Culturas, 2.DR, **p. 47** DR, **p. 48** © Bettmann/CORBIS, **p. 49** © FERNANDO VILLAR/epa/Corbis, **p. 50** DR, **p. 51** DR, **p. 52** 1 © Photo by Grupo44/LatinContent/Getty Images, 2. DR, 3. © Carina Favela, **p. 54** 1-2 DR, **p. 55** © Carlos Valcarcel, **p. 57** 1. ©Ministerio de la Sanidad Política, Social e Igualdad, 2. ©EFE TV, **p. 58** DR, **p. 59** DR, **p. 60** 1-2 DR, **p. 61** DR, **p. 63** ©Maitena, **p. 64** 1. ©akg-images / Erich Lessing, 2. ©Monserrat Gudiol, **p. 65** 1© El Deseo DA S.L.U. Foto de Paola Ardizzoni y Emilio Pereda, 2. ©Antonio de Felipe, **p. 69** ©Franco Origlia/Getty Images, **p. 70** DR, **p. 72** © Art Media/Heritage Images/Scala, Florence, **p. 73** DR, **p. 74** DR, **p. 75** © Photo Scala, Florence **p. 76** © Juan DR, **p. 77** © Carmen d'Elia, DR, **p. 78** © Carlos Alonso, **p. 79** DR, **p. 81** DR, **p. 82** © Photo Scala, Florence, **p. 83** 1. © Diego Dayer, 2. © Herederos Guayasamín, **p. 85** DR, **p. 87** DR, **p. 88** DR, **p. 89** DR, **p. 90** ©Quim Llenas/COVER/Getty Images, **p. 91** © Pablo Blazquez Dominguez/Getty Images, **p. 92** DR, **p. 93** ©En Punta, **p. 94** ©2010 Ulf Andersen/Getty Images, **p. 95** ©venasabiertas.com, **p. 96** 1. DR, 2. ©Juan Ramón Mora, **p. 97** ©Juan Ramón Mora, **p. 98** ©Jesús Martínez del Vas, **p. 99** © Mauro Entrialgo, p. **100** DR, **p. 101** DR, **p. 103** DR, **p. 104** DR, **p. 105** 1 DR, 2. © Anibal Miras Cidad, **p. 107** ©Shutterstock, **p. 109** DR, **p. 110** 1. Robert Capa © International Center of Photography / Magnum Photos, 2. Rafael Alberti DR, **p. 111** ©Lola FIlm, **p. 112** © Fundación Pablo Iglesias, **p. 113** DR, **p. 114** DR, **p. 115** DR, **p. 116** DR, **p. 117** DR, **p. 118** DR, **p. 119** DR, **p. 121** © Antonio Altarriba, Kim, Edicions de Ponent, **p. 122** Robert Capa © International Center of Photography Magnum Photos, **p. 123** 1. © Archivio Fotográfico Museo Nacional Centro de Arte Reina Sofia, Madrid, 2. DR, **p. 127** DR, **p. 128** ©Art Media/Heritage Images/Scala, Florence, **p. 129** © Album / Cesar Malet / AKG, **p. 130** DR, **p. 131** DR, **p. 132** 1. ©Mario Sánchez Nevado, 2. ©Luigi Ricca, **p. 133** DR, p. **134** ©Georges Serra ; **p. 135** DR, **p. 136** DR, **p. 137** ©EyesWideOpen/Getty Images, **p. 138** © Kfir Weizman, 2. DR, **p. 140** DR, **p. 141** DR, **p. 143** 1. ©Georges Serra, 2. DR, **p. 144** DR, **p. 145** 1. ©Cecilia Herrera, 2. ©Fernando Vallejo, **p. 149** DR, **p. 150** 1. ©Joe Raedle/Getty Images, 2. DR, **p. 151** DR, **p. 152** 1-2 DR, **p. 153** 1. ©Juan Ramón Mora, 2. DR, **p. 154** DR, **p. 155** ©necesitodetodos.org, **p. 156** DR, **p. 157** DR, **p. 158** DR, **p. 159** DR, **p. 161** ©Delegación de ACNUR, **p. 162** 1. ©Tania Dearriba Romanidy, 2. ©Juvenal Balán, **p. 163** DR, **p. 167** DR, **p. 168** ©Susana Rosique, **p. 169** © Ángel Dominguez, **p. 170** © Richard Zela, **p. 171** DR, **p. 176** © 1964, Joaquín S. Lavado (Quino)/Caminito S.a.s. Literary Agency, **p. 177** DR, **p. 179** DR, **p. 180** © Album / Documenta /AKG, **p. 181** © Roger-Viollet, **p. 183** 1. DR, 2. DR, 3. ©EFE/Juanjo Martín, **p. 185** 1. © David Low, 1936, British Cartoon Archive, University of Kent, 2. DR, **p. 187** DR, **p. 191** © Desigual, **p. 193** DR, **p. 195** ©Javier Carbajal

Crédits texte

p. 14 ©Julio Cortázar, Agencia Literaria Carmen Balcells SA, **p. 15** ©diariosur.es DR, **p. 18** ©Beatriz García Zarza, Fundación Telefonica, **p. 20** ©El País, DR, **p. 21** DR, **p. 26** 1. ©Mario Vargas Llosa, Agencia Literaria Carmen Balcells SA, 2.Luis Sepúlveda, Tusquets Editores DR, **p. 29** © ecoturismo, DR, **p. 32** Isabel Allende, Agencia Literaria Carmen Balcells SA, **p. 34** © Gloria Mary Mena, DR, **p. 35** ©Javier Moro, Planeta, DR, **p. 37** ©solidaridad.net DR, **p. 43** © 2008 Ruben Blades Publishing Avec l'aimable autorisation d'Universal Music Publishing & Olora Musica, **p. 44** © Rosario Castellanos, DR, **p. 47** ©Isabel Allende, Agencia Literaria Carmen Balcells SA, **p. 48** © Bartolomé de las Casas, DP, **p. 49** ©Isabel Allende, Agencia Literaria Carmen Balcells SA, **p. 50** ©Mateo Alemán, DP, **p. 51** ©Javier Cercas, Agencia Literaria Carmen Balcells SA, **p. 55** ©Jesús Fernández Santos, Castalia Ediciones, DR, **p. 56** ©El Chojin, **p. 58** 1 ©El País, DR, 2. ©El TIempo, DR, **p. 59** ©Fondeu BBVA, **p. 66** 1. Lucía Etxebarria, Punto de Lectura, Santillana Ediciones Generales, 2. ©Elvira Lindo, Alfaguara, Santillana Ediciones Generales, **p. 69** ©El País, DR, **p. 72** ©El País, DR, **p. 73** ©Arturo Pérez-Reverte, 2007, **p. 78** ©Eduardo Galeano, Siglo XXI de España Editores, DR, **p. 79** ©Atahualpa Yupanqui, DR, **p. 82** ©César Vallejo, DR, **p. 84** 1. ©Alejo Carpentier, Fundación Alejo Carpentier, 2. ©Benito Pérez Galdós, DP, **p. 87** DR, **p. 88** ©Arturo Pérez-Reverte, 1996, **p. 89** ©Benito Pérez Galdós, DP, **p. 90** ©Laura Esquivel, Casanovas & Lynch Agencia Literaria, **p. 91** ©Eduardo Mendoza, Agencia Literaria Carmen Balcells SA, **p. 94** ©Gabriel García Márquez, Agencia Literaria Carmen Balcells SA, **p. 95** ©periodistadigital.com, DR, **p. 98** DR, **p. 104** ©Calle 13, Warner Chappell Music France, **p. 106** 1. ©Arturo Pérez-Reverte, 2011, 2. ©Mario Vargas Llosa, Agencia Literaria Carmen Balcells SA, **p. 109**© Juan José Millás, Casanovas & Lynch Agencia Literaria, **p. 115** ©Ediciones Temas de Hoy, Carlos Fonseca, **p. 116** ©¡Ay Carmela!, DR, **p. 117** DR, **p. 118** ©Fernando Arrabal, DR, **p. 119** DR, **p. 122** © 1999 Universal Music Publishing / Olora Musica, Avec l'aimable autorisation d'Universal Music Publishing, **p. 124** ©Arturo Barea, DR, **p. 127** ©Manuel Chaves Nogales, DP, **p. 128** José Cadalso, DP, **p. 129** ©Jaime Gil de Biedma, Agencia Literaria Carmen Balcells SA, **p. 130** ©Antonio Goméz Rufo, Planeta, **p. 131** ©Ernesto Mallo, Siruela SA, DR, **p. 134** DP, **p. 135** ©Patricio Manns, DR, **p. 136** ©El País, DR, **p. 137** DR, **p. 140** Angela Figuera, DR, **p. 141** ©El País, DR, **p. 144** ©Pablo Neruda, Agencia Literaria Carmen Balcells SA, **p. 146** Julio Llamazares, DR, **p. 149** DR, **p. 154** ©Juan Evelio Romero, Palibro, **p. 155** © Luis García Montero, Grupo Planeta, **p. 156** © Los Orishas, DR, **p. 157** ©Pedro Juan Gutiérrez, Anagrama, DR, **p. 158** René vasquez Diaz, DR, **p. 159** DR, **p. 163** © 2005 Foreign Imported Productions and Publishing, Avec l'aimable autorisation d'Universal Music Publishing, **p. 164** 1. ©Leonardo Padura Fuentes, Tusquets Editores, 2. ©Juan Evelio Romero, Palibro, **p. 167** ©El País, DR, **p. 168** ©Antonio Machado, DP, **p. 169** © Horacio Quiroga, DP, **p. 170** ©Juan Rulfo, Agencia Literaria Carmen Balcells SA, **p. 171** ©Manuel Loureiro, Random House Mondadori

Nous avons fait notre possible pour obtenir les autorisations des textes et visuels publiés dans cet ouvrage. Dans le cas où des omissions ou des erreurs se seraient glissées dans nos références, nous y remédierons dans les éditions à venir. Dans certains cas, en l'absence de réponse des ayants droit, la mention DR a été retenue. Leurs droits sont alors réservés aux Editions Hachette.

Achevé d'imprimer en Italie par STIGE - Dépôt légal : 10/2013 - Collection n° 94 - Édition 02 - 13/5476/0